社会工作作为专业力量参与脱贫攻坚，
将专业队伍、专业方法、专业力量运用到脱贫攻坚的工作中，
发挥了不可替代的专业优势和人才优势，
提升了反贫困工作的专业性。

国家出版基金项目
NATIONAL PUBLICATION FOUNDATION

大国攻坚·反贫困社会工作丛书
丛书主编　向德平

迈向乡村振兴的反贫困社会工作
——绿耕经验的理论反思

张和清　著

華東理工大學出版社
EAST CHINA UNIVERSITY OF SCIENCE AND TECHNOLOGY PRESS
·上海·

图书在版编目(CIP)数据

迈向乡村振兴的反贫困社会工作：绿耕经验的理论反思 / 张和清著. —上海：华东理工大学出版社，2023.9(2024.12 重印)
（大国攻坚·反贫困社会工作丛书 / 向德平主编）
ISBN 978-7-5628-7031-9

Ⅰ. ①迈… Ⅱ. ①张… Ⅲ. ①农村—扶贫—社会工作—研究—中国 Ⅳ. ①F323.8

中国国家版本馆 CIP 数据核字(2023)第 162841 号

策划编辑 / 刘　军
责任编辑 / 牟小林
责任校对 / 王雪飞
装帧设计 / 王　翔
出版发行 / 华东理工大学出版社有限公司
地址：上海市梅陇路 130 号，200237
电话：021-64250306
网址：www.ecustpress.cn
邮箱：zongbianban@ecustpress.cn
印　　刷 / 上海中华商务联合印刷有限公司
开　　本 / 710 mm×1000 mm　1/16
印　　张 / 17.5
字　　数 / 235 千字
版　　次 / 2023 年 9 月第 1 版
印　　次 / 2024 年 12 月第 2 次
定　　价 / 89.00 元

编委会名单

丛书总序

我国以脱贫攻坚为标志的国家级重大反贫困行动，于2020年年底取得了预期成果，绝对贫困总体上被消除。脱贫攻坚可以说是中国乃至世界反贫困史上的一件大事，值得书写一笔。社会工作作为一种专业力量参与其中，并发挥了重要作用，其实践和经验值得总结。由向德平教授主编的"大国攻坚·反贫困社会工作丛书"在这方面做了开创性的工作，值得我们称赞。

一、社会工作参与反贫困是一项重大的专业实践

（一）反贫困是社会工作的一项核心任务

社会工作自产生之日起，就与反贫困结下了不解之缘。不是社会工作"贪恋"反贫困，而是贫困给贫困群体带来了巨大的痛苦。社会工作作为一种以帮助困难群体缓解困难、追求社会公正与社会进步为己任的专业，理应把反贫困的责任放在自己的肩上。在世界社会工作反贫困历史上，发达国家的社会工作参与反贫困基本上是通过实施社会救助和社会慈善的方式进行的，并形成了社会工作的著名模式。第二次世界大战以后，发展中国家的反贫困主要面向农村展开，经济开发、社区发展成为其主要模式，20世纪50年代联合国倡导的社区发展原则正是社会工作参与反贫困所应遵循的。20世纪80年代以后出现的发展型社会工作，一方面与发展中国家的政府、社会工作者、发展工作者的实践有关，另一方面也受产生于发达国家的社会投资

等理论的影响。这些实践取得了一定的成绩，也为后来发展中国家的反贫困提供了借鉴和参照。

我国作为经济社会政策和发展项目的反贫困工作是从20世纪80年代中期开始的，最初是经济开发，接着是扶贫攻坚，主要是发展经济，由政府部门、国有大中型企业和贫困农户承担主要责任。2015年，我国开始实施脱贫攻坚工程，中央明确要求形成由专项扶贫、行业扶贫和社会扶贫互为补充的大扶贫格局，做到扶贫开发与经济社会发展相互促进，不但注重产业脱贫，而且加强教育等多层面脱贫；要求坚持群众主体，激发内生动力，注重扶贫扶智，增强贫困人口自我发展的能力，同时实施扶贫志愿者行动计划和社会工作专业人才服务贫困地区计划。这样，社会工作力量作为脱贫攻坚的有机组成部分，有了“特殊”的实践机会，也能够更有针对性地参与反贫困行动。2017年，《民政部 财政部 国务院扶贫办关于支持社会工作专业力量参与脱贫攻坚的指导意见》(以下简称《意见》)要求中国社会工作教育协会发挥推动作用，进行教育扶贫。同时，我国开始实施社会工作服务机构“牵手计划”，从发达地区选择专业性强的社会工作服务机构，与贫困地区社会工作服务机构等进行结对。社会工作教育界积极响应政府部门的号召，组织、动员和支持各社会工作院系参与这一具有历史意义的反贫困行动。各类群体参与脱贫攻坚成为中国社会工作重建以来，规模最大、时间较长、有组织、有目标要求的集体性行动。

(二) 社会工作参与脱贫攻坚取得了积极成果

按照民政部等部门的《意见》，中国社会工作教育协会参与脱贫攻坚是教育扶贫，其主要任务如下：高校社会工作专业院系要与贫困地区合作建立社会工作专业培训、教师实践和学生实习实训基地，帮助贫困地区培养社会工作专业人才；高校社会工作专业教师到贫困地区开展专业督导，引导社会工作专业在校生到贫困地区进行社会实践；支持鼓励社会工作专业毕业生到贫困地区就业。在中国社会工作教育协会的组织动员下，各社会工作院系秉持专业精神、发挥主观能动性，组织师生、链接资源、深入贫困地区，开展了多项服务，较好地完成了《意见》提出的任务，并尽己所能地为贫困地区的居民做贡献，在脱贫攻坚中取得了不少开创性成果。社会工作教育界支持了贫困地区的脱贫工作，促进了贫困地区社会工作人才和专业力量的发展，也获得了参与反贫困的直接经验，使我们感受到了当地干部群众和派驻的扶贫干部在反贫困中表现出来的坚韧不拔的精神。同时，参与脱贫攻坚也成为各社会工作院系坚持理论联系实际、开展实践教学、在实践中培养学生、在比较中进行研究的重要场域，因而参与者的收获是丰硕的。

对于参与脱贫攻坚，中国社会工作教育协会领导班子给予了高度重视，设计行动计划、动员组织力量，推动了整个工作向前发展。中国社会工作教育协会还建立了反贫困社会工作专业委员会，在贯彻落实协会的总体部署、推动整个活动发展方面发挥了积极作用。作为反贫困社会工作专业委员会的负责人，向德平教授和他主持的反贫困研究机构积极配合、主动工作，有力地推动了中国社会工作教育协会工作的开展。

二、社会工作界参与反贫困是理论与实践比较、互动和提升的过程

（一）社会工作教育界参与反贫困是理论与服务实践的互动过程

社会工作教育界参与反贫困的特点是，一批批具有深厚社会工作理论

与知识积累的高校教师和研究生、高年级本科生开展实践活动，这同时也是他们走出课堂和校门开展社会工作服务的过程。在一定意义上，它是理论指导实践的过程，也是实践检验书本知识和理论的过程。反贫困工作是在自然环境复杂、文化传统多样的贫困地区展开的，社会文化因素深深地影响着反贫困行动的开展。在上述经济、政治、社会、文化背景下开展的反贫困，必然比书本上介绍的复杂得多。社会工作界参与反贫困，必然会遇到上述复杂因素的影响，会遇到许多亟待解决的“中国式”问题。这是一个不断比较、选择、实践和反思的过程。对社会工作教育界来说，这是一系列挑战，也是在克服困难中不断成长的过程。

（二）书写经验是反贫困理论和实践成果的延伸

社会工作者的基本品格是奉献和共享发展成果，同时社会工作教育界又有改进教育、传播知识、贡献社会的责任。从这个角度来说，将参与反贫困的经验和思考写出来，是十分有意义的事情。向德平教授主编的这套书正是此种努力的体现。该丛书组织了国内社会工作界 20 多位专家学者，基于社会工作实践，总结反贫困的相关模式和经验，生产社会工作知识，价值显而易见。

该丛书以实践为基础，兼顾了反贫困知识和实践的完整性。它是多视角、全方位和具有整体性的。其主要视角包括社区为本视角、抗逆力视角、内生动力视角、资产建设视角、金融服务视角、可行能力建设视角、赋权视角、贫困治理视角、心理弹性和生涯辅导视角等。它关注的服务对象主要包括儿童、老年、妇女、残疾人及西部农村中的弱势群体。该丛书既介绍既有的社会工作理论，也介绍中国特色的社会工作实践。基于本土实践，它介绍了社会工作参与反贫困模式的多样化和经验的多元化,反映了中国反贫困的经验及社会工作参与反贫困的机制,阐明了专业社会工作是如何发挥专业优势、实现服务效能的。

该丛书也是系列教材,体现了从理论到实践、从实践到知识的转化过程。这里包含了对反贫困知识和理论的选择,包括在实践中对社会工作知识的运用和反思,也包括基于实践的知识建构,还包括不同类型和不同层次的建议。该丛书内容丰富,有借鉴、有创新,可指导实践,也为反贫困研究提供了参考框架,是反贫困领域的学术力作,是社会工作本土化的重要成果。

三、在乡村振兴中更好地运用和发展社会工作参与反贫困的经验

到2020年年底,我国在总体上消灭了绝对贫困,但是相对贫困还会长期存在。中国共产党第十九届中央委员会第五次全体会议提出“实现巩固拓展脱贫攻坚成果同乡村振兴有效衔接”,我国巩固脱贫成果和反贫困的任务依然是十分繁重的。在走向乡村振兴、实现共同富裕的进程中,已经取得的反贫困经验在一定程度上依然有效,这与相对贫困现象在地域、群体、经济状况、社会生态和文化上的连续性密切相关。当然,相对贫困也有自身的特点,贫困群体有了以往反贫困的经验,有了相对好的经济基础和社会生活条件,他们摆脱贫困的内在动力和能力也有所增强。但是我们也要看到,在新的国际国内形势下,面对不断加剧的市场化竞争,相对贫困群体的生存压力不会减少,反贫困的发展性要求会更加突出。我国已经进入社会主义现代化建设的新阶段,要贯彻新的发展理念,构建以国内大循环为主体、国内国

际双循环相互促进的新发展格局，其中乡村全面振兴、遏制返贫现象发生、实现共同富裕任务艰巨。在这种背景下，社会工作者在参与脱贫攻坚中获得的经验仍然有重要的参考价值。我们也期待社会工作者群体在参与乡村振兴和解决相对贫困问题方面取得新的成果。

把论文写在祖国大地上，中国社会工作教育界以自己的实际行动在认真践行。

王思斌
北京大学社会学系

主　编　序

打赢脱贫攻坚战，是实现中华民族伟大复兴的底线要求，是贫困地区与全国一起全面建成小康社会的关键之举，是实现国家长治久安的重要保障。

我国扶贫开发进入精准扶贫、精准脱贫的新阶段。精准扶贫战略贵在精准，精准与专业具有同构性，只有调动专业的力量参与精准扶贫，才能进一步提升精准识别、精准帮扶、精准管理的精准度，才能更专业地解决贫困人口在脱贫过程中的个性问题与发展问题。社会工作参与脱贫攻坚具有重要的意义，在反贫困工作中扮演着重要的角色。

社会工作作为专业力量参与脱贫攻坚，将专业队伍、专业方法、专业力量运用到脱贫攻坚的工作中，发挥了不可替代的专业优势和人才优势，提升了反贫困工作的专业性。事实上，社会工作起源于贫民救济或慈善事业，其发展的历史就是人们与贫困做斗争的历史。社会工作的专业方法、理念正是人们在与贫困及相关社会问题做斗争的实践中逐步形成和发展起来的，因此，社会工作参与脱贫攻坚具有深厚的历史基础和重大的现实意义。社会工作参与脱贫攻坚是社会扶贫的重要组成部分。作为精准扶贫的专业力量，社会工作通过需求评估，精准识别贫困人口及其致贫原因；通过资源整合，动员与协调各方扶贫力量和扶贫资源；通过提升扶贫对象的能力，激发和提升扶贫对象的内生动力和可行能力。社会工作参与脱贫攻坚，有助于提高反贫困工作的精准性和可持续性，实现由“输血型”扶贫向“造血型”扶贫、救助型扶贫向发展型扶贫的转变。

党中央、国务院十分重视社会工作专业人才服务贫困地区的工作,《中共中央 国务院关于打赢脱贫攻坚战的决定》(中发〔2015〕34 号)、《中华人民共和国国民经济和社会发展第十三个五年规划纲要》和《国务院关于印发"十三五"脱贫攻坚规划的通知》(国发〔2016〕64 号)对实施社会工作专业人才服务贫困地区计划、支持专业社会工作和志愿服务力量参与脱贫攻坚提出了明确的要求。为贯彻落实党中央、国务院的决策部署,支持社会工作专业力量参与脱贫攻坚工作,《民政部 财政部 国务院扶贫办关于支持社会工作专业力量参与脱贫攻坚的指导意见》发布,民政部办公厅、国务院扶贫办综合司出台了《社会工作教育对口扶贫计划实施方案》。

为落实《民政部 财政部 国务院扶贫办关于支持社会工作专业力量参与脱贫攻坚的指导意见》的精神,贯彻实施民政部、国务院扶贫办联合制定的《社会工作教育对口扶贫计划实施方案》,深入推进教育扶贫工作,全国社会工作专业学位研究生教育指导委员会和中国社会工作教育协会积极实施"社会工作教育对口扶贫计划",组织全国 200 多所高校参与社会工作教育对口扶贫工作。在反贫困社会工作实践中,社会工作教育和实践工作者积极探索,积累了较丰富的实务经验,总结了一批典型案例,产出了一系列理论成果。本丛书是中国社会工作参与反贫困成果的系统呈现。

2019 年 3 月 16 日,中国社会工作教育协会反贫困社会工作专业委员会与华东理工大学出版社在武汉举行"大国攻坚 · 反贫困社会工作丛书"启动仪式。来自十几所高校的 20 余名作者代表参加了会议。会议研讨、确定了本套丛书的写作框架和主要内容。

本丛书是在全国社会工作专业学位研究生教育指导委员会、中国社会工作教育协会的指导下，由中国社会工作教育协会反贫困社会工作专业委员会具体组织完成的。王思斌教授、阮曾媛琪教授、谢立中教授、蔡禾教授、关信平教授、马凤芝教授、彭华民教授全力支持反贫困社会工作专业委员会的工作，指导本丛书的编写。

中国社会工作教育协会前任会长徐永祥教授高度重视本丛书的编写工作，为丛书的编写和出版提供了巨大的支持。本丛书寄托了全体社会工作同仁对徐永祥教授的深沉怀念！

感谢所有关心、支持本丛书的专家和同仁！

向德平

华中科技大学社会学系

前　　言

本书是广东绿耕社会工作发展中心(以下简称“绿耕”)①实务经验的理论反思和多人行动研究的结晶。作为自始至终的行动研究者,笔者尝试在中国乡村振兴、脱贫攻坚和社会治理的新时代背景下,基于中国农村社会工作和反贫困社会工作的发展脉络、实务经验,将绿耕的农村反贫困社会工作实践系统化、理论化,尝试建构中国本土化乡村社区减贫发展实务模式和实务理论体系,期望为中国社会工作,乃至国际社会工作参与人类反贫困和乡村社区可持续发展增添一些本土经验和理论思考。

遵循知行合一和实践出真知的行动研究精神和方法策略,2001年至今,绿耕的社会工作者在中国边远贫困汉族村庄、少数民族村寨、灾区乡村、工业化社区,从事农村社会工作、反贫困社会工作、民族社会工作、灾害社会工作,历时20余年。作为绿耕的创始人之一,笔者始终坚守在社会工作反贫困和推动乡村社区发展第一线,和绿耕的社会工作者,尤其是中山大学、香港理工大学、云南大学等高校的社会工作专业师生并肩“战斗”,凭借社会工作专业情怀和知识体系,助力中国“三农”问题的解决和乡村振兴战略目标的实现。高校社会工作教师的职业经历,为笔者培养知行合一的本土化社会工作专业人才提供了平台和机会。在常年往返学校和乡村田野之间,以及接触困难群众、特殊群体和边缘弱势群体的日常生活的过程中,笔者通过行

① 广东绿耕社会工作发展中心(以下简称“绿耕”)是2011年在广东省民政厅注册的专业社会工作机构,自2001年开始推动农村社会工作,2007年确立“城乡合作”的项目框架。目前,绿耕主要在广东、云南、四川、湖南等地开展农村社会工作实践。

动—反思循环往复的过程陪伴一线社会工作专业人才成长，以行动研究的学术旨趣促进中国本土化专业社会工作实践与理论的发展。其间，笔者不断追寻并尝试回答下列问题。

第一类问题是中国农村反贫困社会工作的根本宗旨和目标是什么。本书第一章主要阐述了绿耕开展的农村反贫困社会工作的目标、途径、策略，以及社区减贫发展实务理论。在指导社会工作减贫的理论方面，谢若登(Sherraden)提出的以资产为本的福利政策理论和赖特(Wright)提出的社会经济赋权理论是两个不同的理论范式。在中国特色社会主义初级阶段，谢若登和赖特关于贫困的观点均对中国社会工作减贫发展和乡村振兴具有适用性。因此，第一章以绿耕在广东X村开展的社区减贫发展试验作为个案研究对象，采取行动研究方法收集资料，依据社会经济赋权理论，基于志愿合作的赋权途径和社区资产建设的赋权策略，探索了社会工作社区减贫发展实务理论；借鉴以资产为本的福利政策理论，总结了社区减贫发展实践的经验和局限。在此基础上，笔者提出了通向社会赋权的社会经济与社区减贫发展实务理论——从国家福利政策减贫到社区减贫发展。

本书第九章是总体研究结论，提出我国农村反贫困社会工作的总目标是将脱贫攻坚同乡村振兴有效衔接，从而推动乡村社区生态、生计和生活可持续发展。第九章以绿耕在云南、四川和广东农村长达20多年的社会工作行动研究为基础，借助马克思主义生态视野，分析了中国乡村衰落的表现及其社会根源，并探寻了生态社会主义的出路。区别于“个人主义—改良主义”“反身性—治疗性”社会工作实务模式，笔者提出，中国农村社会工作应该借鉴“社会主义—集体主义”范式，致力于在小农经济的现实条件下，推动乡村社区生态、生计和生活的系统性恢复与可持续发展，以此回应国家乡村振兴战略。

第二类问题是如何实现反贫困社会工作和乡村振兴战略的有效衔接。结合中国乡村振兴战略目标，借鉴睦邻运动推动社区减贫发展和慈善组织会社扶贫济困的优良传统，继承梁漱溟、晏阳初、李安宅等在民国时期开展乡村建设运动时留下的宝贵遗产，笔者将中国迈向乡村振兴农村反贫困社会工作的宗旨和目标定位为推动乡村社区经济、政治、文化、社会、生态文明"五位一体"乡村振兴与可持续发展。绿耕经验证明，在我国脱贫攻坚与乡村振兴战略衔接的背景下，发展乡村社区合作经济，促使社区民众产业兴旺、生活富裕是首要任务，核心策略是通过乡村社区经济、政治、文化、社会、生态文明建设，激发乡村内生动力和内源性发展，确保乡风文明、生态宜居与可持续发展。而这一切，必须以乡村社区自治作为政治保障。

第三类问题是在澄清什么是贫困、贫困的本质等问题的基础上，探讨中国乡村反贫困社会工作和社区减贫发展的方法论。第三章在梳理国外学术界关于贫困文化、贫困本质、权利与贫困等重要论述及其方法论意义的基础上，通过阐述绿耕社会工作者介入云南少数民族村落P村的案例，反思了深度理解和能力建设两个社会工作实务概念在"孝布改革"这一日常生活文化发展行动及其反贫困实践中的理论与实践意义，进而倡导反贫困社会工作应该立足中国实际，借助刘易斯(Lewis)①的贫穷文化视角深度理解贫困；借鉴班纳吉(Banerjee)和迪弗洛(Duflo)的贫穷本质理论，超越"贫困陷阱"，从

① Lewis被不同学者译为"刘易斯""刘易士"或"路易斯"。为了原文引用，本书个别脚注、文末参考文献用"刘易士"，其余部分统一用"刘易斯"。

穷人的日常生活中寻找各种社区减贫发展的可能性;运用阿马蒂亚·森(Amartya Sen)的权利和能力贫困理论视角,推动能力建设的反贫困社会工作,在中国"后扶贫时代",夯实脱贫攻坚的战略成果,助力国家解决相对贫困问题,实现乡村振兴。第九章的深度理解、能力建设与其他章节的社会赋权、社会经济、资产建设、社区自治构成了中国农村社区减贫发展社会工作实务的概念体系,在专业实践上具有方法论意义。

第四类问题是基于实务理论、方法论原则,社会工作者该如何与社区民众一同建构"五位一体"乡村社区可持续发展的专业减贫途径、方法、策略。推动乡村社区减贫与可持续发展是社会工作的专业使命,但减贫发展的成效与减贫的途径、方法和策略有着密切关系。社会工作者针对困难群众和特殊群体的个案救助(民生保障)只能治标,推动乡村社区"五位一体"可持续发展才能治本。农村社会工作介入乡村减贫发展时,必须明确只有满足社区和人性化的发展需求,才能实现"五位一体"可持续发展的目标。在具体实践过程中,社会工作者必须重视乡村生计(经济)的发展,这是农村社会工作合法性的保证;将社区资产建设作为推动乡村生计发展的行动策略,通过挖掘社区内部资产和培育内生动力,整合推进乡村社区减贫发展,使经济发展与社区民众的社会、文化、生态资产建设,尤其是居民自治保持平衡发展,确保生态、生计和生活可持续发展。同时,农村社会工作者必须坚持驻村"三同"(同吃、同住、同劳动)的工作原则,充分发挥社会工作者的"在场"优势,与村民建立起信任关系,促使专业特长(实务模式、方法策略等)具有用武之地,从而得到本土实践的检验并被发扬光大。

本书其他章分别从推动经济、社会、文化、生态、乡村自治(政治)等方面阐述社区经济和社区资产建设的具体运用。通过绿耕的典型实务案例，其他章分析了乡村社区在经济、社会、文化、生态资产建设和乡村自治等方面面临的问题，并针对存在的问题，系统描述了驻村社会工作者逐步实现乡村社区“五位一体”可持续发展减贫与社会赋权的过程。

本书是历时20多年行动研究的结晶。笔者相信研究即实践，研究者即行动者；行动本身既是研究的对象，也是反思的依据。行动与研究合二为一，在行动中做研究，研究结果指导行动，形成行动与研究的反思性循环。笔者参与了绿耕的所有项目，注重在行动过程中收集资料，具体方法包括撰写田野日志、行动反思报告、工作日志、评估报告，进行深度访谈、焦点小组、参与式观察、项目规划等。行动研究的评估方法包括过程评估和结果评估，前者强调行动过程的民主程度和行动者的参与程度等，后者侧重反思行动方案、行动计划及其结果的有效性，并检视该过程与结果的一致性，以此检验行动过程解决实际问题的有效性和根据行动目标所取得的效果。

从思考到撰写，再到成书出版，断断续续历时六年多。撰写本书也是“理论与实践循环往复的过程”，通过这个过程，笔者一方面积累了丰富的实践经验和田野行动资料，形成了具有实践想象力的经验性问题；另一方面，笔者回归学校，认真研读国内外有关贫困、减贫发展等方面的文献资料，提出了具有社会学想象力的理论性问题，再带着实践结合理论的问题意识和社会工作的想象力，从感性认识上升到理性认识，循环往复，最终成书。

目　录

CONTENTS

第一章　通向社会赋权的社会经济与社区可持续发展实务模式探索

——以广东X村的社会工作减贫发展试验为例

随着脱贫攻坚圆满收官，我国已经实现消灭绝对贫困的目标，但如何解决相对贫困问题和实现共同富裕仍是乡村振兴战略面临的重要问题。在实践与理论循环往复的过程中，笔者不断思考如何才能在个案救助中使困难群众和特殊群体避免因单纯的物质救助而形成“等、靠、要”等依赖思想，如何在农业市场化、产业化发展进程中使农民避免或减少资本的剥削，如何在现代化发展的进程中使贫困弱势群体能够通过自身的力量实现减贫与可持续发展等问题。为此，绿耕依据谢若登的资产建设理论和赖特的社会经济的社会赋权理论，在社会工作社区减贫发展的实践中，试图通过社会经济的社会赋权过程推动贫困弱势群体和普通劳动者依靠自身的力量实现减贫发展，并逐步探索了社区为本可持续发展的实务模式。

本章以绿耕在广东X村开展的社区减贫发展试验为例①，通过探索社会赋权在社区可持续发展实践中的经验和不足，建构通向社会赋权的社会经济与社区可持续发展实务模式——从国家福利政策减贫到社区可持续发展，期望能够在国家乡村振兴战略的新形势下，助力中国社会工作解决相对贫困问题，促进共同富裕，为推动乡村可持续发展尽绵薄之力。

第一节　两种不同取向的减贫发展理论与社会工作社区可持续发展实务模式框架

从发展的角度来看，近年来，谢若登提出的以资产为本的福利政策理论和赖特提出的社会经济的社会赋权理论，对世界各国和地区推动减贫和可持续发展产生了深远的影响。

一、以资产为本的福利政策理论与个案救助减贫

收入贫困是经济学界定贫困的一个重要概念，是指由于收入不足而导致生活匮乏（尤其是卡路里摄入不足等）的状态。虽然学术界对贫困有诸多定义，但世界上绝大多数国家，尤其是较早建立福利制度的西方国家，都以收入贫困为假设建立相应的减贫福利政策。然而，谢若登在反思美国以收入为基础的福利政策时指出，贫穷不仅表现为收入贫困，也表现为资产贫困。以收入作为贫困标准提供个案救助的福利政策只维持了穷人的基本生

① 本章第二节以该试验为案例展开分析，此处不重复介绍。

存，并没有从根本上减少贫困。[①] 在谢若登看来，收入是指金钱、物品和服务的流动，资产是指财富的贮存和积累，收入和资产是金融资源的不同形式：一个是流动性的，一个是贮存性的。转支收入、劳动收入属于流动性收入，资产（包括有形资产和无形资产）收入属于贮存性收入。谢若登形象地将这两种不同的金融资源比喻为“泉流”和“池塘”，对穷人来说，泉流和池塘作为水资源具有同样的价值。因为所有的水最初都由流动而来，但如果没有池塘储蓄水，当水流间断时，穷人就无法调配资源，从而陷入困境。故而流动性收入和贮存性收入之间不是二选一的问题，而是如何实现两者的平衡：一方面，收入可以被节余，积累为资产，以便未来消费；另一方面，一定量的资产也可以带来收入的流动。[②] 谢若登认为，收入和资产在个人财富增长或减贫中具有同等价值，在某种程度上，资产还具有各种重要的社会、心理和经济效应，更能维持家庭的稳定、提高人们的自尊和个人效率、发展多元的资本。[③] 如果从资产的角度完善国家的福利政策，就能进一步增进穷人的福祉，促进国家的发展。为此，谢若登提出了以资产为本的福利政策理论，旨在以资产为基础，设计国家福利政策，推动美国国家福利政策从“收入＋消费”模式转变为“收入＋资产”的新模式。

个人发展账户是将以资产为本的福利政策理论付诸实践的政策工具。个人发展账户是非强制、可增值且税收优惠的金融储蓄账户，立于个人名

---

① 谢若登. 资产与穷人：一项新的美国福利政策[M]. 高鉴国，译. 北京：商务印书馆，2005：3－6.

② 同①118－178.

③ 同①179－202.

下，用于个人资产累积，主要资助高等教育、住房所有权、自雇资本、退休保障金等项目；账户的配给金和补贴可以由联邦政府、私人部门和账户持有者提供。为穷人建立制度化的、可靠的激励机制，有利于长期进行储蓄和投资。通过个人发展账户的设立，政府或非政府组织有组织地引导和帮助穷人积累资产并对其自身长期发展进行特定的投资，从而使穷人依靠自身的能力摆脱贫困。

以资产为本的福利政策理论使美国的减贫政策发生了方向性的调整，从增加穷人的收入和促进消费转向注重有利于提升个人能力、增进个人发展的资产累积，并且在世界范围内得到了广泛的响应与运用。个人发展账户被列入美国的贫困家庭临时救助（Temporary Assistance for Needy Families，简称 TANY）项目中，并被推广。此外，受终身资产建设（life-long asset building）理念的推动，近年来，儿童发展账户在美国、英国、新加坡、韩国等国家都得到了实践。在将资产纳入国家福利政策的国家中，新加坡的中央公积金是全世界内容最丰富的资产福利政策计划，谢若登对它的评价是："1955 年，当中央公积金刚刚开始实施时，新加坡还只是一个很贫穷的殖民地。今天，新加坡已经发展成为一个经济发达的国家。在资产拥有权方面，新加坡可以说是世界上最平等的国家，90％以上的新加坡家庭拥有自己的房产。……前总理李光耀……认为，如果能使人们变成新加坡房产拥有者，人们就会对这个国家更加忠诚。"①

谢若登提出的以资产为本的福利政策理论和个人发展账户的减贫策略

① 谢若登. 资产与穷人：一项新的美国福利政策[M]. 高鉴国，译. 北京：商务印书馆，2005：2.

在美国乃至全球掀起了一场从理念到实践的社会政策的革命①,他关于收入、资产、个人发展账户等概念的理论分析及其实践经验值得中国借鉴,对准确把握我国社会主义市场经济条件下的贫困问题,探寻有效的减贫发展政策和策略大有裨益。

二、社会经济赋权的整体性减贫发展

赖特继承了马克思对资本主义的批判,认为资本主义条件下的贫困问题源自不平等的权力关系和资本主义组织经济的方式。在资本主义社会,资本归私人所有,生产经营由以追求利润为目标的市场主导,没有生产资料的劳动者被资本驱使成为被剥削的对象,资本主义固有的运作机制造成了资本主义体系存在诸多弊端,如贫富差距不断扩大、世界大多数人无法享有自由发展和繁荣的条件、消费主义蔓延、自然资源的商业化与被破坏、社会服务市场化、生产资料私有制导致经济活动不民主等。若要克服这些弊端,就需要从指向社会主义的替代性选择中做整体性改变。②

社会赋权是赖特指向社会主义的一个核心概念。③ 与传统马克思主义的社会主义、资本主义是两种完全对立的社会制度和社会形态,通过暴力革

① 杨团,孙炳耀.资产社会政策与中国社会保障体系重构[J].江苏社会科学,2005(2):206-211.

② 赖特.指南针:指向社会主义的替代性选择[J].闻翔,译.开放时代,2012(6):24-41.

③ WRIGHT E O. Socialism as social empowerment[EB/OL].[2022-09-21]. https://www.researchgate.net/profile/Erik-Wright/publication/260402517_Socialism_as_Social_Empowerment/links/549982c70cf22a831396205c/Socialism-as-Social-Empowerment.pdf.

命推翻资本主义制度从而建立社会主义的主张不同，赖特认为资本主义、国家主义、社会主义等不同特质的权力结构和经济组织方式可以同时存在于一个国家的经济社会制度内，表现为相互对立的社会权力、经济权力和国家权力。区别资本主义、国家主义、社会主义的关键，取决于三种不同组织权力对经济资源分配、控制和使用的方式：资本主义是生产资料归私人所有，投资和生产是资本所有者运作经济权力的结果；国家主义是生产资料归国家所有，投资过程和生产由国家权力通过某些形式的管理机制来控制；社会主义是生产资料归整个社会共同所有，资源的分配和使用通过社会权力出于各种社会目的而进行。① 在资本主义、国家主义和社会主义三种不同权力关系的混合体中，决定经济结构性质的是在资源分配和使用中发挥主导作用的那一个。社会主义对资本主义的替代就是通过各种形式的社会赋权，将资源分配和使用的主导权在三者的对立关系中转到社会权力手上，使经济权力和国家权力从属于社会权力②③④，使投资和生产服务于普通人（市民权力）而不是资本精英。谢若登认为，一个经济体对经济资源和活动的使用与控制的社会赋权的形式越多、程度越深，它就越属于社会主义。⑤

赖特指出，社会赋权有五种途径：国家主义的社会主义、社会民主主义

① 赖特. 指南针：指向社会主义的替代性选择[J]. 闻翔，译. 开放时代，2012(6)：24－41.

② WRIGHT E O. Envisioning real utopias[M]. London：Verso，2010：367.

③ 陈美灵，王玉玲. 守护社会主义：欧林・赖特的社会主义观述评[J]. 理论视野，2018(1)：32－39.

④ 孙海洋. 如何在21世纪反对资本主义?：埃里克・赖特的资本主义批判理论评析[J]. 教学与研究，2022(1)：97－108.

⑤ 同②21.

的管制、结社民主、社会资本主义、社会经济。其中，社会经济是社会赋权的途径之一，是社会权力直接通过经济活动实现的，是在经济权力和国家权力之外探索真正属于“社会”或“人民”的社会主义尝试。社会经济的社会赋权指的是让公民社会的次级团体直接参与组织各种层面的经济活动，而不是仅仅影响经济权力的运作。① 社会经济的社会赋权是对公民社会次级团体的赋权②，即在国家权力和经济权力之外组建民众互助合作组织，由其掌握资源配置权，控制生产和分配，使资源的使用和分配直接满足人的需要，而不是服从于利润最大化或国家—技术官僚的理性逻辑（见图 1－1）。

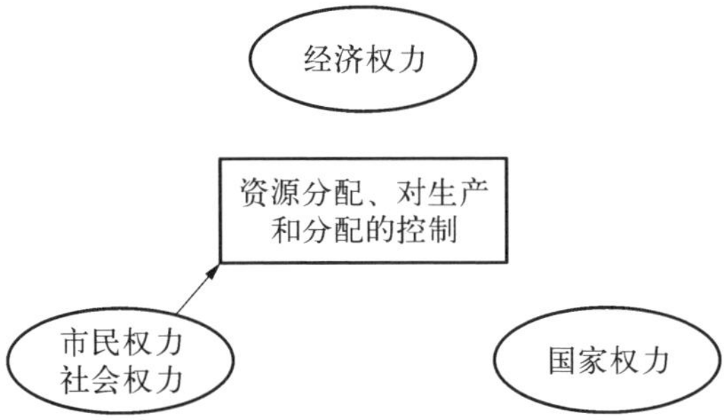

图 1－1　社会经济的理论解释

尽管与资本的经济权力和国家权力存在对立关系，但社会经济并不会改变现存制度，而是通过社会经济的赋权方式扩大和深化民众社会赋权的制度形式。制度化的社会赋权甚至有助于解决统治阶层和精英遇到的实际问题。虽然从短期看来，社会经济有利于帮助统治阶层和精英解决一些现实矛盾和问题，有助于社会和谐稳定，但是从长期来看，社会经济带来更大

① WRIGHT E O. Envisioning real utopias[M]. London: Verso,2010: 30.

② 沈原. 社会转型与工人阶级的再形成[J]. 社会学研究,2006(2): 13－36.

范围的社会赋权会影响经济权力的运作，从而使不同权力达到平衡，资本主义民主化就是自下而上增加社会赋权的结果。

社会经济的社会赋权理论呈现出极强的整体性发展特征①：一是指向社会主义政治经济计划，其本身回应了权力不平衡、边缘化等相对贫困的社会根源性问题②；二是强调经济民主，将民主原则引入生产、交换、使用、分配和创造价值这五个经济环节中，以实现经济发展③④；三是本身具有修复社会关系的功能，致力于将"经济人"理性选择的社会关系转为互助合作的社会关系，实现民众的增能和社会赋权⑤；四是指出文化是可持续发展的保障，强调本地文化的价值和内生动力⑥。可以说，社会经济的社会赋权理论从政治、经济、社会和文化等维度关注并回应了人类社会永续发展的终极目标。⑦

在实践中，社会经济的社会赋权途径更适合在社区层面增进民众对经济的主导权。首先，社会经济体现了对资本主义市场体系的批判，坚持社会主义一贯主张合作、公有的理想，有利于那些在市场竞争中处于不利地位的弱势群体(如农民、失业工人、城市无房人群等)通过互助合作、平等参与等方式进入

① 何宇飞. 新乡村建设运动中的困境：另类商品化与合作劳动：基于华南某乡村旅馆项目的案例分析[J]. 中国农村观察，2017(6)：130－141.

② 马莲，付文忠. 埃里克·赖特的社会主义新规划探析[J]. 国外社会科学，2017(3)：12－22.

③ 许宝强. 资本主义不是什么[M]. 上海：上海人民出版社，2007：237，242，245.

④ 达舍，古戎. 团结经济：另辟蹊径的发展战略？[J]. 笪钰婕，译. 国际社会科学杂志(中文版)，2012，29(4)：112－121.

⑤ 同③270－271.

⑥ 曹云. 社会经济：一种超越主流经济的另类实践[J]. 人文杂志，2014(6)：42－47.

⑦ SI Z Z，SCOTT S. The convergence of alternative food networks within "rural development" initiatives: the case of the New Rural Reconstruction Movement in China[J]. Local environment, 2016，21(9)：1082－1099.

市场从事经济活动，改善自身处境。[①] 社会经济具有将社区或成员的利益置于资本产生的利润之上、组织管理高度自治、内部民主、不以资本占比进行收入分配等特征，确保了劳动者的权利，对饱受资本市场剥削之苦的弱势群体有很大的吸引力。其次，社会经济主张将经济嵌入社会关系中去回应人的整体发展需要。[②③] 这有利于民众在社区层面推动经济、政治、社会、文化、生态的整体发展。[④] 最后，社会经济强调公民社会次级团体的赋权，有利于民众通过多种多样的组织形式直接参与经济生活。这是世界许多地方采用社区经济、团结经济、合作社、公平贸易、社会企业、集体所有制企业等具体实践模式[⑤⑥⑦⑧⑨⑩]，争取公平正义的发展权利以消除贫困的原因。

总之，社会经济的社会赋权理论在现实中为劳动者提供了在一个复杂权力结构系统中见缝插针，建立更多民主、平等、参与式经济关系，并不断扩大，直至从资本主义手中夺得支配地位的方法。这一方法与我国经过若干

---

① 何增科. 社会创新的十大理论问题[J]. 马克思主义与现实，2010(5)：99－112.

② 潘家恩，杜洁. 社会经济作为视野：以当代乡村建设实践为例[J]. 开放时代，2012(6)：55－68.

③ 叶敬忠，贺聪志. 基于小农户生产的扶贫实践与理论探索：以“巢状市场小农扶贫试验”为例[J]. 中国社会科学，2019(2)：137－158，207.

④ 钟秀梅，古学斌，张和清，等. 社会经济在中国：下[J]. 开放时代，2012(2)：5－35.

⑤ 许宝强. 资本主义不是什么[M]. 上海：上海人民出版社，2007：236－237.

⑥ 同④.

⑦ 徐立成，周立. “农消对接”模式的兴起与食品安全信任共同体的重建[J]. 南京农业大学学报(社会科学版)，2016，16(1)：59－70.

⑧ 杨嬛，王习孟. 中国替代性食物体系发展与多元主体参与：一个文献综述[J]. 中国农业大学学报(社会科学版)，2017，34(2)：24－34.

⑨ 周沐君，许怡. 可持续农业持续了什么?：我国“替代性食物网络”的实践图景与困境[J]. 社会发展研究，2020，7(1)：67－94.

⑩ 何宇飞. 发展性社会工作帮扶农户对接市场的策略与困境[J]. 华中农业大学学报(社会科学版)，2020(4)：149－157.

发展阶段逐步实现社会主义乃至共产主义的目标一致，即让劳动者控制资源配置、生产和分配，成为生产资料的主人①②，从而实现社会主义初级阶段共同富裕的目标。

三、两种减贫发展理论对建构中国社会工作社区可持续发展实务模式的启示

以资产为本的福利政策理论与社会经济的社会赋权理论是两种不同取向的减贫发展理论。第一，在追求的终极目标上，谢若登提出的“收入＋资产”的福利政策模式向穷人让渡一定的资产权利，以增强个体发展的能力，通过更加民主和公平地分配财富，使资本主义更民主、更强大，但并不改变劳动者遭受剥削的地位，只是对资本主义制度做了一些修补③；而赖特希望通过社会经济的社会赋权实现社会主义对资本主义的替代，由民众直接控制生产资料，按民众的意愿进行生产、交换和分配，使民众摆脱被剥削的地位，实现可持续发展。第二，在减贫与发展的对象上，谢若登针对的是贫困的个人和家庭；而赖特针对的是所有参加互助合作社会经济组织的民众，尤其是底层劳动者。第三，在减贫与发展的策略上，谢若登主张通过国家的力量帮助穷人建立个人发展账户等策略，为穷人提供更多的发展机会；而赖特强调民众

---

① 陈美灵，王玉玲. 守护社会主义：欧林·赖特的社会主义观述评[J]. 理论视野，2018(1)：32－39.

② 孙海洋. 如何在 21 世纪反对资本主义?：埃里克·赖特的资本主义批判理论评析[J]. 教学与研究，2022(1)：97－108.

③ 2009 年，谢若登教授到访广州，在绿耕公平贸易店听取了社会工作者的汇报后，对“城乡合作、公平贸易，共创生态文明与可持续生计”农村社会工作项目表示赞赏。当笔者问及谢若登教授对全球资本主义的看法时，他谈到自己对资本主义持保留态度，希望资本主义能够变得更加平等和民主。

互助合作的力量，以实现民众自主发展。第四，在减贫与发展的效果上，以资产为本的福利政策主要借助国家的力量，一旦付诸实施，能够较快地给予穷人经济上的帮助，但对整个社会带来的改变有限；社会经济的社会赋权主张在实践中会面临各种张力，因而推进缓慢，但是一旦实现，则能够推动政治、经济、社会、文化、生态全面进步，使劳动者真正从中获益。这两种理论对中国社会工作在社区减贫发展实践中，建构社区可持续发展实务模式具有重要的启示。

首先，“收入＋资产”的福利政策模式能够增强贫困群体自身的“造血”能力，有利于持续有效地减贫。我国已经建立了比较完善的社会救助和兜底保障体系，政府对收入在国家贫困线以下的个人和家庭发放一定的补贴（救济金等），为其提供兜底救济保障。但这种做法基本属于收入为本的福利政策，一方面虽然保障了贫困群体最基本的消费支出，维持了其最基本的生活，但没有帮助贫困群体获得谋生的手段①；另一方面容易造成贫困群体“等、靠、要”的福利政策依赖②，贫困群体不敢也不愿积累财富和创造财富，因为一旦收入超过贫困线标准，就无法获得国家相应的福利救助。这种做法常常被认为只是在“输血”，没有“造血”。③ 因此，收入为本的福利政策已经不适应近年来党关于构建解决相对贫困长效机制的要求，有必要借鉴“收入＋资产”的福利政策模式，促使收入为本的福利政策转变为“收入＋资产”的福利累积。

其次，在社会主义市场经济条件下，社会经济的社会赋权能够回应当下经济结构中的障碍和非正义的问题，从根本上系统解决造成贫困的深层次

① 李小云. 河边扶贫实验：发展主义的实践困惑[J]. 开放时代，2020(6)：28－44.
② 张慧鹏. 集体经济与精准扶贫：兼论塘约道路的启示[J]. 马克思主义研究，2017(6)：63－71.
③ 同②.

矛盾。由于中国仍处于社会主义初级阶段，经济社会生活中不可避免地存在国家、资本、社会等多种权力关系。在经济社会生活中，国家主导整个经济的发展①，发挥着市场配置资源的决定性作用。因受发展主义的引导，国家更多的是借助资本的力量实现高速发展②，而大多数民众（尤其是劳动者）更多是充当生产要素被资本所驱使③④⑤，自组织的社会被国家和资本力量限制而缺乏发展空间⑥，社会力量在社会生活中的无能为力和相对缺失是劳动者普遍贫困，以及制约社会持续发展的根本原因。同时，各种社会问题、发展困境均与社会力量的缺失有直接关系。⑦ 只有增强社会力量，提升社区内生动力和民众自主发展的主体性，才能从根本上系统性缓解社区民众贫困的社会处境，为社区可持续发展提供可能性。因此，社会赋权必然成为当下，甚至未来社区发展的目标。

在社区社会工作中，社会工作者在对接国家社会救助兜底保障资源，推动“收入＋资产”的福利累积的同时，还必须推动社会经济的社会赋权，以实现社区的整体性发展（见图 1－2），建立和完善我国社区可持续发展的长效机制。

① 张慧鹏. 集体经济与精准扶贫：兼论塘约道路的启示[J]. 马克思主义研究，2017(6)：63－71.
② 李小云. 河边扶贫实验：发展主义的实践困惑[J]. 开放时代，2020(6)：28－44.
③ 黄宗智. 小农户与大商业资本的不平等交易：中国现代农业的特色[J]. 开放时代，2012(3)：88－99.
④ 张和清. 全球化背景下中国农村问题与农村社会工作[J]. 社会科学战线，2012(8)：175－185.
⑤ 沈原. 社会转型与工人阶级的再形成[J]. 社会学研究，2006(2)：13－36.
⑥ 郭于华，史云桐. 马克思主义与社会：布洛维“社会学马克思主义”的启示[J]. 开放时代，2008(3)：141－151.
⑦ 同⑥.

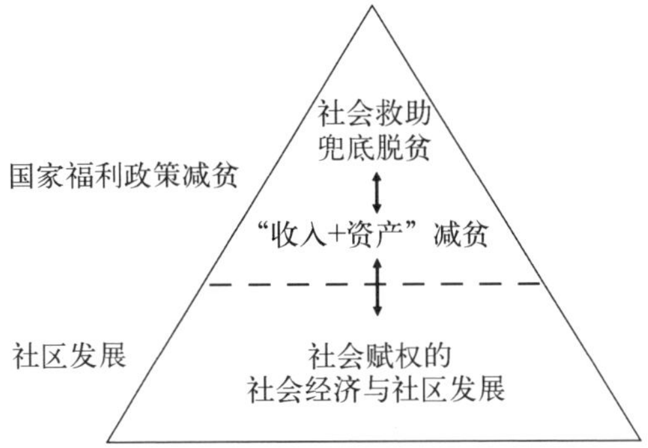

图 1－2　通向社会赋权的社会经济与社区可持续发展实务模式框架

同时，社会工作者也要注意避免两种减贫理论的不足。一是以资产为本的福利政策实践仅限于金融资产，相对比较单一，尤其忽视了在资产建设过程中对贫困人群的社会服务。① 二是赖特并未充分论述如何实现社会经济的社会赋权，致使在实践中缺乏发展社会经济的具体途径和方法策略。这些需要社会工作者在实践中加以探索和完善。

第二节　社会经济的社会赋权与社区减贫发展试验

——以广东 X 村为例

2009 年，绿耕承接了广州市民政局在 X 村试点的首批政府购买社会工作服务项目，将通向社会赋权的社会经济与社区可持续发展实务模式框架

① 邓锁. 前言[M]//邓锁，谢若登，邹莉，等. 资产建设：亚洲的策略与创新. 北京：北京大学出版社，2014：3.

付诸实践，并进行了较为深入和系统的探索。

一、X村的发展困境

X村位于广州市东北部流溪河国家森林保护区，共有115户人家，总人口为405人，常住人口不足200人，村里大多为“三留守”人员（留守儿童、留守妇女、留守老人和残疾人），山多地少，人均耕地面积不足0.6亩①。作为当时广东省的贫困村，X村贫困的原因除了自然资源不足，还有工业化、城市化和市场经济发展的冲击。因此，该村具有一定的代表性，具体表现在以下几个方面：

第一，劳动无价与“收支性”贫困。改革开放后，随着珠三角地区快速进入工业化、城市化的发展进程，X村的青壮年劳动力大多进城务工，但他们获得的劳动报酬远低于劳动价值，存在劳动无价的问题。同时，在农业市场化和产业化的浪潮中，随着产业结构调整和农副产品规模化种植的推进，一方面是种子、化肥、农药等生产资料严重依赖市场供应，生产成本不断上升，另一方面是农产品的价格和销售受市场波动影响，农民常常面临增产不增收，甚至“血本无归”的情况，导致“收支性”贫困问题。

例如，2002年为增加经济收入，X村村民将600亩耕地和1 200亩山地改种经济作物砂糖橘。砂糖橘的种植成本包括购买树苗、农药、化肥的费用，以及田间管理的劳动力成本等，而每斤砂糖橘仅农药、化肥的本钱“最早三毛左右吧，后面涨到五毛，现在差不多要到八毛……”。此外，种植砂糖橘还需要田间管理，如打药、下肥、除草、环割、摘果、拣果等都需要投入大量的

① 1亩≈666.67平方米。

人力。砂糖橘的市场价格一般是每斤 2～3 元，遇到好的年份，每斤能卖 7～8 元，在差的年份每斤才卖几毛钱。近年来，大多数村民都认为“只要不亏本，能够收回农药、化肥的本钱就满足了”。村民所说的“满足”是指能够收回生产资料的成本，期待来年卖个好价钱。这种不计劳动力和劳动成本，大面积种植砂糖橘的方式，并未给大多数村民带来生计上的改善；相反，近两年由于橘树大面积突发黄龙病，导致枝叶枯烂，许多农户“颗粒无收”。

另外，受城镇化生活方式和消费主义的影响，村民的日常生活支出不断攀升，除了日常柴米油盐的支出，建新房（泥砖房改造等）、教育、医疗、婚丧嫁娶等费用不断攀升，手机、电脑、摩托车、小轿车等现代消费品的支出也越来越多，大部分家庭为此背负沉重的债务，加剧了“收支性”贫困。

第二，资产匮乏与贫富差距扩大。随着市场经济的发展，人们的收入构成越来越多元化，资产性收入越来越成为人们收入增长的重要来源。2000 年后，资产性收入占居民收入的比重不断增加，但是，居民资产性收入差距也在迅速扩大，并成为我国城乡、地区、不同群体之间收入差距扩大的重要原因。①

从资产收入的角度来看，由于远离城市和交通要道，X 村不可能依靠转让土地、宅基地等资产在短期内快速获取财富；由于是广州市水源保护地，X 村不能“靠山吃山”，通过砍伐林木获得资源性资产收入；由于受教育文化水平的限制，X 村外出打工的年轻人大多初中都没毕业，在市场竞争中没有任何技术管理方面的优势。X 村唯一的资产收入只有土地经营收入，最大的资产是 15 000 亩山地，200 余亩水耕地主要用于满足自家口粮；在 1 200

① 王雄军. 我国居民财产性收入状况及其趋势判断[J]. 改革，2017(4)：14－26.

亩山地和 600 亩耕地上种植的砂糖橘是村民最主要的经济来源；因严禁砍伐林木而给予的补贴十分有限，大概每人每年有 1 000 多元；每家都种了一些有经济价值的竹子，每年能有 900 元左右的收入；此外，村民们零散种了些青梅、李子、花生、番薯等经济作物。不幸的是，从 2015 年开始，砂糖橘树大面积患病，大约三分之二的果树根部坏死，始终没找到病因，村民收入骤减。可以说，一家一户的个体经营方式使村民以原子化状态面对激烈的市场竞争、价格波动、成本高涨、销售困难、病虫灾害等风险，收入十分不稳定，甚至会因此负债（负资产）。有限的收入又基本用于日常生活和消费，几乎存不下钱，没有金融资产收入。可以说，X 村的资产性收入单一且匮乏。

第三，社区传统的社会文化生活日渐式微与生态环境恶化。传统社会文化生活是连接人与人之间情感的纽带，是社区民众追求美好生活的精神支柱，是社区实现自主发展的动力。然而，X 村的传统社会文化生活日渐式微，主要原因如下：一是社区公共空间缺乏。传统上，X 村保留着典型的客家围屋①文化，即同一宗族的村民长期共同居住在一个围里，村民特别是妇女们的互动交流十分频繁。自 2012 年起，X 村全面推行了土砖房改造，大部分古老围屋被拆除，传统居住格局被打破，客家围屋文化逐渐式微，村民日常交流的公共空间随之消失，X 村逐渐陷入社区公共空间不足的境地。二是受工业化、城市化等主流话语的冲击，越来越多的村民，尤其是年轻人对

---

① X 村的围屋属于典型的客家围屋，其建筑结构是方形对称结构，下厅、天井、上厅共同构成中轴线，左右两边对称分布两排居住的房间。在围屋文化中，同一个家族住在同一个围里，男性结婚后可分得两间房屋，一间是卧室，另一间则类似于厨房和客厅，用于做饭和接待客人。

传统农耕文化缺乏认同，向往城市生活，渴望摆脱农民身份；面对广泛应用的现代科技，村民日益自卑，不再愿意学习传统农耕技艺和手工艺，传统农耕智慧和技艺逐渐丧失生存空间。三是人际关系日益疏离。在竞争、等价交换等市场经济原则的冲击下，乡土社会守望相助的传统日渐消失，社会原子化趋势越来越明显，人情变得淡漠，人们在日常生产和生活中越来越习惯“单打独斗”（竞争），比如，原来邻里之间的“帮工”“换工”逐渐演变成“买工”“卖工”。村民说：“以前都是互相帮忙的，被帮的人可能会给包烟啊、（请）吃顿饭啊来感谢人家。现在也会互帮互助，但基本上收钱的比较多……。”四是村民对社区公共事务和社区治理缺乏关注、参与。尽管 X 村有国家基层组织指派的驻村村委委员，也有村民民主选举的理事会，但从来没有对诸如生计、互助合作、文化建设、环境保护等推动社区发展的公共议题进行讨论，也很少组织村民参与公共事务，如打扫卫生、植树、修路等。在村民的记忆里，已经有几十年没有举办全村的大型聚会和祭祖活动了。由于缺少集体性活动，村庄缺乏凝聚力，人心愈发涣散，社会原子化进一步加剧。五是传统的风俗礼仪消失，新的休闲娱乐文化活动匮乏且缺乏积极的引导。传统的唱客家山歌、打鼓等文化习俗被手机、网络消费乃至赌博等新型娱乐方式取代，这不仅使村庄充斥着低级趣味的文化活动，而且增加了人们的娱乐性消费支出，加剧了“收支性”贫困。另外，X 村位于广州流溪河水源保护区，依山傍水（见图 1－3），本来应该有着优越的生态环境，但村里到处都是随意倾倒的生活垃圾、建筑垃圾和排放的污水，难以降解的塑料制品随处可见。大量使用农药、化肥，使空气、土壤和水源都受到污染，村民说：“每次给果树打完农药，空气里弥漫的农药味让人好几天都不舒服，有的人还会生病。”砂糖橘树大面积烂根可能跟过度使用除草剂有关，而且村民们不再像以前那样直接挑河水饮用了。

图 1－3　X 村村貌

在这样一个疏于治理、生计艰辛、人情淡薄、传统社会文化生活日渐式微、居住环境脏乱差的社区里，村民对生活难有指望，心灵没有归依，家乡不再是情感的依恋。越来越多的青壮年劳动力离开乡村，到城市寻找机会，造成 X 村空心化问题十分严重。

可见，X 村的发展困境不仅表现为收入、资产等经济方面的个体性贫困，还表现为社区治理参与不足、社区公共空间缺乏、社区社会文化生活严重匮乏、社区生态环境不断恶化等方面的社区整体性贫困。社区整体性贫困与发展不足造成乡村社区缺乏发展的内生动力，这成为阻碍中国乡村可持续发展的深层次障碍。而社区发展困境的根源在于社区民众缺乏联合起来的集体力量，无法形成与资本较量的社会力量，只能任由市场中的强势力量摆布。要想解决社区发展困境，实现社区可持续发展，就要走社会赋权的社区社会经济发展的道路，促使社区民众组织起来。

二、社会经济的社会赋权与社区可持续发展试验

如何实现社会经济的社会赋权？首先，通过互助合作将民众组织起来是实现社会经济的社会赋权的途径。因为在赖特看来，社会权力是根植于民众各种合作性、志愿性、互助性的集体活动中的力量，社会赋权就是要增强各种民众互助合作的集体力量。如果这个集体内部是民主的，就能够按照民众的意愿来分配社会权力和各种资源。资本主义因生产资料私有制无法实现经济活动的民主决策，而社会主义生产资料由社会共同所有，可以通过民主机制为实现民众的意愿而行使社会权力，这种民主的、开放的、协商的、互助合作的决策实施机制有助于社会赋权。①② 依据这一观点，在社会经济实践中，民众通过互助合作直接参与经济活动，建立由互助合作组织主导生产、交换和分配的运作机制，是实现社会经济的社会赋权，从而最大限度地满足社区民众，尤其是底层弱势群体需求的有效途径。其次，社区资产建设是社会工作开展社区工作的重要实务理论和方法。这一实务理论和方法强调“从内部建设社区：以资产为本的方法”，认为每个社区都拥有未被发现的和未被充分利用的富余资产和资源，

---

① WRIGHT E O. Transforming capitalism through real utopias[J]. Irish journal of sociology, 2013,21(2): 6-40.

② 孙海洋. 如何在 21 世纪反对资本主义?: 埃里克·赖特的资本主义批判理论评析[J]. 教学与研究,2022(1): 97-108.

那些边缘化的社区尤其如此，个人和团体要在如此艰难且变化不居的条件中学会生存。① 社区资产建设相信社区民众有自我发展的能力，通过挖掘和利用社区资产，达到增加社区资产收益、提升民众能力、提高生活水平的目标。社会工作者可以通过社区资产建设方法策略推动互助合作，进而实现社会经济的社会赋权。在实践中，社区资产建设遵循以资产和优势为本、聚焦社区内部，以及通过关系驱动资产建设的原则。

到 2019 年，绿耕在 X 村开展减贫并推动乡村社区可持续发展已有多年。在广州市民政局、各级政府部门政策和财力的支持下，绿耕从 2010 年最早组织"八仙娘"(八位底层中年妇女)乡村旅社到建立全村范围的大合作社，再到村民自主成立的广州汇耕田农业发展有限公司(以下简称"汇耕田")，历经坎坷，取得了一些成绩，也得到了中央农村工作领导小组的关注。② 下面，笔者将阐述和分析社会工作推动社区可持续发展的实务过程与经验。

(一) 以生计项目为突破口推动互助合作

将经济嵌入民众的社会关系中，从而推动经济、政治、文化、社会、生态文明的整体发展是社会经济追求的目标。发展生计项目，使民众从中受益，始终是社会经济的底色，因此，只有在实现和维护民众经济诉求的基础上，才能推动互助合作深入发展，进而不断充实和丰富社会赋权的内容。

① KRETZMANN J P, MCKNIGHT J L. Building communities from the inside out: a path toward finding and mobilizing a community's assets [M]. Chicago: ACTA Publications, 1993: 9 - 10.

② 广东绿耕社会工作发展中心. 绿耕年度报告 2018[EB/OL]. (2019 - 05 - 08)[2023 - 07 - 01]. http://www.lvgeng.org/wp-content/uploads/2019/05/2018%E5%B9%B4%E5%B9%B4%E5%BA%A6%E6%8A%A5%E5%91%8A.pdf.

第一，生计互助组织的发育与个体和家庭赋权。生计互助组织既包括生产者之间的互助组织，也包括生产者和消费者之间的互助组织。在村庄内部，绿耕社会工作者采用扎根社区的专业方法，准确识别 X 村的边缘弱势群体——“三留守”人员，培育了第一个生计互助组织——“八仙娘”乡村旅社，开展具有本土特色的乡村民宿服务。在乡村旅社内部，根据社会经济的特点和要求，生产资料归互助组集体所有，发展何种生计项目由成员自主决定，内部的分工、生产、经营、管理等采取何种方式由成员协商决定，按照按劳分配的原则体现劳动和资产经营收入。在城市社区，绿耕社会工作者组织消费者深入 X 村开展“农耕体验”“生态体验”“参与式学习”等城乡互助活动，使城市消费者认同传统农耕的价值和农民的劳动价值，联动具有相同价值理念的城市消费者通过“城乡合作、公平贸易”平台，以公平的价格而非市场的价格实现生产者和消费者之间的互惠互利，最大限度地保障和增加弱势群体的劳动收入，免受中间商剥削。①

生计互助组织的发展推动了个体和家庭赋权。以“八仙娘”乡村旅社为例，个体和家庭的赋权具体体现为以下几个方面：一是实现了劳动有价。由于生产者主导生产过程，同时又与消费者进行“公平贸易”，既消除了剩余价值剥削，也避免了中间商赚差价，使劳动者的劳动得到尊重和合理回报，回应了劳动无价和“收支性”贫困的问题。二是提高了妇女的家庭和社会地位。妇女通过自己的劳动和经营收入，增加了家庭收入，改善了家庭生活，直接提高了她们在家庭和社会中的地位。三是提升了妇女平等参与、民主

① 张和清，尚静. 社会工作干预与中国乡村生态、生计和生活可持续发展的行动研究：以绿耕项目为例[J]. 社会学研究，2021，36(6)：68－89.

协商、协作管理的能力。由于社会经济具有组织管理高度自治、内部民主、收入分配不以资本占比进行分配的特征和要求①，社会工作者不断推动小组成员形成平等对话、民主协商、集体决策的互助合作机制，经过一段时间的磨合，妇女们逐渐具有了民主、平等的意识，沟通、协作能力也得到极大的提升。四是妇女自我发展的主体性与自信心得到了提升。由于参与乡村旅社增加了家庭收入，积累了沟通、协商、经营、管理等经验，妇女们对未来充满信心，越来越关心村庄的公共事务，尤其是社区公益金的建立，也有底气参与村庄的公共事务。

第二，生计互助组织的发展与群体赋权。“八仙娘”乡村旅社发挥了积极的示范效应，吸引了越来越多的“三留守”人员参与互助合作的过程，部分返乡青年也被吸引进来。社会工作者发挥推动者和赋权者的作用，一是推动成立了更多的生计互助组织，如“青梅加工”小组、“生态种植”合作社、“社区导赏”小组、“长者小农墟”等。二是适时推动成立了全村大合作社。作为沟通各互助合作组织的桥梁，全村大合作社在社区公共议题、重大集体行动等方面发挥了沟通交流与集体决策的作用。

生计互助组织的发展使社会经济的社会赋权从个体扩大到群体。其中最直接的表现就是满足了“三留守”人员对增加经济收入、实现共同富裕的普遍需求。表 1－1 显示了 2010—2018 年绿耕驻村社会工作者培育的生计互助组织和全村大合作社通过“城乡合作、公平贸易”平台销售农产品的收益情况。

① 许宝强. 资本主义不是什么[M]. 上海：上海人民出版社，2007：270.

表 1－1　2010—2018 年 X 村各生计互助组织的收益情况（单位：万元）

年份＼组织	“八仙娘”乡村旅社	“青梅加工”小组和“生态种植”合作社	“长者小农墟”	“社区导赏”小组	腐竹和竹编加工小组	年度总计
2010—2012	12.84	24.38	—	—	—	37.22
2013	11.35	6.18	—	—	—	17.53
2014	24.00	22.70	1.20	—	—	47.90
2015	25.00	26.00	10.00	0.79	—	61.79
2016	24.00	26.00	11.00	2.50	0.22	63.72
2017	18.00	37.00	7.30	3.20	1.27	66.77
2018	25.00	47.00	6.90	9.10	8.15	96.15
总计	140.19	189.26	36.40	15.59	9.64	391.08

从更深的层次来看，群体赋权表现为培育社区社会组织。一是通过发展多元互助组织，使个体依靠组织起来的力量抵御市场风险。“生计互助组织—全村大合作社”的发展过程是 X 村的个体和群体重拾社会联结、拓展社会资源的过程，有助于增强互助组成员抵御各种风险的能力。二是促进各类互助群体相互理解、彼此信任，营造互助合作、民主协商的社区文化氛围。具体到各生计互助组织内部的管理和文化氛围营造方面，社会工作者秉持集体生产、民主管理、互助合作的社会经济原则，推动各类组织的成员对话、交流、意识提升，协助组员转变追求单一经济指标（增加收入）的思想观念，促使组员认同社会经济的社会赋权目标。三是聚焦社区公共议题，提升组员的集体责任感和社区归属感。社会工作者始终围绕村民共同的生计需求，将个体的需求上升为社区公共议题，引导不同群体依靠互助合作的途径

和社区资产建设策略，通过群体赋权解决问题，从而激发组员的社会责任感和集体认同感。

第三，借助社区公益金和村庄集体行动推动社区赋权。既然造成贫困和阻碍可持续发展的因素是“社会性”的，那么消除贫困根源和发展障碍的行动也应是“社会性”的，即解放取决于社会世界，而不仅仅是人类内在自我的变迁。①②③ 所以，消除贫困、推动可持续发展必须注重社会系统性，除了从经济层面关注社区民众的生计需求，还必须在政治、文化、社会、生态文明建设与经济发展的关系，推动“五位一体”可持续发展。④ 在X村的实践中，绿耕社会工作者借助社区公益金和集体行动推动了社区赋权。

社区公益金是社会工作者引导生计互助组织按一定比例提取的社区公共服务基金，被用于全村公共事务发展，如架桥修路、重大节日聚餐、照顾老人、植树造林、共建社区文化广场等。社区公益金从以下几个方面促进社区赋权：一是为村民特别是边缘弱势群体提供获得社会支持的一种渠道，实现社区内部守望相助；二是激发村民参与公共事务的意识和能动性；三是引导村民从关注经济收入到关心社区生计发展、社会互助、文化认同、环境友好和社区共治的整体可持续发展的目标。

打造公共空间是X村重大的集体行动。截至2018年10月，社会工作

---

① 赖特. 指南针：指向社会主义的替代性选择[J]. 闻翔，译. 开放时代，2012(6)：24-41.

② 潘毅，严海蓉，古学斌，等. 社会经济在中国：超越资本主义的理论与实践[M]. 北京：社会科学文献出版社，2014：5.

③ 黄洪. 以资产为本推行社区经济发展：香港的经验与实践[J]. 江苏社会科学，2005(2)：227-231.

④ 张和清. 扎根社区推动脱贫攻坚[J]. 人民论坛，2018(29)：50-51.

者先后采用社区议事会、集体投工投劳等方法，在 X 村引导村民关注和分析社区公共生活存在的问题及其原因，并联动村民先后打造了四个公共空间，逐步恢复了社区公共生活。首先是修缮祠堂。将原先破败不堪的宗祠和祖屋修缮一新，使其成为村民和外来者聚会、学习、交流的公共阵地，发挥凝聚社区人气、传承历史文化的作用。其次是修缮风水池。清除风水池里的垃圾、污泥并投放鱼苗，使一池碧水再次护佑村庄。再次是改造老围屋。为了避免古老围屋坍塌，或被楼房取代，又或被外来资本租用改建成民宿，社会工作者联合村民将村里最大的一片围屋——“新龙围”租下来，建成具有培训、展览等多功能的社区公共空间。最后是修建乡村人民文化广场。社会工作者邀请专业设计师与村民共同制定广场建设计划，动员全部村民投工投劳，充分利用建筑废料、石子等材料，将村中央堆满垃圾且已经被废弃的简易健身场所建设成为乡村文化广场，使之成为村民聚会、文艺表演的公共文化活动阵地。

打造社区公共空间对于社区赋权的意义体现在以下方面：一是恢复本土文化。随着祠堂、围屋的修缮，宗祠文化、祖屋文化、锣鼓文化开始恢复，越来越多的人返乡祭祖，村庄也越来越有人气。“新龙围”还挂牌成为“中国农村社会工作培训基地”，承接广东省妇女联合会的基层妇女社会工作驻村培训、社会工作实务培训等，许多村民成为社区讲师，向来自全省甚至全国各地的学员讲述自己和村庄变迁的故事。在恢复本土文化的过程中，社区民众的文化认同感和社区归属感也不断增强。二是加强集体互助合作。公共空间打破了村民原子化的状态，其建设过程中营造了社区公共话题，不仅推动了各生计互助组织之间的合作，还逐步将互助组织以外的村民组织起来，进而实现了面向全体村民的“大合作社”。在此基础上，覆盖全村的“大公益金”管理委员会成立，将村民、小组和社区联结在一起，共同推动可持续生产。三是增强社区民众的主体性。打造公共空间的资金主要来自各生计互助组织积累的社区公益金和绿耕链接的外部社会力量的捐赠；按照社区民众的意愿设计公共空间，以满足他们的生活、生产和发展需要；设计方案由村民与社会工作者、专业设计师共同完成；施工大多由村民主动投工投劳，全体村民都参与了建设。四是改变思想观念。随着公共空间的打造，越来越多的文化、生态资产得到激活、复兴，村民的经济收入有所增加，越来越感到家乡景、物、人的美好，愈发尊重在地文化，爱护环境，更加愿意通过互助合作改变整村的贫困面貌。X村的村支书深有感触地说：“多年来，社会工作者带来村容村貌村风的改善和村民思想观念的改变，是多少钱都买不来的！”

总之，绿耕以生计项目为突破口，将互助合作与社区资产建设结合起来，使经济在嵌入社区社会关系的过程中，循序渐进地推动个体和家庭赋权、群体和社区赋权，进而实现乡村整体性改变。2019年绿耕撤出X村后，互助合作并没有止步，在村民骨干的联动下，X村成立了“汇耕田”，统筹各生计互助组织的产品销售和社区服务情况，如售卖青梅产品、组织招募亲子研学营、共建活动空间等。自此，绿耕社会工作者由推动者和培育者转变为同行者，借助“汇耕田”平台，继续与村民相伴同行。

（二）社区资产建设是达致互助合作的策略和方法

社区资产建设的三个原则，即以资产和优势为本、聚焦社区内部、关系驱动，是社会工作者遵循的推动互助合作的策略和方法。

第一，运用优势视角挖掘社区资产。这要求社会工作者必须从X村现存的资源着手，而不是从没有什么、需要什么入手，将乡村社区内部，尤其是弱势群体被忽视的人力、社会、文化等资产挖掘出来，通过盘活社区优势资产，使之转化为能够带来经济收益的生计资产，吸引村民参与到互助合作的进程中来，以此推动生计互助组织的发展，并回应X村资产性收入单一且匮乏的问题。

第二，聚焦社区内部的资产建设。这要求社会工作者必须了解社区内发生了什么、可以获得什么资产、有什么重要的个人和团体的能力能够被利用，并以此推动互助合作。绿耕社会工作者通过扎根社区，深刻理解了X村的发展困境及其社会根源，并发现了该村仍然蕴藏着自我发展的能动性："三留守"人员要求改善生活；返乡青年希望在家门口创业；一些外出打工回家的中年人希望改变家乡的面貌。同时，X村有许多可以利用的资产，如大量的客家老围屋、优良的生态环境、丰富的山林资源等，社会工作者可以以此推动互助合作。

第三，关系驱动的社区组织与社会赋权。关系驱动体现在以下两个方面：一是增进社区民众的互助、友爱，增强社区凝聚力；二是为实现共同的目标而采取某种集体行动。在X村内，社会工作者利用自身与村民的信任关系优势，发展生计互助组织，激活村庄的社会支持网络，培养村民真诚友爱、互助合作的集体意识，促进社区内部守望相助，增强社区凝聚力，以公共空间打造的集体行动推动"五位一体"可持续发展目标的实现。在X村外，社会工作者利用人们相同的价值理念和追求，联动生产者和消费者，搭建城乡合作网络，培育生产—消费社会组织，助力互助组织发展壮大，循序渐进地实现个体和家庭赋权、群体和社区赋权。

由此可见，社会工作者通过社区资产建设确保了社区民众的主体性地位，明确了社区为本的发展方向，联结了社会互助合作网络，有效地将社区民众组织起来，实现了社会赋权，促进了民众和社区的可持续发展。社会工作者挖掘并利用优势资产的过程就是激发民众和社区内生发展动力的过程。

（三）扎根社区是推动社会经济的前提条件

无论是推动互助合作，还是开展社区资产建设，都必须以扎根社区为前提。扎根社区的目的就是要使社会工作者融入社区民众的生活世界。社会工作者通过扎根社区，弄清社区的问题和需求，澄清问题背后的社会根源，从而确定介入的方向、路径和方法。由于是广州市民政局的政府购买服务项目，绿耕得到了X村村支两委（村党支部委员会和村民委员会）的支持和配合，社会工作者比较顺利地进入村庄，通过与村民同吃、同住、同劳动，逐步融入了村民的日常生活。社会工作者扎根社区的工作流程如下：赢得村民的信任—理解村民的问题和需求—摸清村庄的优势资产—组织起来—确定目标—共同行动—社会赋权。

综上所述，社会经济的终极目的是推动实现社会公正。①② 判断一个社会的各项制度是否正义，大致有两个宽泛的规范性要求：一是社会正义，即

① 米勒.团结经济：主要概念和问题[J].罗晓旭，刘亚，译.开放时代，2012(6)：5-17.
② 马莲，付文忠.埃里克·赖特的社会主义新规划探析[J].国外社会科学，2017(3)：12-22.

所有人都大致平等地享有为过上繁荣生活所必需的物质和社会手段。[①] 二是政治正义，即人们应当被平等地赋予权力，以便集体控制那些影响他们共同命运的状况和决定——这既是政治平等的原则，也是集体民主赋权的原则。[②] 因此，只有运用社区资产建设的策略和方法，通过互助合作的途径，才能实现社会经济的社会赋权，从而推动社区“五位一体”可持续发展。

第三节　讨论和反思

社会经济是替代资本主义并指向社会主义的一个重要途径，有利于增强社会力量在经济、政治、文化、社会、生态环境中的影响力。社会经济的目的是改变个体在市场经济中的原子化状态，通过动员人们参与各种合作性、志愿性的集体活动，以平衡市场的资本力量。[③] 它也要求通过社会经济的社会赋权，依靠组织的力量使资源的使用和分配满足社区民众的需求，而不是资本的利益；在提高社区民众的民主参与能力和管理水平的赋权过程中，催生出促进社区自主性发展的内生动力。将经济嵌入社区民众的社会关系中，使经济和政治、文化、社会、生态等因素密切相关，从而推动社区民众共同努力，以实现社区整体性减贫与可持续发展的目标。推动社区社会经济的前提是社会工作者必须扎根社区，融入社区民众的日常生活。

---

① 陈美灵，王玉玲．守护社会主义：欧林·赖特的社会主义观述评[J]．理论视野，2018(1)：32－39．

② 赖特．指南针：指向社会主义的替代性选择[J]．闻翔，译．开放时代，2012(6)：24－41．

③ 同②．

社区资产建设和互助合作是推动社会经济落地生根的两个重要抓手，两者在实践中是有机统一的。社区资产建设是社会经济社会赋权的方法策略，只有将社区优势资产转化为社区民众的生计资产，才能将经济嵌入社区民众的社会关系中，进而推动社区整体发展。互助合作是推动社会经济社会赋权的路径，唯有将民众组织起来，才能使社区资产掌握在社区居民手中，按照民众的意愿和需求推动社区发展。社区资产建设和互助合作相互关联、互相促进：社会工作者借助社区资产建设的赋权策略，在挖掘优势资产的同时，将社区民众组织起来，通过互助合作，加强社区民众的能力建设，提升民众资产建设的能力，从而激发社区内生动力。互助合作与社区资产建设良性互动，共同推动社区社会经济赋权和可持续发展。

同时也要看到，社会经济的社区整体减贫行动不能代替个案救助。绿耕将主要精力放在推动社会经济的社区整体减贫发展，缺乏专门针对社区孤寡老人、困境儿童、重病重残人员等民政对象的个案救助。例如，X村有位杨姓独居老人，按照低保、五保户的相关政策，他本可以得到相应的资助，但因早年参军、转业、招工、下岗，他的户口落到了外地，且由于长期与社会脱节，无法自己去办理户口回迁手续，再加上与其他村民关系紧张，也无人为他提供帮助，相应的资助始终没落实，久而久之，他心生愤懑，愈发边缘化。绿耕在社区减贫中秉持弱势优先的价值观，把许多贫困人群纳入各类生计互助组织，但他们都是头脑灵活、有劳动能力、在社区中人际关系良好的人。至于像杨姓独居老人这样的民政救助对象和困难群体，受社区关系、边缘化、专业意识不强等因素影响，绿耕既无法帮助他们加入各类生计互助组织共享社区资产建设的收益，也缺乏自觉地与政府相关部门对接国家兜底保障政策救助的意识，致使这类困难群体没有得到国家相关福利政策的照顾与救济。2017 年，广东省民政厅启动“双百计划”①，对接国家福利政策，开展兜底性个案救助：一方面，使社会工作者在社区减贫行动中不放弃任何一个个体；另一方面，利用社会工作者扎根社区的优势，解决国家民生兜底政策落地的“最后一米”障碍，维护社会公平。

另外，“收入＋资产”的福利累积制度是社会保护和社会发展相结合的政策，促使贫困群体从被动的受助者转变成改变自身命运的行动者，增强了减贫发展的可持续性。目前，这种福利政策在中国还是新生事物，其实施效果还有待证实。但从世界的经验来看，往往是各类社会组织先行先试，建立起穷人资产账户，让政策制定者和更多的人了解、认识资产建设的价值和实操方法，最终形成制度性的福利发展政策。我国新疆的呼图壁县也曾尝试养老保险抵押贷款资产建设项目，可惜这样的试验并不多。实际上，社会工作可以利用扎根社区的有利条件先行先试，先在社区建立起个人资产账户。首先，社会工作可以利用国家兜底保障中的“三保障”(义务教育、基本医疗、住房安全有保障)，发挥链接各方资源的优势，有针对性地帮助困难群众建立相应的个人资产账户，将国家用于义务教育、基本医疗、住房安全等方面

① 广东社工“双百计划”于 2017 年 7 月正式启动。在广东省民政厅的大力推动下，该计划在粤东西北和珠三角地区，分两批建成 407 个乡镇(街道)社会工作服务站。近 2 000 名“双百”社会工作者扎根村居，致力于打通民生保障服务的“最后一米”。2020 年 11 月，在系统总结“双百计划”实践经验的基础上，广东省民政厅等五部门联合印发《关于实施“广东兜底民生服务社会工作双百工程”的通知》，标志着“双百计划”升级为“双百工程”。详见张和清，廖其能. 发展型社会救助的中国社会工作实践探索：以广东“双百”为例[J]. 西北师大学报(社会科学版)，2021，58(6)：78－88.

的固定消费支出的资金变成流动的“蓄水池”，使其既能够促进消费，又能够用于投资，以增加新的收入。其次，社会工作发挥扎根社区减贫发展、注重能力建设、侧重提升弱势群体自主发展能力的优势，在社区有针对性地开展各种赋权和发展性社会工作服务。只要各地积极开展个人资产账户试验，积累更多的实践经验，就有可能推动国家层面“收入＋资产”福利政策的制定。

社会工作如果能将国家福利政策层面的社会救助兜底保障、“收入＋资产”福利政策、社区层面的社会经济联动起来，就能建立起乡村减贫发展的长效机制，形成通向社会赋权的社会经济与社区减贫发展实务模式。其中，社区层面的社会经济针对现阶段贫困与发展的深层次矛盾，以社区资产建设为策略方法，以互助合作为途径，以增强社区自我发展力量、为劳动者赋权为目标；国家福利政策侧重保障困难群众和特殊群体的基本生活；“收入＋资产”福利政策侧重增强弱势群体的自我发展能力。综合运用减贫模式与发展模式，既治标又治本，实现了从国家福利政策减贫到社区减贫发展。

总之，随着中国特色社会主义进入新时代，我国社会主要矛盾已经转化为人民日益增长的美好生活需要和不平衡不充分的发展之间的矛盾。国家福利政策的社会救助与兜底保障，以及符合中国国情的“收入＋资产”福利政策减贫计划能在现有机制内使贫困群体更多地享有发展的成果，一定程度上缓解发展不平衡不充分的问题，从而维护底线和社会公正。但是，如果要坚持“以人民为中心”和“人民至上”的执政理念，实现平衡且充分的发展，那么国家就要在发展中坚持社会主义方向，改变社会力量相对薄弱的状况，通过社会经济的社会赋权增强社会力量的自主发展能力，尊重和体现社会力量的发展意愿和作用。从社会工作角度而言，社区是社会工作发挥专业优势且有所作为的阵地，社会工作者应该以社区为本，积极推动社区减贫与发展。一方面，社会工作者要发挥专业优势，依托国家福利政策、社会救助政策，有针对性地开展个案救助，同时积极发展贫困群体的资产储蓄账户，增强困难群众和特殊群体的自我发展能力，推动“收入＋资产”的国家福利减贫；另一方面，社会工作者要扎根社区，通过培育社区互助组织的赋权途径和社区资产建设的赋权策略推动社区社会经济发展，进而从“收入＋资产”减贫模式通向社会赋权的社会经济与社区发展，最终发挥国家福利政策的整合优势。

社区减贫发展不仅针对个体性和社区整体性贫困，还着眼于社区可持续发展；不仅积极链接外部资源帮助贫困个体和家庭，还组织、依靠内生力量实现社区自主发展；不仅对接国家福利政策，落实弱势群体的兜底保障工作，还针对贫困群体开展金融等资产账户试验，进而推动国家福利政策改革，发挥国家福利政策的整合优势，实现社区可持续发展。

第二章　乡村振兴战略的演变与社区减贫发展实务框架

——以绿耕的项目为例

过去20多年，在农村推动的减贫发展实践中，绿耕始终把实现"五位一体"作为追求的目标，与国家乡村振兴战略的目标相契合。将绿耕探索的社会工作社区减贫发展实务模式与国家乡村振兴战略有效衔接，既能够通过绿耕社会经济社区减贫发展的社会赋权途径，助力国家夯实脱贫攻坚成果，解决相对贫困问题，逐步实现共同富裕与乡村可持续发展的目标，又能够借助国家大力推进乡村振兴战略的大好机会，进一步检验和完善绿耕推动的社区减贫发展实务模式，进而推动社会工作的本土化、专业化发展。尽管绿耕在中国农村地区、少数民族地区、受灾地区的减贫与发展方面积累了丰富的实务经验，取得了一些成绩，但大多停留在经验层面，已经发表的论文和出版的著作比较零散，缺乏历史分析、系统性梳理和实务理论的提炼。为了满足国家乡村振兴战略的需要，本章通过梳理中国反贫困与乡村振兴的历史演变过程，将反贫困社会工作纳入中国乡村建设的历史脉络，从乡村振兴战略的高度，深刻理解反贫困社会工作与乡村振兴的内在关系，从而建构绿耕迈向乡村振兴的社区减贫发展实务框架，促使社会工作社区减贫发展实务模式既符合中国特色社会主义乡村振兴的新时代精神，又能够取得本土专业减贫发展模式的新突破。

第一节　中国传统的乡村自治与扶贫济困

近现代以来，随着中国现代化进程中乡村问题日益突出，学者们对中国传统乡村建设与扶贫济困的理论研究和实践探索从未间断，成果颇丰。一些研究聚焦封建社会天灾人祸中的扶贫济困传统，更多的研究则是关注民国时期的乡村衰败、乡村建设运动与社会力量济贫试验。这些关于中国乡村反贫困的理论研究和实践探索，对当前我国乡村振兴背景下社会工作社区减贫发展理论与实务模式的建构具有借鉴价值。

一、封建社会的乡村自治与扶贫济困

在中国传统社会，农村治理主体包括国家行政权力和社会自治权两个方面。[①] 由于国家不可能对范围广阔的民间社会直接进行统治和管理，因而需要依赖社会某种程度上的自治功能，如乡绅对农村的控制和管理。国家行政权力通过与农村的自治权不断互动，将其统治下达，费孝通称之为“双轨政治”。[②] 在传统专制的封建王朝中，国家从中央到地方实行“皇权代理

① 徐勇. 中国农村村民自治[M]. 增订本. 北京：生活书店出版有限公司，2018：18－19.
② 费孝通. 乡土中国[M]. 修订本. 上海：上海人民出版社，2013：288－289.

人”治理（“官治”），但“皇权止于县政”，县以下的乡村社会实行“乡绅自治”。“皇权代理人”建立在等级森严的封建官僚体制之上，皇权和官僚体制具有不同的合法性权威，前者建立在传统权威与卡理斯玛权威的合法性基础之上，后者的合法性来源于自上而下的“授权”。① 封建社会地主阶级的专制统治决定了民族自治中的乡绅治乡。②

慈善事业在我国有着悠久的历史。以慈善、赈济等为主的慈善济困事业起源于黄帝纪元以前，到了周代，济贫制度渐趋完备③，且重视民众的作用，提出“欲至于万年，惟王子子孙孙永保民”，注意采取惠民保民政策。后世历代统治者和思想家无不从“民为邦本”（民本主义）的指导思想出发，强调赈贫恤患、救助老幼孤寡，即开展慈善活动的重要性。④ 言心哲在《现代社会事业》一书中介绍了自先秦以来的社会救济措施，主要包括减赋税、推行仓制粮储等。宋代济贫事业分为国家举办和地方举办两种，国家举办包括常平仓、惠民仓、广惠仓等，地方举办包括社仓、义仓等。清代国家实施的社会救济措施包括恤贫和救荒，地方则有城乡公办的社仓、迁善公所和宗族创办的义庄、族学等。⑤

唐宋时期在我国慈善事业史上具有划时代的意义。唐代设置悲田养病坊，用以收养贫病老弱、残疾人、孤儿；宋代更重视慈善事业，先后设置了居养院、安济坊、漏泽园等机构，有针对性地对老弱、疾病患者、孤幼等进行

① 周雪光. 权威体制与有效治理：当代中国国家治理的制度逻辑[J]. 开放时代，2011(10)：67－85.
② 徐勇. 中国农村村民自治[M]. 增订本. 北京：生活书店出版有限公司，2018：19.
③ 言心哲. 现代社会事业[M]. 石家庄：河北教育出版社，2012：151.
④ 王卫平. 论中国古代慈善事业的思想基础[J]. 江苏社会科学，1999 (2)：116－121.
⑤ 同③150－159.

救助。[①] 宋代首创的这些社会救助机构在中国古代救助史上占有重要地位，它们确实使那些绝望者得到安慰，使身处绝境的人和饥寒者摆脱了死亡的威胁，更重要的是，它们在倡导善举、缓和社会矛盾、维护社会稳定等方面发挥了积极作用。[②] 明代江南地区社会福祉活动的主要特点表现为官营向民办推移、民间慈善组织逐渐成立并开展慈善活动，由此将自古以来出现的社会福祉活动进一步推广、扩散。但是，明代的民间慈善活动还只是刚刚起步，无论其内容，还是涉及的社会面，都比较狭小。[③] 清代的社会救济制度具有如下特点：贫困不构成道德问题，基本上不受谴责，甚至有德性的贫困群体是令人尊敬的；官方救济缺乏法治化基础，不重视救济的经济功能，与农业社会结构相适应；民间机构救济内容多层次，资金来源多元化，管理方式有一定的近代性；民间救济机构对接受者有经济和道德的双重要求，主要发挥教化乡里、改善民风和社会整合的功能；家族保障具有封闭性和狭隘性，救济范围小，再分配功能弱。[④]

我国传统的慈善救济事业从创办的主体来看，主要包括两大类：一为官办，二为民办。官办慈善救济内容主要包括灾荒赈济和日常救助两个方面。在不同的历史时期，民办慈善救济的办理主体存在较大差别，汉唐以佛教力量为主，宋代将民间的慈善资源收归国有，明清时期民间的世俗势力颇盛。[⑤] 国家采取的济贫措施主要集中于救灾、收养老幼残废者；地方开展的济贫事

---

① 王卫平. 唐宋时期慈善事业概说[J]. 史学月刊,2000(3): 95 - 102.
② 郭文佳. 宋代的济贫与助困[J]. 江西社会科学,2003(6): 78 - 81.
③ 王卫平. 明清时期江南地区的民间慈善事业[J]. 社会学研究,1998(1): 86 - 99.
④ 徐道稳. 清代社会救济制度初探[J]. 长沙民政职业技术学院学报,2004(2): 13 - 15.
⑤ 靳环宇. 中国民间慈善组织的历史嬗变[J]. 中州学刊,2006(2): 111 - 114.

业除了政府公办，大部分为民间经营，是社会自治的一种体现，如具有民间慈善救济色彩的社仓就以自治方式来实施社会救助。宗族举办的义庄亦是自治经营，资助族中贫乏者和族中子弟就学。在社会稳定时期，由于封建王朝上收行政权（皇权不下乡），农村实行了一定程度的自治，农村中的宗族实力（拥有族产族田）及亲戚关系网络等决定了对族民扶贫济困的力度。这一时期，国家总体上的济贫力度不大，发生天灾人祸时，人们往往投奔到其亲戚所在的村庄。①

由此可见，中国封建社会的乡村自治和扶贫济困主要依靠社会慈善力量和宗族势力。作为一个自治体系，乡村除了与封建王朝保持朝贡关系（纳粮等），还具有慈善救助和自治保护的社会文化功能。杜赞奇（Prasenjit Duara）将中国乡村绅士操控的自治与保护作用称为"保护型经纪体制"。②但随着清王朝的覆灭，封建社会的乡村自治与济贫传统也终结了，伴随而来的是民国土豪劣绅代表国家统治乡村，"营利型经纪体制"急剧膨胀。③ 20世纪二三十年代，随着帝国主义列强瓜分中国，中国乡村社会逐渐衰败，直到民国时期以梁漱溟、晏阳初为代表的仁人志士推动乡村建设运动时，已经有三大力量对中国乡村造成了巨大破坏：一是政治属性的破坏力，即兵祸、匪乱、苛政等；二是经济属性的破坏力，即外国的经济侵略等；三是文化属性的破坏力，即礼俗风尚的改变等。

为了改变民国乡村积贫积弱的现状，梁漱溟、晏阳初等进入乡村社会，

① 杜赞奇. 文化、权力与国家：1900—1942 年的华北农村[M]. 王福明，译. 南京：江苏人民出版社，2008：9.

② 同①34 - 37.

③ 同①210 - 212.

开启民国乡村建设运动，希望通过乡村自治，复兴乡村政治、经济与社会文化传统。

二、民国乡村建设运动中的乡村自治与反贫困

清末至民国时期，帝国主义的入侵导致民国政府加紧对乡村社会的控制和资源掠夺，乡绅阶层分化严重，“营利型经纪体制”愈演愈烈，土豪劣绅的所作所为加剧了乡村社会的治理失败。① 民国政府联合土豪劣绅加强对乡村社会的统治，严重侵蚀了乡村治理的合法性和权威基础，造成乡村社会矛盾激化和国家政权“内卷化”。② 民国时期，除了官办的社会救济部门，还有许多国家推动、民间兴起的乡村建设运动与反贫困社会工作方面的探索。例如，政府对社会济贫事业做了很多规划，设立救济院，救济院分设养老所、孤儿所、残废所、育婴所、施医所、贷款所等；在赈济方面设立赈务委员会，包括农赈（设立农村互助社）等。③ 值得一提的是，1938 年设立的中央社会部的职能包括推行社会福利事业、倡导社会救济等，从消极的慈善观念转变为积极的责任观念，由救济生活转变为扶助生存，使被救济者能有自力更生的意识，由纯消费途径迈入生产途径。④

以晏阳初、梁漱溟为代表的民国乡村建设运动的先驱们，不仅深刻揭示了中国乡村问题的社会政治和文化根源，而且身体力行，开了中国乡村改造

① 杜赞奇. 文化、权力与国家：1900—1942 年的华北农村[M]. 王福明，译. 南京：江苏人民出版社，2008：210 - 212.

② 贺雪峰. 论乡村治理内卷化：以河南省 K 镇调查为例[J]. 开放时代，2011(2)：86 - 101.

③ 言心哲. 现代社会事业[M]. 石家庄：河北教育出版社，2012：162.

④ 同③172.

运动的先河，他们的乡村建设理论和实践经验为当代中国农村社会工作和反贫困社会工作奠定了坚实的基础。在乡村自治方面，民国乡村建设试验为反贫困社会工作提供了典型的案例经验。20 世纪 30 年代的乡村建设运动以乡村教育作为乡村自治出发点，主要内容包括乡村贫困救助、社会文化复兴等议题。1933 年 7 月，晏阳初在山东邹平第一次乡村工作讨论会的报告中指出，中国乡村建设的四大问题是“愚、贫、弱、私”，要根本解决这四大问题，需要从事文艺教育以救愚、从事生计教育以救贫、从事卫生教育以救弱、从事公民教育以救私。其中，生计教育解决穷的问题，公民教育解决私的问题，后者通过公德训练和发扬公共心，使个人与社会的关系得以和解。①

梁漱溟同样将乡村问题的解决诉诸社会力量，强调依靠社会自身来解决问题。梁漱溟认为乡村建设运动从政治入手，目标在于解决政治问题，但问题的根源在于社会，应坚定社会运动的立场。② 梁漱溟的《乡村建设理论》从政治、经济、社会三个方面探讨中华民族的前途，提出了解决问题的方式。乡村组织的培养有赖于经济问题的解决，而经济问题的解决必须依靠适宜的政治环境。③ 梁漱溟分析了开展乡村建设运动的原因：一是乡村遭到破坏，全国各地兴起救济乡村运动；二是乡村自救运动；三是积极建设的要求；四是重建一个新社会构造的要求。④ 乡村建设是中国社会的重构，原有的社

① 晏阳初. 平民教育概论[M]. 北京：高等教育出版社，2010：160 - 164.

② 何建华. “社会”而非“政权”：梁漱溟乡村建设运动的立场[J]. 社会主义研究，2007(1)：80 - 82.

③ 梁漱溟. 梁漱溟全集：第 2 卷[M]. 2 版. 济南：山东人民出版社，2005：147.

④ 同③149 - 166.

会秩序已经崩溃，新的社会秩序尚未建立，需要通过乡村建设来实现，“愚、贫、弱、私”等问题只是社会秩序崩溃的体现。

梁漱溟从社会组织构造的角度谈论乡村建设，认为中国社会秩序崩溃散漫，而救亡之道在于团结组织。这种团结组织的路子与西方的地方自治不同，是“从社会自己试探着走路走出来的”，从而建设新的乡村组织。[①]乡是一个合适的范围，国家经济建设需要从复兴农村开始，新的社会组织萌芽也必须在乡村。乡村问题的解决必须重视乡村的内在动力，由乡民自发组织去解决。梁漱溟对乡村组织寄予了厚望，他希望逐步地让社会自身发生作用，从小范围扩大，从而解决社会自身的问题。[②]乡村组织发展起来后，在经济建设中发挥了积极作用，例如，激发农民的进取心、促使农民合作、将科技引入农村、促进金融流通。个人参与市场经济较容易出现贫富悬殊问题，而乡村组织、合作社等对于消除贫富分化问题有着很大的作用。

总之，民国时期社会救济和乡村建设运动的许多做法对当前中国农村社会工作社区减贫发展具有诸多启示。例如，他们强调贫困的根源在于社会，需要通过社会组织去解决，当然也脱离不了国家的支持；通过社会的重建（乡村合作组织的发展）解决贫困问题，反过来也能够解决政治问题和乡村社会文化问题。但在国家孱弱、社会秩序崩溃的年代，乡村建设运动是一种理想的社会运动，其提出的乡村自治、教育等理念并没有完全被付诸实践，因此在革命浪潮中被宣告失败。

---

① 梁漱溟.梁漱溟全集：第2卷[M].2版.济南：山东人民出版社，2005：277.

② 同①419.

不同于晏阳初、梁漱溟的乡村建设运动，李安宅等学者在西方社会科学研究框架的指导下，尝试了社会工作学科本土化探索。他们在边疆实地田野调查的过程中，探索出了一套结合边疆本土实际的社会工作理论和实务成果，撰写了《边疆社会工作》。李安宅一生致力于民族学、社会学、藏学、人类学等多种学科研究。1938—1945 年，他深入四川、甘肃、西藏等地进行大量的社会调查，并撰写调查报告，提出了很多建设性意见，其研究成果涉及多个学科和领域，是极为珍贵的学术资料。1938 年，他接受了陶孟和、顾颉刚的建议，根据燕京大学与甘肃科学教育馆在前一年商定的合作计划，深入甘肃从事藏族文化的促进工作和社会人类学实地调查。① 他和夫人于式玉在拉卜楞寺研究藏传佛教长达三年，他们义务创办拉卜楞寺女子小学，改善了多民族边疆地区语言不通、经济发展落后的面貌，他们与藏族同胞同吃同住，开展了许多针对边疆地区妇女、儿童的社会活动。② 1943 年，李安宅在成都老南门外十二里乡间首创“石羊场社会研习站”，促进大学与乡村产学研合作。鉴于这一系列研究和实践，1950 年，李安宅被美国学者劳拉·汤普森（Laura Thompson）认定为行动研究的先驱。③

李安宅开展的边疆社会工作实践及其思想成果对中国农村、民族和反贫困社会工作的学科发展、专业实践具有借鉴意义。一方面，李安宅从方法

① 岳天明. 论李安宅的边疆社会工作思想：兼及中国社会工作的学术史意识[J]. 西藏大学学报(社会科学版),2017,32(1)：22－30.

② 于式玉. 于式玉藏区考察文集[M]. 北京：中国藏学出版社,1990：3.

③ 陈波. 李安宅与华西学派人类学[M]. 成都：巴蜀书社,2010：129.

论的角度，坚持“研究、服务、训练”三者合一的原则。[①] 他长期躬身调查与实践，认为关乎国情的学术是用人类学来济社会学之不足，不管叫社会学，还是叫人类学，只要用力的方向是在适当的轨道上即可。[②] 李安宅将调查与实践作为学术研究的起点，而学术研究是为服务所用的工具，这种方法论不仅停留在田野调查的层面，也契合现今行动研究的方法论，旨在实现研究、服务、训练的互相促进。

另一方面，李安宅认为社会工作是一套软功夫，一套“软中有硬”的功夫。[③] 社会工作虽然是应用社会学，是实现社会学本土化探索历程的努力延伸，但李安宅认为社会工作若要实现本土化，首先要实地调研，且不囿于社会学所提供的学科背景与支撑，要动态地、长效地不断从深厚的本土土壤中吸收营养，掌握从细微处见真知的专业技巧。在对边疆问题的深刻见解之上，李安宅认为传统的边疆工作只有军事与外交的方法，而结合当代的社会现实，社会工作在解决边疆问题时有其独特优势。[④] 李安宅对边疆社会工作的路径和困难进行了阐释，认为社会工作服务的最终目的是通过实现边疆与内地在生产、文化等方面的水乳交融，逐渐地“无边疆”，实现生产与精神双重层面的统一。[⑤]

① 李安宅. 边疆社会工作[M]. 石家庄：河北教育出版社，2012：4.
② 王建民. 中国民族学史：上卷：1903—1949[M]. 昆明：云南教育出版社，1997：150.
③ 同①18.
④ 同①26－28.
⑤ 同①30－39.

第二节　中国反贫困的历史变迁及其局限性

中华人民共和国成立至改革开放前夕，基于贫困现状和社会主义、共产主义共同富裕的理想目标，我国并没有制定专门的扶贫政策，而是实施计划经济体制下的广义扶贫战略，主要通过制度创新发展经济，努力增加人民群众的劳动收入，从而缓解贫困。改革开放至今，伴随中国现代化、市场化、全球化进程的突飞猛进，贫困和乡村发展问题日益凸显，反贫困和乡村振兴逐渐成为国家的发展战略。

1978—1985 年为体制改革推动扶贫阶段。这一时期，国家总体上采取以农村经济体制变革推动减贫的战略，促使农村经济取得了超常规增长，最终使贫困人口迅速减少。根据我国政府的扶贫标准测算，这一时期的贫困人口从 1978 年的 2.5 亿人，减少至 1985 年的 1.25 亿人。①

1986—1993 年为大规模开发式扶贫阶段。这一时期，国家扶贫的显著特点是实施区域开发式扶贫战略。以 1986 年成立国务院贫困地区经济开发领导小组（1993 年改为国务院扶贫开发领导小组）这一专门扶贫机构为标志，中国扶贫进入有组织、大规模、开发式的扶贫阶段。国家划定 18 个集中连片贫困带和一批国家级、省级贫困县进行重点区域扶贫开发，促使农村绝对贫困人口从 1.25 亿人下降到 8 000 万人。②

1994—2000 年为脱贫攻坚阶段。这一时期，国家实施综合性脱贫攻

① 国家统计局．中国统计摘要．2005[M]．北京：中国统计出版社，2005：104.
② 同①.

坚战略。以《国家八七扶贫攻坚计划》为标志，中央政府大幅度增加扶贫开发投入，明确资金、任务、权利、责任“四个到省”的扶贫工作责任制，建立东部沿海地区支持西部欠发达地区的扶贫协作机制，并推行了入户项目支持、最低生活救助、教育卫生扶贫、科技扶贫、劳动力转移、生态移民等多元化扶贫措施。这一时期，农村绝对贫困人口由 8 000 万人下降到 3 209 万人。①

2001—2012 年，中国扶贫进入多元化、可持续发展的阶段。国家扶贫的重点单元由县转移到县和村，在全国范围内确立 14.8 万个贫困村，扶贫开发战略以“一体两翼”为主：“一体”指整村推进，改善 14.8 万个贫困村的生产生活条件，提高贫困地区与贫困户的后发能力；“两翼”指的是加强贫困地区的劳动力转移培训和产业化扶贫。

2013 年至今是实施精准扶贫方略的阶段。我国开发式扶贫渐渐进入了精准扶贫阶段，开始注重精准度，将贫困家庭和贫困人口作为主要扶持对象。扶贫机制不再像以前只停留在县与村，而是瞄准到贫困农户，有效地对接了扶贫资源的供给下放与贫困户的多元需求，实现了由“大水漫灌”向“精准滴灌”、由偏重“输血”向注重“造血”的转变。②

从中华人民共和国成立 70 年来中国扶贫政策及其实践的变迁来看，我国的反贫困工作经历了从救济式扶贫到开发式扶贫，再到精准扶贫的转变，每一次政策的转变及其不同的策略都旨在解决特定群体的贫困问题。无论是针对贫困群体或贫困地区“自上而下”的制度性扶贫安排，如产业扶贫、易

① 国家统计局. 中国统计摘要. 2005[M]. 北京：中国统计出版社，2005：104.

② 黄承伟. 中国扶贫开发道路研究：评述与展望[J]. 中国农业大学学报(社会科学版)，2016，33(5)：5－17.

地扶贫搬迁、劳动力转移培训、教育扶贫、健康扶贫、基础设施建设扶贫、科技扶贫、金融扶贫、文化扶贫、社会扶贫、生态旅游扶贫等，还是“自下而上”有组织的大规模的社会力量扶贫模式等，都取得了规模化减贫的成就，并或多或少增强了贫困地区和贫困人群自主发展的能力。但中国扶贫开发模式依然存在许多限制和不足，需要我们深刻总结和反思。

首先，中国农村反贫困政策是分阶段推进的，每一个阶段制定相应的国家减贫计划，呈现出明显的阶段性特征。这一特征客观上弱化了人们对反贫困的长期性、复杂性的认识，并且在一定程度上导致反贫困政策的长期性、持续性、制度性的不足和法治化进程缓慢。

其次，中国农村反贫困体制由政府主导，强化各级政府的扶贫责任，建立了完整的扶贫工作体系，各级政府及其扶贫相关部门成为管理、使用、监督扶贫资源的主体。这种大一统的扶贫体制弱化了不同贫困区域、不同贫困群体需求的差异性和独特性，致使目标群体的主体性难以在反贫困过程中得到充分体现，也使社会组织的发育、发展过程较为缓慢，难以在扶贫过程中充分发挥作用。

最后，中国农村反贫困战略的实施涉及决策、管理、执行、监督等环节，需要各环节配合。在具体运作过程中，中国农村反贫困战略还存在一些问题：“瞄不准”，导致扶贫的有效性和针对性不足；各种扶贫开发模式的差异性较大，导致扶贫效率低下；扶贫过程重视硬件投入，忽视了人的能力建设、乡村社区经济和社会文化生态资产建设等；扶贫绩效的科学性评估存在不足；等等。

第三节 乡村振兴战略的提出与反贫困社会工作试验

针对新时代主要矛盾的变化和脱贫攻坚的新问题、新任务，党的十九大明确提出了“实施乡村振兴战略”。

一、乡村振兴战略的提出

2018 年 3 月全国两会期间，习近平总书记在参加山东代表团审议时专门针对乡村振兴提出了“五个振兴”，即“乡村产业振兴、乡村人才振兴、乡村文化振兴、乡村生态振兴、乡村组织振兴”，这成为我国反贫困工作和农村可持续发展的重要论断。因此，进入中国特色社会主义新时代，我国乡村振兴背景下的反贫困战略已经不仅是乡村经济建设，而且包括政治建设、社会建设、文化建设、生态文明建设等可持续发展的议题。

党的十八大以来，党中央把脱贫攻坚作为全面建成小康社会的底线任务和标志性指标并作出相关部署，党的十九大又把打赢精准扶贫战作为全面建成小康社会的三大攻坚战之一。民政部也对社会工作参与反贫困作出专门部署，强调脱贫攻坚精准扶贫要做到“三聚焦”，确保解决“两不愁三保障”，做好“三基本”。① 2019 年 10 月，党的十九届四中全会明确提出“坚决打

① “三聚焦”指聚焦脱贫攻坚、聚焦特殊群体、聚焦群众关切；“两不愁三保障”是指不愁吃、不愁穿，义务教育、基本医疗、住房安全有保障；“三基”是指基本民生保障、基层社会治理、基本社会服务。

赢脱贫攻坚战，巩固脱贫攻坚成果，建立解决相对贫困的长效机制”。① 这些重要论述既为党和政府，以及社会组织集中精力战胜绝对贫困提供了指引，也为长期解决相对贫困问题和可持续发展奠定了坚实的基础。

针对城乡发展不平衡不充分，农村贫困发生率高，脱贫致富的资源不平衡、机会不均等问题，党的十九大明确提出“实施乡村振兴战略”，总目标是加快推进农业农村现代化，总方针是坚持农业农村优先发展，明确乡村振兴总要求是产业兴旺、生态宜居、乡风文明、治理有效、生活富裕。2018 年 1 月 2 日，中央一号文件进一步强调“实现乡村振兴，摆脱贫困是前提”。2019 年，《求是》杂志第 11 期发表了习近平总书记署名文章《把乡村振兴战略作为新时代“三农”工作总抓手》，提出“打好脱贫攻坚战是实施乡村振兴战略的优先任务”，并指出“2020 年全面建成小康社会之后，我们将消除绝对贫困，但相对贫困仍将长期存在。到那时，现在针对绝对贫困的脱贫攻坚举措要逐步调整为针对相对贫困的日常性帮扶措施，并纳入乡村振兴战略架构下统筹安排。”2021 年，党中央明确提出脱贫攻坚与乡村振兴有效衔接，并于 2 月 25 日正式挂牌成立国家乡村振兴局，开启了全面推进乡村振兴的崭新时代。②

党中央的战略部署和习近平总书记的一系列讲话预示着我国农村反贫

---

① 新华社. 中共中央关于坚持和完善中国特色社会主义制度　推进国家治理体系和治理能力现代化若干重大问题的决定[EB/OL]. (2019-11-05)[2023-07-01]. https://www.gov.cn/zhengce/2019-11/05/content_5449023.htm.

② 侯雪静. 我国首设国家乡村振兴局全面推进乡村振兴[EB/OL]. (2021-02-26)[2023-07-01]. https://www.gov.cn/xinwen/2021-02/26/content 5588926.htm.

困工作将从解决绝对贫困转向解决相对贫困，推动乡村振兴意味着前期通过经济发展实现减贫的边际效应越来越小，“大水漫灌”的反贫困模式不可持续，反贫困工作需要机制创新与战略转型，其目标任务、工作重心、政策、路径、方法等面临重大变化。未来十年，我国反贫困工作面临着既要巩固前期消除绝对贫困的成果，又要开启消除相对贫困、推动乡村振兴的艰巨任务。

近年来，为了确保乡村振兴战略任务的顺利实施，除了全党和各级政府真抓实干，社会力量也积极参与这项战略任务的落实。早在2018年1月，中共中央、国务院印发的《乡村振兴战略规划（2018—2022年）》就强调“积极发展农村社会工作”“引入社会工作专业人才”“为农村留守儿童和妇女、老人以及困境儿童提供关爱服务”，十分重视社会工作专业力量在乡村振兴战略中发挥的作用。在民政部等各级政府部门政策、人力、物力、财力的支持下，社会工作专业力量积极投身中国乡村社区减贫发展的试点工作，积累了一些理论与实务经验，这些理论与实务经验值得被发扬光大。

二、乡村振兴背景下的中国农村反贫困社会工作试验

作为一支专业社会力量，社会工作起源于西方社会济贫，在社会福利救助与社区减贫发展的实践中不断发展壮大。中国社会工作秉持专业理念、理论和方法，很早就投身于乡村减贫发展事业。20世纪80年代，中国社会工作教育开始借鉴国外和中国香港地区的经验，直到20世纪90年代末才引进农村社会工作实务教育。当时，社会工作主要通过两种路径参与减贫工作：一是体制内介入，即直接进入政府主导的救助体系，帮助贫困群体减贫；二是体制外介入，即加入民间慈善组织，参与贫困救助工作。从2013年至

今,中国社会工作教育协会组织高校教师领办的专业社会工作机构直接参与民政部的“三区”计划,一大批社会工作专业师生进入边远贫困地区、边疆民族地区和革命老区(简称“三区”)从事农村社会工作和反贫困社会工作。

2013—2017年,民政部根据《国家中长期人才发展规划纲要(2010—2020年)》,提出了“三区”社会工作专业人才支持计划。该计划从2013年开始,连续五年向“三区”的240多个贫困县(市、区)累计选派5 000名社会工作专业人才①,促进云南、湖南、重庆等省(直辖市)的农村社会工作发展。2017年8月,民政部、财政部、国务院扶贫办②发布《关于支持社会工作专业力量参与脱贫攻坚的指导意见》,提出实施社会工作教育对口扶贫计划、社会工作服务机构“牵手计划”、面向贫困地区的社会工作服务示范项目。这些举措对促进“三区”社会工作发展和乡村减贫发挥了积极作用。③ 相关院校借此契机,积极建立了实务教学、行动研究和扶贫济困“三位一体”的社会工作实训基地。④ 与此同时,我国慈善组织也同社会各界一道探索了精准扶贫模式的实现路径,发挥了其在精准扶贫中的独特作用。⑤ 以国际小母牛组织为代表的非政府组织十分注重将社会工作的理念、方法与政府的扶贫发展政策对接,通过与政府交流、合作,他们制定了更具针对性的策略,在具

① 梁兰.社会工作在精准扶贫工作中的作用和局限性:基于民政部“三区计划”项目的反思[J].重庆工商大学学报(社会科学版),2018,35(5):69-73.

② 2021年2月,国务院扶贫办改名为国家乡村振兴局。

③ 向荣.从社会主要矛盾变化看“三区”社会工作服务前景[J].中国社会工作,2017(34):30.

④ 马晓晗,向德平,顾东辉,等.教育扶贫:贫困地区社会发展的智力支持之源[J].中国社会工作,2018(4):21-22.

⑤ 崔宝琛.慈善组织参与农村精准扶贫事业研究:以“小母牛·中国”项目组织为例[J].未来与发展,2017,41(7):93-97.

体项目实施的过程中与政府形成良性互动，对社区减贫发展发挥了积极作用。①

自2000年至今，中国大专院校的社会工作专业师生积极参与国家脱贫攻坚和乡村振兴的相关工作，在农村社会工作、反贫困社会工作实务和理论研究方面取得了一些成绩。其中，具有影响力的项目包括中国社会科学院大学陈涛教授、中央民族大学郭伟和教授督导的，绵竹青红社工服务中心的地震伤残人员生计扶持与社区发展项目；长沙民政职业技术学院史铁尔教授督导的，长沙仁与公益组织发展与研究中心的“三留守”人员组织培育和减贫项目；云南大学向荣教授督导的，云南连心社区照顾服务中心的“三区”服务项目；等等。在这一时期，绿耕亦秉持社会工作专业理念和方法策略，在“三区”从事农村社会工作和反贫困社会工作20余年。自2001年至今，绿耕在各级政府和高校行动研究项目的支持下，深入云南、四川、广东、湖南四个省的九个乡村开展社区减贫发展社会工作，逐步探索了“城乡合作、公平贸易，共创生态文明与可持续生计”的社区减贫发展实务模式。

第四节　迈向乡村振兴的反贫困社会工作社区减贫发展实务框架

自2001年开始，绿耕深入云南P村，探索中国农村社会工作社区减贫

---

① 陈太勇. 体制限制与空间拓展：以国际小母牛组织在中国的本土化发展为例[J]. 中国非营利评论，2011，8(2)：161－171.

发展模式。至今,绿耕已经在云南、四川、广东、湖南四个省的九个乡村建立了中国农村社会工作减贫发展试验区。从2017年至今,绿耕一直在参与广东省民政厅主办的,旨在推动广东社会工作发展的"双百计划"。随着专业实践探索的不断深入,笔者深切地感受到中国农村社会工作要实现"落地生根、开花结果、造福社群"的目标,必须与党和政府的路线、方针、政策相结合,必须以新时代乡村振兴和脱贫攻坚战略作为指引,遵循"知行合一""实践出真知"的行动研究精神,脚踏实地、做好群众工作,才能建构出适合本土特色的中国农村反贫困社会工作实务模式。

此外,绿耕建构的农村反贫困社会工作实务模式也借鉴了民国乡村建设运动的历史经验。尽管民国乡村建设运动已经过去近百年,但以梁漱溟、晏阳初、李安宅等为代表的先贤们对中国乡村问题的分析和乡村建设的实践探索,依然具有很强的现实意义。笔者认为,与西方早期的慈善济贫社会工作相比,民国乡村建设运动积累的理论和实践经验对中国农村反贫困社会工作具有更高的借鉴价值。民国乡村建设者扎根乡土、了解民情的精神和做法,以及他们先从帝国主义入侵的视角分析中国乡村衰败和积贫积弱的状况,然后从政治、经济、社会、文化、教育等方面系统性地改造乡村的实践经验和理论建树,都值得绿耕学习和借鉴。

梁漱溟首先澄清了一般人对乡村建设的两个误解:一是乡村建设是小范围的事业;二是乡村建设属于经济方面的事业。他认为,乡村建设当然包括增加农村的生产和富力的意思,乡村建设当然是建设在乡村。不过,如果只把乡村建设看成这样子,就实在太狭隘。他认为,当时整个中国社会日趋被破坏,向下沉沦,并非一乡一邑所能解决。与此同时,他强调不能片面地追求乡村建设。

梁漱溟认为，若要解决乡村政治、经济、社会、文化遭受破坏的问题，就要依靠乡村自身的人力建设，即他所说的乡村建设运动是乡村自救运动，必须依靠乡村合作组织，提高农民的受教育程度，促使农民成为中国的主人翁。

梁漱溟由浅入深地阐述了乡村建设理论的四个层面：第一，因为中国乡村被破坏，所以乡村建设运动是救济乡村运动。第二，因为中国乡村受到外部因素的影响，被迫不得不自救，所以乡村建设运动是乡村自救运动。第三，乡村建设运动是呼应积极建设之要求，为我民族社会的新建设运动。第四，乡村建设运动实为重新建设中国社会组织的运动。

为此，梁漱溟认为正常的社会生活需要社会秩序，社会秩序需要法制礼俗，法制礼俗需要社会组织的维系，这就是治道。他阐述了自己参与乡村建设或解决中国问题的方法：第一，必须从乡村入手；第二，必须以乡村人自身的力量为主；第三，建设一个政治重心、经济重心都根植于乡村的，组织构造是全新的社会。

相比乡村建设运动和边疆社会工作的试点经验与理论建树，绿耕在20多年的中国农村社会工作减贫发展中积累了丰富的经验。从云南P村到广东“双百”，绿耕得到了各方的大力支持，所有项目得以持续推进、长时间发展，促使绿耕获得了长期驻村工作的优势，得以将国家乡村建设、脱贫攻坚等大政方针和专业社会工作社区发展理念和方法引入乡村，引导村民大胆尝试、不断调整，从而逐步建立了由村民及其合作组织主导的农村社区发展模式。绿耕的许多做法被逐步推广，甚至影响了全国乡镇社会工作站（点）

建设。

此外，正如梁漱溟所说，乡村建设不是生产、富力等经济方面的事业，我们必须清醒地意识到乡村的破坏是治道的破坏，包括社会文化生活、制度礼俗、乡村秩序的破坏。因此，乡村建设必须面对乡村社会的所有问题（根本问题是人的能力建设和组织的重新构造），最终实现乡村政治、经济权力“综操于社会，分操于人人”的理想。

由此可见，民国乡村建设运动不仅注重经济建设，还致力于政治、社会、文化等方面的整体性改善，尤其重视乡村善治、自治，以及人的能力建设和组织的重新构造，这与绿耕期望实现“五位一体”乡村社区可持续发展和社会赋权的目标理想相似。因此，尽管绿耕面临的乡村政经环境与民国乡村建设的大背景根本不同，但从乡村变迁的政治、社会、文化、生态等方面来看，两者有相似的处境（如资本进入、乡村衰败等）和不同的情况（如空心化、生态环境恶化等）；从外力推动乡村建设的方法来看，民国乡村建设运动在民众组织、能力建设、乡村社会文化复兴等方面积累的丰富经验和基本做法等，对绿耕开展的农村社会工作很有借鉴意义。

全面建成小康社会后，我国下一个目标是努力实现全体人民共同富裕。人民追求美好生活的愿望十分强烈，以人为本、以增进民生福祉为己任的中国社会工作遇到千载难逢的发展机遇。中国农村社会工作必须坚持以习近平新时代中国特色社会主义思想和乡村振兴战略为指导，贯彻以人民为中心的发展思想和人民至上的执政理念，助力党和国家解决相对贫困问题，共同推动乡村振兴。为了进一步落实党的十九大精神，中共十九届四中全会明确提出“建立解决相对贫困的长效机制”。

2020年，一场突如其来的新冠疫情席卷全球。正当全国人民与病魔殊死搏斗之际，我国乡村振兴战略又面临新的严峻的考验。对笔者而言，危就是机：一方面，我们必须接受疫情的生死考验，静待转危为安的时机；另一方面，刚好有机会停下脚步，静心反思绿耕的实务经验，期望通过本书，为中国社会工作参与国家乡村振兴战略探寻一条本土化的社会工作社区减贫发展道路。

笔者认为，要建构社区减贫发展实务框架，应该依据党和国家的大政方针，从民国乡村建设运动和中国脱贫攻坚的历史经验中汲取营养，将绿耕20多年社区减贫发展的经验教训与乡村振兴战略、国际反贫困社会工作实务理论相结合，建构具有中国特色的本土化社区减贫发展实务框架。

如前所述，在民国时期，晏阳初、梁漱溟、李安宅等通过乡村建设运动，扎根乡村，治贫治弱。他们着眼于贫困的社会根源，与农民共同生活在一起，以乡村教育培育新人（能力建设）作为突破口，从政治（组织与乡村自治）、经济（生计）、社会（重建社会秩序）、文化（挽救社会风气）等方面，系统性复兴乡村。尽管他们的乡村建设试验被迫中止，但对当前中国反贫困社会工作和乡村振兴仍有借鉴意义。

纵观中华人民共和国成立以来党和国家反贫困的历史变迁过程，每个阶段的扶贫模式都取得了举世瞩目的成就，体现了社会主义制度的优越性。但伴随当前社会分化与不平等的加剧，贫困人口越来越难以在市场竞争中充分获益，出现了返贫和新贫困等问题，“涓滴效应”失效，“行政治理扶贫”的高成本、低效率等情况依然比较突出，扶贫过程中“市场失灵”和“科层失灵”的问题值得被重视。王思斌认为，中国的反贫困工作存在“贫困人口多、分布地区广、贫困程度深”三大挑战，经济发展的减贫边际效应越来越小，“大水漫灌”的反贫困模式不可持续。① 一些学者建议，精准扶贫的实现亟须反贫困方面的理论创新②和治理模式创新③。

反观绿耕社区发展的减贫经验，当社会工作者长期（5—20 年）扎根一个乡村，将社会赋权作为减贫发展的目标时，就能通过组织与能力建设的赋权途径、社区资产建设的赋权策略，促使整个乡村社区减贫发展与可持续发展。实践证明，绿耕开创的社会工作社区减贫发展模式，不仅帮助贫困群体脱贫致富，还基于扶贫过程中“市场失灵”和“科层失灵”的现实，促使社会工作者立足乡村社区，借助社区组织和资产建设的赋权策略，实现了社区减贫发展和社会赋权的目标。笔者希望绿耕的减贫与可持续发展的理念和做法，能够助力国家应对 2020 年之后的相对贫困问题，更好地回应国家乡村振兴战略。笔者依据党和政府关于中国乡村振兴、脱贫攻坚的战略部署，基于绿耕的实践经验与理论思考，参考民国乡村建设运动的历史经验，建构了绿耕迈向乡村振兴的中国反贫困社会工作乡村社区减贫发展模式（见图 2－1），希望在此框架指导下的绿耕案例及其实务经验能够助力国家解决 2020 年之后的相对贫困、共同富裕问题，从而推动乡村振兴。

根据图 2－1，笔者认为，绿耕面对的乡村贫困与生计发展问题既是民生保障问题，也是“五位一体”可持续发展面临的问题。因此，针对贫困与发展

---

① 王思斌. 精准扶贫的社会工作参与：兼论实践型精准扶贫[J]. 社会工作，2016(3)：3－9.

② 闫坤，孟艳. 反贫困实践的国际比较及启示[J]. 国外社会科学，2016(4)：87－96.

③ 莫光辉，张玉雪. 大数据背景下的精准扶贫模式创新路径：精准扶贫绩效提升机制系列研究之十[J]. 理论与改革，2017(1)：119－124.

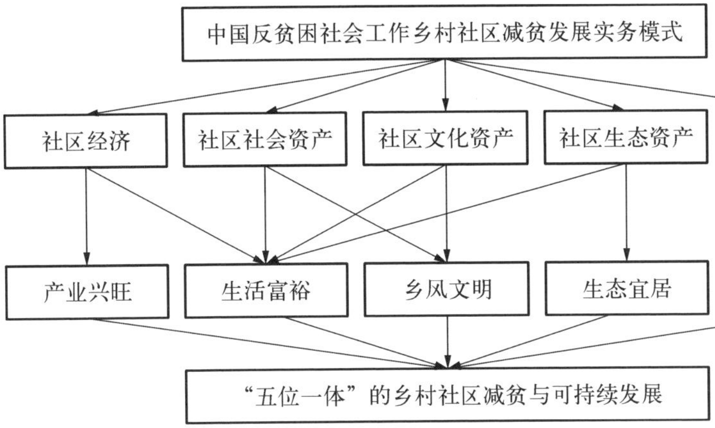

图 2-1　中国反贫困社会工作乡村社区减贫发展实务模式

问题，社会工作必须从经济、政治、文化、社会、生态文明五个维度进行综合分析和整合介入。由于社区既是我国创新社会治理、全面推进乡村振兴等国家政策实践的基层阵地，又是发展型社会政策和发展性社会工作的实践场域，因而对于绿耕而言，只有坚持发展性社会工作的方法策略，秉持“五位一体”乡村社区可持续发展布局理念，才能按照产业兴旺、生态宜居、乡风文明、治理有效、生活富裕的总要求，最终推动乡村“五位一体”可持续发展。

如图 2-1 所示，社会工作推动村民在经济层面发展社区经济，从而实现乡村产业兴旺；推动村民在社会关系层面团结合作，激发社区社会资产，从而实现乡村生活富裕；推动村民在社区文化层面传承认同，激活社区文化资产，从而实现乡风文明；推动村民保护并合理运用生态资产，从而实现乡村生态宜居；推动村民在政治层面参与社区自治，从而实现乡村治理有效。

由此可见，绿耕社区减贫发展实务模式具有以下意义：第一，通过社会赋权和乡村自治，提升了乡村社区的内生动力，促进了乡村社区内源性发展;第二,依靠村民志愿合作,推动社区经济发展,从而实现了经济自主;第三,通过乡村社区内部社会、文化、生态资产建设,加强社区团结,增强文化自信,推动了环境友好的社区可持续发展。总之,本章着眼“前 2020”的绝对贫困,聚焦“后 2020”的相对贫困和社区减贫发展试验,探索了中国乡村振兴背景下绿耕“五位一体”的社区减贫发展实务模式。笔者希望这种模式不仅能为中国反贫困社会工作作出贡献,而且能为社会工作参与国家解决相对贫困问题、探索乡村振兴出路提供借鉴。

第三章　国际有关贫困的重要论述与社区减贫发展方法论

——以云南 P 村的项目为例

贫困是一种复杂的社会现象，学术界主要采纳经济学（尤其是发展经济学）等实证社会科学的研究框架和量化分析方法来论述贫困。早在 1901 年，英国学者郎特里（Rowntree）就将贫困定义为家庭总收入不足以支付仅仅维持家庭成员生理正常功能所需的最低生活必需品开支。[①] 根据最低量生活必需品的数量和价格，他提出要划分贫困家庭的收入标准，即贫困线。这种以收入和支出的不足度量贫困的方法，亦被称为绝对贫困衡量法。尤其是世界银行在《1990 年世界发展报告》中公布"1 天 1 美元"的国际贫困线标准[②]，且 2000 年联合国千年发展目标也采纳这一标准后，"1 天 1 美元"贫困线标准成为世界上最著名的贫困标准。这种以收入是否能够满足人的基本生存需要（尤其是食物，如卡路里摄入量）作为指标，判断贫困程度并予以物

---

① 郎特里. 贫乏研究[M]. 长泽弘毅，译. 东京：株式会社千城，1975：1－2.

② 为了适应各国经济水平和收入支出结构的新变化，世界银行于 2005 年将贫困线提高到"1 天 1.25 美元"。

资救助的方法的影响愈发广泛。虽然对全球消除绝对贫困问题发挥了重要作用，但是面对大量“绝对贫困线”（标准）之外的贫困现象时，这种方法在减贫与可持续性方面有很大的局限性，也不能适应党的十九大关于解决发展不平衡不充分的要求。除了经济学，学术界不乏多学科、多维度关于贫困的卓越研究，比如，刘易斯的贫困文化、阿马蒂亚·森的权利与贫困、班纳吉和迪弗洛关于贫困的本质等相关研究，他们的研究结论和方法为全面、深入理解贫困（尤其是相对贫困）、探寻减贫的可持续性等提供了理论和方法论的支持。特别是2019年诺贝尔经济学奖得主班纳吉和迪弗洛关于贫困本质的论述，引发了全世界贫困研究者和反贫困实务工作者（包括社会工作者）的深刻反思。随着中国全面建成小康社会目标的实现，以及“后扶贫时代”和乡村振兴的来临，社会工作需要从这些理论和方法中获得启迪，以探索反贫困、乡村振兴的新做法，进而巩固脱贫攻坚成果，建立解决相对贫困的长效机制，协力推进乡村振兴与可持续发展。

本章从贫困文化、贫困的本质、权利与贫困等重要论述中获得启发，归纳总结了深度理解和能力建设这两个认识贫困和减贫发展方法论的社会工作理论。

第一节　贫困文化、贫困的本质、权利与能力贫困等的相关理论和方法论意义

一、贫困文化理论和方法论的意义

美国著名的文化人类学者刘易斯于1959年在《贫穷文化：墨西哥五个

家庭一日生活的实录》(以下简称《贫穷文化》)一书中提出了贫困文化这一概念。贫困文化主要指长期生活在贫困中的一群人的行为方式、习惯、风俗、心理定势、生活态度、价值观念等,反映的是贫困阶层所具有的一种独特的生活方式。这种文化一旦形成,就会代际传承,本质上是一种"自我维护"的文化体系。这一概念涵盖了对穷人的社会参与、经济生活、家庭关系、社区环境、个人心态等方面的描述。尽管这一概念一经提出就引起了很大的争议,但也为人们认识贫困提供了一个新视角。

第一,从文化视角理解贫困。与当时美国主流经济学和实证社会科学有关贫困的论述不同,刘易斯认为单一的经济收入指标无法评估"贫困人士"真正的生活经历。他认为贫困是一种质性的社会关系或社会过程,而非经济学或其他实证社会科学所指的一种可以绝对量化的社会状态。① 刘易斯将文化定义为代代相传的生计模式,以此来理解贫困。《贫穷文化》通过讲述五个不同背景的墨西哥贫穷家庭的日常生活,展现了穷人面临的现实压力,穷人的生活态度、道德价值与生命经验。

第二,以"局内人"视角识别穷人生活世界中有意义的自觉力和抗逆力。在刘易斯看来,贫困文化并不是贫困的原因,而是贫困的结果。作为次文化的贫困文化只会产生于充满阶层矛盾和内部不安的现代社会中,不以物质发展为主的社会是不存在贫困文化的。刘易斯提出贫困文化这一概念,旨在控诉产生和维护贫困的社会机制,而不是控诉穷人或贫困文化本身。② 一些主流学者借用(偷用)刘易斯的贫困文化这一概念,将贫困文

① 刘易士.贫穷文化:墨西哥五个家庭一日生活的实录[M].丘延亮,译.台北:巨流图书公司,2004:29-39.

② 同①74.

化看作一种亚文化，为穷人贴上“贫困的他者”“贫困的亚文化”“需要被救赎”等负面标签，形塑了穷人无法摆脱贫困的刻板印象，但这并不是刘易斯的本意。刘易斯提出贫困文化的另一个目的，就是要大家重视穷人生活世界有意义的自觉力和自救活动。在《桑切斯的孩子们：一个墨西哥家庭的自传》一书中，刘易斯认为，穷人的日子绝对不是沉闷的，他们有密集的情愫与人情、浓烈的个人感与追求愉悦的能耐、改善生计的愿望，以及积极追求爱的欲望。面对贫困的生活境遇，尽管会有许多不堪，但穷人的生活绝不是被动的，他们有改造生存空间、平复痛苦的各种经验，有生活创造力，并将这种智慧代代相传，不断筛选、深化。刘易斯认为，贫困文化有它的正面性。因为它是一种精神、一种理路、一套防护机制，缺乏这些，穷人是活不下去的。换言之，贫困文化是一种“生活方式”，具有惊人的稳定性和持续性，在家庭中代代相传。它自有它的风格，对家庭成员产生特定的影响。因此，这个文化是穷人参与“大文化”的动力要素，它自己也成为一种亚文化。①

第三，细致入微的民族志研究方法。刘易斯认为，如果要了解贫穷人的文化，就必须和他们生活在一起，学习他们的语言和风俗习惯。② 他通过对家庭个案的研究，探究个体如何与社会制度对接，观察穷人生活、行为的细节，理解穷人生活的多样性和复杂性。这种研究方法超越了将贫困简化为贫困线或对穷人刻板的认识，弥补了抽象文化理论无法提供充分理解的缺失，进而对贫困达至深度理解。

---

① 刘易士. 贫穷文化：墨西哥五个家庭一日生活的实录[M]. 丘延亮，译. 台北：巨流图书公司，2004：58.

② 同①109.

尽管刘易斯提出的贫困文化这一概念没有在反贫困实践及其政策、措施层面产生实质性效果，但加深了我们对贫困的认识。需要指出的是，国内学者也对贫困文化展开了研究，认为理解贫困必须结合文化元素才能有的放矢。在国内已有的贫困文化研究中，已有部分研究将贫困文化视为一种亚文化来对待。当把贫困文化视为亚文化时，就意味着这种文化往往与主流文化相悖，而难以挖掘该文化中的一些正向且可以转化的部分。这种认识与刘易斯的贫困文化概念是有差异的，我们不能用一种道德标准或经济定论的思维模式，将贫困地区特殊的文化简单归类为"贫困亚文化"或"落后文化"。

二、贫困的本质理论和方法论意义

《贫穷的本质：我们为什么摆脱不了贫穷》是班纳吉和迪弗洛两位学者的杰作。班纳吉和迪弗洛花了15年时间，深入五大洲18个贫困人群最集中的国家和地区展开调查，从穷人的真实生活出发，探寻贫困的本质。这本书对世界各国和地区提升反贫困能力具有重要意义，对中国社会工作减贫发展实践也具有理论和方法论意义。

第一，班纳吉和迪弗洛运用经济学的思维方式，采取了随机对照试验的方法。贫困陷阱是经济学中的一个概念，主流经济学对有或没有贫困陷阱持两种截然不同的观点，且都有相应的模型推理。班纳吉和迪弗洛两位学者对贫困的研究没有像传统经济学那样停留在抽象理论模型推理上，而是通过一个个鲜活生动的故事，从穷人的日常生活、教育、健康等方面，分析了贫困的本质、根源和应对措施。他们主张如果想要放弃那种普遍适用的答案，就要走出办公室，仔细观察这个世界[1]，就必须摒弃将穷人贬低为固定形象的习惯，花点儿时间真正去了解他们的生活。班纳吉和迪弗洛花了很多年的时间与非政府组织的活动分子、政府官员、医疗保健工作者和提供小额信贷的人接触，进行基础性研究。他们来到街头巷尾、村前屋后，与住在那里的穷人交谈，向他们提出问题，收集数据。[2] 田野调查的广度和深度使他们拥有分析和论证的鲜活案例。通过对比世界各地相似状况的穷人因不同扶贫方法改善生活的数据，他们认识到，贫困不是因为某一个因素导致的，而是许多因素相互影响的结果。这种研究方法最终使班纳吉和迪弗洛关于贫困的论述超越了贫困陷阱，改变了发展经济学关于贫困的主流论述，并超越了贫困研究的抽象理论模型和数据结论，对我们在科学研究中如何才能研究深层问题，从而得到具有深度的结论很有启示。

第二，澄清了以往许多关于贫困的错误认识。各个国家和地区，以及各种公益组织都在不遗余力地开展消除贫困的行动，但事实上，各种扶贫政策和措施充斥着泡沫，没有达到预期的效果。主要是因为这些国家和地区没有真正认识贫困，甚至对贫困有许多误解。比如，关于饥饿，在一般人看来就是穷人缺乏粮食，但班纳吉和迪弗洛两位学者研究发现饥荒并不是由粮食短缺造成的，而是制度出现了问题，导致粮食分配不合理，甚至在有些地区面临饥饿的情况下，政府仍然将可用的粮食储存起来。他们还发现，之所以穷人吃得少，是因为穷人需要比食物更重要的东西。比如，发展中国家的穷人会花很多钱置办婚礼、嫁妆、洗礼、葬礼等，这很可能是怕丢失面子。对

---

① 班纳吉，迪弗洛. 贫穷的本质：我们为什么摆脱不了贫穷[M]. 景芳，译. 北京：中信出版社，2013：13.

② 同① Ⅻ.

穷人来说，电视机比食物更重要，因为穷人在没有电视机的情况下，可以在庆祝节日时花更多的钱。[①] 只有真正了解穷人的生活，才能懂得被大多数人忽略的那些小花费、小障碍、小错误在穷人的生活中却成了尤为突出的问题[②]，才能避免通过提供金钱、食物和教育来消除贫困的想法。

第三，从实际出发，针对特定问题制定具体的解决方案。虽然班纳吉和迪弗洛两位学者并不否认良好制度环境的重要性，但他们更注重提高解决特定问题的有效性。这是因为，无论制度环境良好与否，哪怕是在最坏的制度环境下，都有改进解决之道的空间。他们借助大样本的日常生活案例，展示了丰富多彩的关于穷人的完整故事，让人们了解了穷人不为人知的隐情，以及穷人自身的抗逆力，同时也深刻反思人们习以为常的一些基本问题：为什么小额信贷的实用性并非某些人所信奉的那么神奇？为什么穷人最终无法从保障制度中得到好处？为什么穷人的孩子年年上学却不学习？为什么穷人不想交医疗保险？等等。他们从营养、健康、教育、生育、风险管理、贷款、存款、创业、政治参与九个方面探讨了穷人如何生存、选择和突围，以及援助、制度对穷人的意义。穷人对这些问题和消除贫困政策的种种困顿都会造成扶贫政策走样。错位的期望、必要信仰的缺乏、表面上的一些小障碍，都有可能对这一过程造成一定的破坏。[③] 破解之道就是努力关注穷人在生活中面临的具体问题，只有深入了解了具体问题，才能找到消除贫困的方法。每个人能做到的就是深入了解困扰穷人的具体问题，尽力找出并实行

① 班纳吉，迪弗洛．贫穷的本质：我们为什么摆脱不了贫穷[M]．景芳，译．北京：中信出版社，2013：27－35.

② 同① XIV.

③ 同① XIV.

有效的干预方式。①

第四，班纳吉和迪弗洛总结了五个导致贫困的共性问题②，并提出建设性的“解决之道”，比如，为什么象征性的补助会比象征性的影响更重要？怎样健全商业保险制度？为什么在教育方面的资助“少一点就是多一点”？为什么好工作对于发展至关重要？等等。无论解决具体问题的变革如何艰难，只要敢于坚持，成功并不总是像看上去那样遥远。③ 这些从实际出发，针对特定问题所制定的具体解决方案都使人们对消除贫困充满了希望。

三、权利与能力贫困论述

阿马蒂亚·森从福利经济学的基本原理出发来认识贫困问题，他关于贫困的论述集中体现在《贫困与饥荒：论权利与剥夺》和《以自由看待发展》两部专著中。阿马蒂亚·森将对贫困的认识从收入层面拓展到权利与能力层面，让我们从多维度，尤其是从社会正义的角度去认识贫困。

首先，关于权利贫困。阿马蒂亚·森通过对贫困和饥饿问题进行实证研究，指出贫困不仅仅是由于收入不足造成的，也是由于权利缺乏或其他条件不足，即缺少获得正常生活条件的权利造成的。阿马蒂亚·森从权利方

① 班纳吉，迪弗洛. 贫穷的本质：我们为什么摆脱不了贫穷[M]. 景芳，译. 北京：中信出版社，2013：14.

② 五个导致贫困的共性问题：第一，穷人通常缺少信息来源，容易相信错误的事情；第二，穷人面对更多压力，更容易做出错误的选择；第三，服务于穷人的市场极度欠缺；第四，社会或政府的误区；第五，如果穷人对未来存在悲观预期，就不会拥抱扶贫政策。

③ 同①XIV-XV.

法视角出发，将贫困与饥荒视为权利丧失的结果。阿马蒂亚·森指出，饥饿现象是人类关于食物所有权的反映①，一个人支配粮食的能力或他支配任何一种他希望获得或拥有东西的能力，都取决于他在社会中的所有权和使用权的权力关系。而这些权力关系取决于他拥有什么、交换机会能够给他提供什么、社会可以免费给他什么，以及他由此丧失了什么。② 人类经济社会生活是由人的各种权利相互支撑而构成的。在市场经济中，人的权利包括生产权利、交换权利、劳动权利和继承权利，这些权利是人们开展经济活动并获得个人所需的基础。虽然饥荒和贫困的直接原因表现为个人交换权利的减少，但事实上，既可能是由于个人的市场交换权利减少或被剥夺，也可能是由于隐藏在所有权模式和交换权利背后的政治、经济、法律等因素的影响。这样，阿马蒂亚·森对贫困根源的认识就从经济层面扩展到了政治、法律、文化、制度等层面。

其次，关于可行能力贫困。权利贫困是阿马蒂亚·森分析贫困原因的方法，而可行能力是他识别贫困的评价标准。阿马蒂亚·森从实质自由出发，认为一个人的实质性自由是其能做自己认为有价值的事的可行能力。一个人的可行能力指的是此人有可能实现的、各种可能的功能性活动组合。可行能力是一种自由，是人们能够过自己愿意过的那种生活的“可行能力”③，即实现各种生活方式的自由。贫困不仅是收入低下，还是人的基本能力的缺失和被剥夺。当一个人的基本可行能力不足时，就无法进行正常的基本功能性活动。一个人的生活质量和福利状况可以依据他所具有的可行

① 森. 贫困与饥荒：论权利与剥夺[M]. 王宇，王文玉，译. 北京：商务印书馆，2001：5.
② 同①189.
③ 森. 以自由看待发展[M]. 任赜，于真，译. 北京：中国人民大学出版社，2002：3.

能力来判断，而人的基本的可行能力自由主要包括政治自由、经济条件、社会机会、透明性保证和防护性保障五种。它们相互联系、相互促进，共同发挥作用，被阿马蒂亚·森称为工具性自由。可行能力贫困理论的提出，使人们对贫困的认识从收入贫困扩展到了健康、教育、性别、住房、社会交往、权利等多个维度，不仅关注绝对贫困，也关注相对贫困。可行能力贫困理论在实践中受世界各国和国际社会的重视，如世界银行提出了广义福利贫困概念，将贫困定义为"福利的被剥夺状态"，包括物质的匮乏、低水平的教育和健康、面临风险时的脆弱性、不能表达自身的需求，以及缺乏参与社会的机会。①

总之，贫困文化、贫困的本质、权利与能力贫困等关于贫困的论述，均超越了以收入作为衡量标准的一贯做法，拓展了关于贫困和反贫困的认识。本章运用这些理论和方法论，重新梳理绿耕在云南 P 村开展的"孝布改革"减贫试验，反思"孝布改革"实践中的理论意涵和方法论价值，遵循绿耕一直坚持的深入贫困人群日常生活、深度理解贫困问题、推动社区能力建设的社区减贫发展思路。

第二节　绿耕中国贫困乡村社区减贫发展试验

——以"孝布改革"为例

绿耕社会工作者调研发现，2001 年，云南 P 村有 62 户 285 人接受国家

① 《2000/2001 年世界发展报告》编写组. 2000/2001 年世界发展报告：与贫困作斗争[M]. 世界发展报告翻译组，译. 北京：中国财政经济出版社，2001：15.

粮食救济。一般情况下，每年有 20 户人家缺粮 4～6 个月。可见，生计贫困是 P 村面临的主要问题。

“孝布改革”是 2001—2005 年绿耕在 P 村与村民开展村庄口述史行动研究项目期间，推动以减贫为目标的一次丧葬改革文化行动。在“P 村村民都来写村史”行动中，绿耕社会工作者带领部分村民通过口述、收集并整理资料，对村寨文化达人、长者、中年妇女、村干部等进行深度访谈，梳理出“壮族的来历”“近百年 P 村大事记”“祭祀老人房”“三月三节”“P 村自然风光”“婚丧嫁娶习俗”“壮锦孝布”等故事①，在此基础上，针对村里“孝布越多越孝顺”的攀比风气，推动了“孝布改革”文化和减贫行动。这些口述史及整个“孝布改革”的过程，被完整记录在 2007 年出版的《文化与发展的践行——平寨故事》一书中。本章重提“孝布改革”行动，旨在通过对案例进行理论诠释和实务反思，进一步归纳、提炼农村社会工作社区减贫发展的方法和理论。

葬礼是 P 村壮族最隆重的文化仪式，他们认为，在人的一生中，死亡比出生、结婚还要重要，因为老人归西是到极乐世界。一位年长老人去世，不仅是一个家庭、家族的大事，还是一个寨子的大事，村里所有人，包括方圆几十里的亲朋好友都要到主人家祭奠和帮忙。隆重的葬礼体现了后人对老人的缅怀和感恩，每一道仪式都包含着深刻的内涵，体现出壮族人对祖先的崇拜。② 壮族的葬礼复杂且隆重，通过口述访谈和整理，社会工作者与村民将丧葬的仪式归纳为“老人归世”—“赶亲”—“入馆放灰与后亲钉钉”—“择日、选地和建纸房”—“送终杀牛”—“开路经”—“屋后出仓”七个环节。而穿戴

① 董朝清，董桂兴，张杨. 我们的葬礼[M]//张和清，张杨，古学斌，等. 文化与发展的践行：平寨故事. 北京：民族出版社，2007：97 - 119.

② 同①.

孝布几乎贯穿葬礼各个环节，并有其意义象征。按照当地的说法，戴的孝布越多，说明家族亲戚越多，老人的子孙后代越兴旺发达。①

笔者曾经全程参加了祭奠去世老人为期三天的送终仪式，在深刻体会仪式背后的意义的同时，也见识了葬礼的隆重、繁复与浪费。

因为孝布的象征意义，葬礼的许多环节都会发放孝布，包括老人归世后，后家亲戚前来祭拜，要给他们每个人发长长的孝布；本家的亲戚过来帮忙，邻居过来送米，也要发长长的孝布；祭祀老人时，要给主祭、参与祭祀的每个人发长长的孝布……孝布成为送终仪式较大的花销之一，在仪式中还有专人负责管理并分发孝布。一场葬礼下来，许多人会得到好几块孝布。葬礼结束后，孝布因毫无用处被随意丢掉。村里一般人家的葬礼要用掉几百丈②孝布，有钱“体面”的人家需要上千丈孝布。壮族传统祭祀活动中的祭司说道：“孝布少了，人家会说主家不舍孝（舍不得孝敬），孝布浪费大啊！每次送终完了，满山遍野都是孝布，有些人拿孝布擦完皮鞋后就随便丢掉，看着心疼啊！”祭司之所以“心疼”，是因为每一寸孝布都是妇女们辛勤织出来的，是她们的劳动成果。

在“P村村民都来写村史”行动的最初规划中，并没有涉及孝布问题。由于驻村女社会工作者常常去村里某位妇女骨干家聊天，发现她每天忙完农活和家务活之后，就坐在织布机旁不停地织布，一直熬到深夜，织孝布竟然是P村每个妇女必须承担的繁重劳动。因为村里盛行一种说法，就是要使用自织的孝布才够孝顺，“孝”就是“笑”的意思，所以村民们也接受了“孝布

① 董朝清，董桂兴，张杨. 我们的葬礼[M]//张和清，张杨，古学斌，等. 文化与发展的践行：平寨故事. 北京：民族出版社，2007：97－119.

② 1丈≈3.33米。

越多老人越高兴、孝布越长老人越有面子”这一说法；也因为从市场上购买白布非常昂贵，一般要花费几千元，甚至上万元，P 村的大多家庭根本无力承担[①]，因此，织孝布的工作就落到了家里每个妇女身上。随着村民在“葬礼—孝布”上的互相攀比，P 村村民及其家庭负担，尤其是中年妇女家务和生计的压力日益沉重。以下内容是 2005 年绿耕驻村社会工作者提交的“孝布改革”需求评估报告：

一名妇女自结婚以后，在忙完农活、家务后有限的休息时间里，一般都在织布机前度过。一名妇女需要负担四位老人去世时所需的白布，平均每位老人大概需要 1 000 米白布，妇女几乎要织一辈子的白布，非常辛苦！如果遇到亲戚多、家族比较大的家庭，需用的白布数量还不止这些。一般在市场上，白布一块钱一尺[②]，比较贵，不如自己织划算，但妇女们需要牺牲大量的休息时间，来织葬礼中需用的白布。

在这份需求评估报告中，社会工作者算了一笔账：在 P 村，办一位老人的丧事的花费折合成现金大概要 1 万元，还不包括自家提供的白布、米、肉等的钱，这对人均年纯现金收入仅有 200 元左右的 P 村村民而言，是巨大的经济负担。相比其他生活开支，葬礼的花费是村里大多数家庭最大的经济支出，许多家庭办一次葬礼都要欠下一大笔债务。此外，受限于传统观念和经济条件，相比于葬礼开支，逝者生前可支配的医疗费用明显不足。可见，大部分 P 村家庭处于生计困难和经济资源分配严重不合理的境况。

这份报告还显示，虽然 P 村壮族的葬礼有使用孝布的传统，但并没有

---

① 董朝清，董桂兴，张杨. 我们的葬礼[M]//张和清，张杨，古学斌，等. 文化与发展的践行：平寨故事. 北京：民族出版社，2007：97－119.

② 1 尺≈0.33 米。

“孝布越长越孝顺”这一传统风俗。据一位老人回忆:“以前都是地主等有钱人办丧事,特别隆重,他们要披麻戴孝,而家里没钱的,就简单操办。现在不管家庭经济状况好不好,都要大操大办,你家的孝布长,我家比你家还要长,越长越孝顺,比谁家的孝布更长。这很浪费,办完丧事后,孝布没啥用处,就只能被丢掉了!”其实,“孝布越长越孝顺”这一说法是改革开放之后才出现的,是村民们互相攀比的结果,给妇女造成了巨大的生计压力,而饱含妇女辛苦劳动的孝布,在葬礼使用过一次后便被丢弃,造成巨大的浪费。

鉴于此,在P村村民委员会(以下简称“村委会”)的支持下,社会工作者联合村民骨干共同推动P村“孝布改革”。2005年夏天,P村村委会、红白理事会、老年人协会、文化活动中心管理委员会与驻村社会工作者、实习生合作成立“孝布改革”工作组,正式推动“孝布改革”。

第一步,社会工作者联合村委会向全村公开发起“孝布改革”倡议书,号召全体村民共同行动。倡议书开宗明义地针对孝布负担过重的问题,尤其是基于孝布浪费的现象,提出“老人归世要送终,儿女办好老人的丧事是天经地义的事,这是中华民族的传统美德,更是我们壮族尊老敬老文化的体现。对于我们壮族人来讲,送终仪式的每一个步骤都有着丰富的意义。然而,近些年来,有些家庭在办理老人丧事的过程中,出现互相攀比的情况,孝布变得越来越长,家庭在这方面的花销也越来越大,妇女们因此承担了更繁重的劳动。针对这一现象,P村村委会、红白理事会、老年人协会、文化活动中心管理委员会共同倡导‘孝布改革’。”

倡议的具体内容包括:① 弘扬壮族尊老敬老的传统文化;② 保留壮族内容丰富的送终仪式;③ 发扬孝顺父母、尊老敬老的传统美德;④ 提倡家族团结、家族成员之间互相帮助。倡议还具体要求：① 提倡勤俭节约，减少孝布；② 节约第一块孝布——入棺后，后家亲戚钉棺材钉的，只给钉钉人一块孝布；节约第二块孝布——本家族兄弟姐妹一人只戴一块孝布，不超过六尺(帮忙的人不另发孝布)；③ 节约第三块孝布——只发给主祭一对孝布，跟随来的或帮助提东西的一律不发孝布；④ 节约第四块孝布——记账人的孝布一律全免。

第二步，营造"孝布改革"的舆论氛围，达成行动共识。为了落实"倡议书"的宗旨和各项具体内容，"孝布改革"工作组采取的主要行动包括：一是依托村委会和老年人协会等正式组织，在全村开展"孝布改革"总动员。绿耕社会工作者与村干部、老年人协会等组织的骨干入户走访，深入了解村民的文化观念，以及村民对"孝布改革"的想法和顾虑等。二是通过召开村民大会、张贴口号标语、广播等形式，宣传"孝布改革"的意义和价值，让村民接受"减少一尺孝布、增加一份孝心""减少老人孝布、减轻妇女家庭负担""弘扬壮族尊老敬老的传统文化、保留壮族内容丰富的送终仪式"等想法。① 尤为关键的是，工作组邀请村里德高望重的祭司与社会工作者共同录制"孝布改革"专题节目，由祭司讲述孝布文化的来龙去脉，并倡导"孝布改革"的文化和节俭的经济意义。之后，工作组借助村委会的有线广播，在全村反复播放祭司宣读的"孝布改革"倡议书，引起村民的积极响应，形成了"必须改革"的舆论氛围。

第三步，寻找"孝布改革"的带头人，做好试点工作。万事开头难，尽管

① 董朝清，董桂兴，张杨. 我们的葬礼[M]//张和清，张杨，古学斌，等. 文化与发展的践行：平寨故事. 北京：民族出版社，2007：97－119.

营造了“孝布改革”的舆论氛围，村民们也都表示支持，但谁也不愿“当先”，害怕落下“不舍孝”（舍不得花钱尽孝）的骂名。这时，社会工作者培育的村民骨干家里有老人去世，工作组期望骨干带头参与“孝布改革”，而骨干却说：“孝布减免是应该的，早就应该这么做了，只是我担心不了解的人会说闲话，说我小气拿不起（拿不出孝布），所以不能减得太过火了，否则我也接受不了。”工作组承诺“该用的不可免，该减的不可留”，并强调：“做这件事情的意义，是为了子孙后代，不仅仅是为了这一代人。”骨干表示：“我就是快入土的人了，我坚决不要儿子浪费。这不是一两家的事情，而是整个村子都要这么做。”工作组承诺：“请您放心，我们一定会通过广播、张贴倡议书、举办纪念晚会等方式大力宣传，让大家知道这是全村共同倡导的事情，不是您个人小气，千万要打消这个顾虑。”经过深入沟通，工作组终于说服骨干带头进行“孝布改革”。最终，全村达成如下共识：“孝布改革”既减轻了妇女的家务负担和家庭经济负担，也弘扬了壮族尊老敬老的传统丧葬（送终）文化，一举两得。

在实施“孝布改革”试点工作的两天时间里，社会工作者与祭司精心安排葬礼的每个细节，做到“该免的都要免，不该免的都要做好”。葬礼的每一个环节都按照传统仪式有条不紊地进行，并按倡议书的要求只给每个祭奠者发一条孝布。此外，社会工作者与祭司还特意准备了一场纪念晚会，以表达对逝者的怀念，也使村民看到了工作组传承民族文化、鼓励勤俭节约的信心。晚会上的两个节目使人记忆犹新：一个是祭司唱“开路经”小调，不仅表扬去世老人一生的功劳，而且颂扬壮族的祖先如何跨越艰难险阻，迁徙来到P村；另一个是祭司新编的一段小调，讲述P村妇女如何日夜不停地织孝布、村民如何浪费孝布以致增加家庭经济负担的故事。在“孝布改革”中，社会工作者不仅坚持弘扬壮族传统小调叙事和尊老敬老的文化，利用壮族传统小调缅怀逝者，传颂本民族祖先的智慧和优良文化传统，逐渐打破村民“孝布越长越孝顺”的攀比文化，通过减少葬礼孝布的使用量，既减轻了妇女日夜纺织的负担，又减少了家庭开支。在这一过程中，社会工作者从减少不必要的家庭支出入手，达到减贫、传承文化的效果。

第三节　P村案例对中国减贫发展社会工作的启示

P村“孝布改革”已经是十几年前的事了，这里重提这件事，目的是总结和反思“孝布改革”行动中的社会工作减贫发展实务理论和方法论的价值。

首先，反贫困社会工作要回归贫困群体的日常生活，从他者的视角转向贫困群体自我的立场。作为少数民族的壮族村寨，P村有独特的生产、生活方式。P村在历史长河中沉淀下来的文化传统是村民参与中华民族发展的基础和动力。绿耕在P村开展“一起写村史”的文化与发展行动，目的就是促进村民成为有历史自觉、文化自尊和社区自信的共同体[①]，期望通过重新认识乡村社区，尤其是重新认识乡村文化，实现乡村传统文化主体地位的回归，在尊重乡村文化的发展逻辑和民众意愿的基础上，实现乡村社区民众的自主性发展。“孝布改革”正是基于壮族的地方性认知，推动村民坚守本民

① 古学斌.平寨人都来讲村史[M]//张和清，张杨，古学斌，等.文化与发展的践行：平寨故事.北京：民族出版社，2007：12.

族传统文化，倡导合理消费，破除“孝布越长越孝顺”的现代攀比心理，减少不必要的生活开支(减贫)。可见，绿耕的做法与刘易斯从文化视角认识贫困，以及以“局内人”视角识别贫困群体生活世界中有意义的自觉力和抗逆力的主张是一样的。

其次，绿耕始终坚持驻村的方法策略。社会工作者在长期驻村与村民同吃、同住、同劳动的过程中，深入观察了社区民众的日常生活。这一做法既与刘易斯细致入微的民族志研究方法相通，也与班纳吉和迪弗洛采取的社会学田野调查方法一致。正是因为驻村，绿耕社会工作者发现葬礼开销大的原因是“害怕别人说‘孝不起’(没钱买孝布)”。因为害怕“孝不起”，许多家庭大操大办葬礼，不惜借钱买孝布，许多妇女自从嫁入夫家当媳妇，几乎一生都在“夜夜织布”，隆重、风光的葬礼背后是家庭沉重的负担和妇女辛勤的劳作。也正是由于深度参与观察P村的葬礼并访谈祭司等知情人士，社会工作者才发现“孝布越长越孝顺”并不是壮族传统的丧葬习俗，而是现代消费和相互攀比的生活方式在葬礼上的集中体现。同时，笔者也发现村民因大量使用孝布造成经济负担，甚至负债致贫，他们对由此带来的资源浪费和经济负担早有不满。此外，深度观察与访谈也使绿耕社会工作者真正以“局内人”视角理解壮族文化，并认识到祭司在壮族文化传承中扮演着重要角色，从而推动祭司成为“孝布改革”的核心力量。可见，只有在深度理解社区民众生活的基础上，社会工作者才有机会把握致贫背后深层次的社会文化根源，从而寻找契合丧葬文化并减少开支的脱贫之道。

再次，在深度理解的基础上，绿耕因地制宜地寻找解决办法。对P村大多数村民来说，最迫切的问题是因负担不起日常消费、礼仪活动(葬礼等)、医疗、教育等方面的支出造成的相对贫困问题，而非由于食物缺乏（卡路里摄入不足）造成的绝对贫困问题。这类相对贫困问题往往不是依靠提供物质，或者单纯发展经济就能够解决的。尽管收入不足或缺乏资源是贫困的共性表现，但造成贫困的原因十分复杂，不存在普遍适用的减贫政策和措施。作为P村壮族葬礼中的一个重要文化符号，孝布具有象征意义和价值，深刻影响着村民的日常生活和生计状况。只有深度理解孝布在葬礼的各个环节所具有的独特运作机理和价值理念，才能在“孝布改革”中分清“哪些是有理的不可免”“哪些是无理的不可留”“哪些是传统规矩必须遵守”“哪些是外来攀比必须改”，才能将“减少一尺孝布”的改革与壮族葬礼中缅怀先辈、崇拜祖先的传统文化结合起来，才能发掘根植于村落文化深处的各种改变的可能性和突破口，从而成功推动“孝布改革”。

在深刻理解壮族“葬礼—孝布”文化的基础上，工作组倡导依然保留原有的丧葬习俗，并举办纪念晚会共同表达哀思，鼓励村民重拾壮族祖先的智慧与传统，以“生前尽孝”替代“孝布攀比”，真正传承和弘扬尊老敬老、和睦团结的民族文化传统。这既遵循和保留了壮族祖先的丧葬习俗，有效减少了因过度消费带来的经济负担（贫困），又增强了家庭、家族乃至村庄的互动与交流，进而促进家族和睦与社区团结。由此可见，虽然“孝布改革”没有从经济层面直接介入减贫，但却从“局内人”视角梳理了少数民族的文化脉络和发展逻辑，从文化入手倡导合理消费的价值理念，打破资本“越多越好”的“客体化”运作逻辑，促使村民重建文化主体性，从而有效地缓解了生计贫困。总之，任何减贫措施都要针对具体问题，并从穷人的日常生活中寻找答案。正如班纳吉和迪弗洛认为的那样，要想摆脱贫穷并不容易，但只要抱着一种“万事皆有可能”的态度，再加上一点儿援助（如一条信息、一点儿推动），有时也能产生令人意想不到的效果。①

最后，绿耕开了探索中国农村社会工作能力建设社区减贫发展模式的先河。2001 年，我国香港理工大学社会工作系负责人深入云南选点时，就明确将“能力建设与农村发展”的农村社会工作减贫发展理念和模式引入 P 村项目。工作报告《农村社会工作的探索——中国农村减贫的能力建设模式（以云南为例）》清晰地阐明了 P 村项目的理念是提升可持续发展能力；策略是坚持实践取向，即通过与村民“同行”（和村民在一起）激发村民发挥自己的潜能，共同应对生活压力；基本方法是通过共同推进一些项目，提升村民的自信心和能力，使人与社会经济和谐发展；具体方法是口述访谈与社区调查。在项目实施过程中，尤其是在“孝布改革”过程中，能力建设的成效主要体现在两个方面：一是通过培养社区骨干、培育社区自治组织，实现个人、村民组织、社区三重能力建设的目标。在“一起写村史”的文化行动中，包括祭司、妇女、老人、青年人在内的村民积极参与，他们以“第一视角”重拾地方性认知，讲述文化符号与习俗蕴含的文化意义，并在叙事过程中增进了与本民族的情感联结，找到了民族文化认同和主体性，逐渐成为开展项目的骨干力量。同时，他们还自下而上地培育了老年人协会、文化活动中心管理委员会、“孝布改革”工作组等自组织。正是依靠社区骨干和社区组织的力量，绿耕成功推动了“孝布改革”。在“孝布改革”的推动过程中，村委会、红白理事会、老年人协会、文化活动中心管理委员会始终强调共同承担“孝布改革”的

① 班纳吉，迪弗洛. 贫穷的本质：我们为什么摆脱不了贫穷[M]. 景芳，译. 北京：中信出版社，2013：XIV.

工作，他们不仅一起入户开展游说工作，而且明确分工，分别负责宣传、协助举办葬礼仪式、组织策划纪念晚会等工作。二是一定程度上推动了性别赋权和弱势群体增能。“孝布改革”主要以妇女和老人口述村史的方法切入，通过妇女的口述确立了减轻妇女繁重劳动和沉重家庭负担的改革立场，通过老人的口述深度理解了孝布背后的原委、意义和价值，也明确了具体改革的行动细节（如倡议书和纪念晚会的内容等）。“孝布改革”工作组的骨干以老年人和妇女为主，在促成减少孝布使用和节约开支的改革的同时，也实现了他们的能力建设。这些能力建设成果为绿耕后来继续在P村开展通向社会赋权的社会经济社区减贫试验奠定了很好的基础。

通过总结绿耕“孝布改革”的实践，笔者认为，深度理解和能力建设是中国农村社会工作在迈向乡村振兴、推动农村社区减贫发展过程中两个重要的方法论原则。

一、深度理解

强调以“局内人”视角，即站在服务对象的立场和角度看问题，是反贫困社会工作实践中深度理解的理念和方法。在社会学和社会工作学科领域，相对应的有“移情式理解”“同理心”等概念。韦伯（Weber）曾经用“移情式理解”强调社会学研究中互动的意义及其重要性。[①] 他认为社会学的主要目的是解释“社会行动”，要做到这一点，社会学家们必须把自己放到所研究的人的位置，然后去阐释他们的思想和动机。作为社会工作的一个重要概念，“同理心”要求社会工作者在提供服务时，既能体会当事人的思想和感受，又

① 波普诺. 社会学：第10版[M]. 李强，等译. 北京：中国人民大学出版社，1999：117.

能敏锐地、正确地了解思想和感受所代表的意义，并将其传达给当事人。①在社区睦邻运动中，巴涅特（Barnett）、汤恩比（Toynbee）、亚当斯（Adams）等睦邻运动先驱，在贫民区设立服务中心，倡导社会工作者要置身于边缘弱势人群的日常生活中，去发现他们贫穷、被压迫、被剥削的真相，从而推动社会改革，消除社会不公平和不公正。② 可以说，这是早期反贫困社会工作对深度理解的诠释和实践。

但是，在反贫困社会工作实践中要真正做到深度理解，还需要从刘易斯、班纳吉和迪弗洛关于贫困研究的方法论中获得启迪。首先，社会工作者要深入贫困群体的日常生活。只有置身于贫困群体的日常生活，社会工作者才能发现他们的窘迫和困顿、期望和智慧，才能找到反贫困之道。在刘易斯、班纳吉和迪弗洛看来，置身于贫困群体的日常生活就是和他们生活在一起，学习他们的语言和习惯，花点时间去了解他们真正的生活。其次，社会工作者要从贫困群体的生活世界认识贫困的复杂性，正确理解贫困及其根源。不以物质、收入作为衡量贫困的唯一标准，避免单纯给予贫困群体物质救助，或者以追求 GDP 增长和现代技术发展的标准来推动市场化、产业化扶贫，而是以贫困群体的实际需要为主，推动全面减贫发展，实现经济、政治、文化、社会、生态协调发展。再次，社会工作者要寻找蕴含在贫困群体生活中的正向发展力量。社会工作者应摒弃贫穷、落后、懒惰等造成贫困群体丧失发展主体性的标签，不要把贫困群体看作被动等待救助的对象，而是要

① 许莉娅. 个案工作[M]. 2 版. 北京：高等教育出版社，2013：150.
② 林胜义. 社区工作[M]. 台北：五南图书出版股份有限公司，2011：22－23.

挖掘他们在困苦中的抗逆力，以及改变现状、追求美好生活的勇气。最后，社会工作者要超越贫困陷阱，寻找基于贫困群体日常生活的、多样化的、独特的减贫发展方法和策略。就像班纳吉和迪弗洛那样，不对现有常用的减贫方法和措施进行任何主观预设，而是在贫困群体多样化的生活世界中，发现这些减贫发展方法和策略中的“黑天鹅”①，通过分析每一只“黑天鹅”独特的致贫原因，寻找具体的解决方案。

总之，在反贫困社会工作实践中，深度理解就是要求社会工作者遵循发现的逻辑，扎根贫困社区民众的日常生活世界，通过驻村入户，与村民同吃、同住、同劳动等群众工作行动策略，采用参与式观察、深度访谈等方法，了解社区民众的现状和愿望，从而深切并真实地把握社区民众面临的问题和优势，在社区民众的生活世界里寻找行之有效的减贫之道，进而与社区民众一道采取行动。

二、能力建设

帮助服务对象依靠自身的力量实现发展，是能力建设的目标。在个案工作中，尽管美国学者里士满（Richmond）在《社会诊断》一书中将贫困视为

① 笔者认为，深度理解的社会工作与之后逐步完善的实证主义的社会工作相比较，从范式到方法论都不同。为了更加清晰地阐明深度理解与社区为本社会工作的关系问题，笔者借助学术研究中的“天鹅”隐喻来说明。实证主义的“三段论”假设包括“天鹅都是白的”、实证 A 天鹅是白的、B 天鹅是白的。只要有足够大样本证实天鹅是白的，就可以得到“天鹅都是白的”这一普遍结论。非实证的田野行动研究（案例研究）则不同，研究者进入“天鹅”的生活世界，通过深度理解、参与观察等个别化研究方法，只要发现一只“黑天鹅”，不仅会推翻“天鹅都是白的”这一普遍结论，还会得出世界除了“白天鹅”，还有“黑天鹅”存在的可能性。作为一个被发现的独特结果（个案），“黑天鹅”不仅推翻了普遍的结论，还提供了一个独特的研究样本，让研究者发现了一种特殊的原因和解决问题的可能性。

个人问题，但在减贫方法上，她却提出了通过帮助贫困群体学习生活技巧、遵循社会规范、采取道德行为等个人能力建设的方法，使贫困群体能够依靠自身的力量应对、调整和改善绝对贫穷境况。[①] 在社区工作中，巴涅特、汤恩比、亚当斯等推动的睦邻运动早已采用了能力建设方法。比如，通过教育提升社区居民公共参与的意愿，共同解决社区存在的社会不公义问题。能力建设是社会工作帮助服务对象纾困的重要方法。

反贫困不能只满足于摆脱绝对贫困，还要在致力于推进社会正义的前提下实现人民群众平等发展。社会工作者要依据权利公平、机会公平、规则公平的理念，推进贫困社区和民众的整体发展能力建设，尤其是内生动力和内在发展能力，使输血式减贫转变为造血式减贫。因此，能力建设是社会工作可持续减贫的重要实务方法。在我国社会主义市场经济发展不完善的前提下，阿马蒂亚·森关于权利贫困的分析和识别贫困的方法对摸清中国农村社区贫困根源，寻找有效的减贫方法具有参考价值。

反贫困社会工作的能力建设，要求从权利、能力与贫困的关系来认识贫困。在实践中，社会工作者要将能力建设落脚在社区，通过社区的关系驱动，协助贫困群体认识到自己在发展中缺失什么权利、是什么因素和力量导致权利的缺失；社会工作者与贫困群体共同寻找和挖掘能力建设的方法和途径，最终通过增能赋权克服发展障碍。反贫困社会工作的能力建设坚持发展的视角，主张恢复贫困群体的自信心，强化他们自主发展的能力，通过赋权增能来确保其发展的权利和能力。因此，能力建设要使贫困群体的生

① 李迎生．西方社会工作发展历程及其对我国的启示[J]．学习与实践，2008(7)：120－127.

活或生命历程发生正向的改变，使贫困群体在公共生活方面得到成长，使贫困群体陷于贫困、受压迫和歧视的现状得到改变，使贫困群体的潜能得到激发，使社会和经济的公平正义得以实现。能力建设既是一种方法和手段，也是一个过程，其包括三个方面：一是个人(包括社会工作者自身)层面的能力发掘和提升；二是集体和社区(包括发展农村社会工作组织)层面的能力培养；三是社区民众组织层面的能力建设。①

总之，基于能力建设的反贫困社会工作，就是社会工作者扎根社区，与服务对象相伴同行，深度理解社区民众的生活处境，在共同解决生活问题的过程中，激发服务对象的能动性和主动性，逐步实现对社区民众的赋权增能。作为方法论，深度理解和能力建设是紧密联系的：基于深度理解的反贫困社会工作为基于能力建设的反贫困社会工作创造了条件和机会，当社会工作者深入贫困群体的日常生活时，能力建设实际上已经开始；基于能力建设的反贫困社会工作是基于深度理解的反贫困社会工作的拓展和结果。

① 刘晓春，古学斌. 解放/被解放?：谈批判教育学与社会工作社区发展教育[Z]//王思斌. 中国社会工作研究：第5辑. 北京：社会科学文献出版社，2007：105-127.

第四章 乡村社区经济问题与社区经济减贫发展实践
——以云南P村的项目为例

乡村振兴战略的总要求是产业兴旺、生态宜居、乡风文明、治理有效、生活富裕，其中，产业兴旺既是乡村振兴的基石，也是最重要的内容。因此，振兴乡村产业、发展社区经济、推动村民成为经济发展的主体、保障村民生活富裕成为乡村社区减贫发展的首要任务。

在以往的乡村减贫发展实践中，资本和市场主导的产业扶贫成为农村扶贫的主导模式。然而，许多减贫案例表明，面对我国乡村复杂的现实状况，产业扶贫在助力广大小农户脱贫的过程中，经常遭遇贫困农户无法有效对接市场、增产不增收的困境。① 与此同时，只进行产业扶贫也会导致扶贫目标偏移、贫富差距扩大、扶贫项目与乡村社会“脱嵌”等问题产生。② 因此，如何保障农民，尤其是小农户在产品流通、交换过程中获得公平合理的劳动

① 钟秀梅，古学斌，张和清，等. 社会经济在中国：下[J]. 开放时代，2012(2)：5 - 35.
② 孙兆霞. 脱嵌的产业扶贫：以贵州为案例[J]. 中共福建省委党校学报，2015(3)：14 - 21.

收入，从而实现劳动者当家作主的社会经济发展目标，是社会工作介入乡村社区减贫必须面对的现实需求。近年来，国内外基于社区经济理论与实践的发展，为社会工作介入乡村减贫发展提供了行动指引(见图 4－1)。

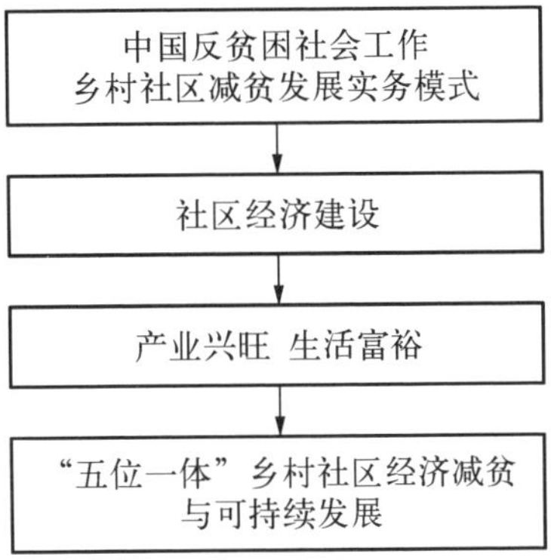

图 4－1 乡村社区经济减贫发展实务模式

因此，本章以绿耕在云南少数民族P村(见图 4－2)推动的反贫困社会工作项目为例，阐述社会工作如何通过社区经济的减贫发展实践，逐步推动乡村产业兴旺、生活富裕。

图 4－2 P村村貌

第一节　社区经济与反贫困社会工作

一、社区经济的困境与乡村贫困

随着全球化的发展，我国许多农村逐渐沦为资本主导的产业链底端和市场竞争的薄弱环节。在思考农村面临的贫困问题时，大家应该考虑全球资本和市场对农业、农村和农民生计的影响。20 世纪 80 年代初，农村市场化改革初期，市场竞争还不是很充分，农民从事农业生产获得了较好的经济效益，农村得到了发展。但是，到了 20 世纪 80 年代后期，随着市场经济的全面发展，个体小农户受到市场日趋激烈的竞争和价格波动的影响，农民增产不增收现象凸显。20 世纪 90 年代，受到资本密集型、技术密集型的规模化现代农业市场的排斥，个体小农经济开始破产，乡村社区生计逐渐瓦解，大量农民在农村找不到出路，陷入贫困的境况。① 有学者指出，资本主导的农业市场化、产业化的经济发展模式破坏了农村生计。他们认为，在全球化背景下，不可持续的发展模式是导致中国农村贫困的根本原因。农业市场化或产业化、消费主义等生产生活方式不仅导致农民生计艰难，而且造成农村社会文化与生态环境被严重破坏，乡村失去发展的主体性。②③④ 市场化、私有化、经济全球化对中国乡村贫困的影响日益增强，这是贫困问题呈现出的

① 张慧鹏. 集体经济与精准扶贫：兼论塘约道路的启示[J]. 马克思主义研究，2017(6)：63 - 71.

② 张和清. 全球化背景下中国农村问题与农村社会工作[J]. 社会科学战线，2012(8)：175 - 185.

③ 钟秀梅，古学斌，张和清，等. 社会经济在中国：下[J]. 开放时代，2012(2)：5 - 35.

④ 古学斌. 农村社会工作：理论与实践[M]. 北京：社会科学文献出版社，2018：9 - 24.

新特征。[1] 随着乡村社区不断衰败，农村整体性贫困问题日益明显。农村的贫困不仅表现为“收入＋消费”不足，还表现为社区公共性丧落、传统文化逐渐消失、农民身份认同危机、生态环境恶化等深层次的社区贫困问题。[2][3]

二、社区经济与反贫困社会工作

社区经济是社会经济或团结经济在社区的具体表现，其根本宗旨为通向社会赋权。社区经济发展强调社区为本，自下而上地动员及参与，发挥社区内居民拥有的未受市场利用的才能、技术与经验，服务社区成员，旨在使社区中所有成员能够相对自主地获得生活所需的资源，并尝试通过建立或重建社区合作组织和支持网络，使社区内居民增权并改善生活。[4] 除了经济目标，社区经济在发展过程中还会涉及社区团结、社会排斥、文化和环境保护等议题。随着全球化和资本主义经济危机的周期性爆发，全球经济低迷，越来越多的国家面临严重的失业与贫穷问题，不断影响城乡居民的经济生活。近年来，不少国家积极推行社区为本的社区经济，尝试解决居民的贫困问题。社区经济通过增强贫困社区的社会资本来减少贫穷。[5] 很多国家和

---

① 左停，齐顾波，唐丽霞. 新世纪我国农村贫困和反贫困的新特点[J]. 贵州社会科学，2009(7)：46－52.

② 古学斌. 农村社会工作：理论与实践[M]. 北京：社会科学文献出版社，2018：163.

③ 张和清，杨锡聪，等. 社区为本的整合社会工作实践：理论、实务与绿耕经验[M]. 北京：社会科学文献出版社，2016：19－34.

④ 黄洪. 以资产为本推行社区经济发展：香港的经验与实践[J]. 江苏社会科学，2005(2)：227－231.

⑤ MIDGLEY J, LIVERMORE M. Social capital and local economic development: implications for community social work practice[J]. Journal of community practice, 1998,5(1/2)：29－40.

地区已有不少成功的经验，证明社区经济的发展对社区发展减贫与重建、加强社区包容、避免社会排斥、推动可持续发展等均有成效。

此外，国际组织在我国香港地区推动的社区货币、生产合作社、公平贸易等另类经济实践，在应对日益严重的失业问题、增进社区互助的社会关系、促进经济社会可持续发展等方面都产生了积极效果。诸多社区经济的尝试体现了资产为本的发展思路，推动作为行动主体的居民集体运用当地资产发展社区产业，在经济发展过程中提升居民的自信心和主体性，有助于实现社区可持续发展。① 除了绿耕，四川省绵竹市的青红社工服务中心等开展的震后社区生计重建项目也取得了一些社区减贫效果，推动了社区经济减贫发展。②③④

第二节 社会工作的社区经济减贫发展实践

自 2001 年 3 月起，绿耕与当地政府在云南 P 村联合开展“探索中国农村能力建设减贫模式”的农村社会工作项目。P 村位于云南省的东北部，是一个由八个自然村组成的壮族少数民族行政村，面积约 23 平方公里。该村地

① KRETZMANN J P, MCKNIGHT J L. Building communities from the inside out: a path toward finding and mobilizing a community's assets[M]. Chicago: ACTA Publications, 1993: 345 - 354.

② 陈涛，陈锋，王小兰. 震后社区生计项目实践与发展性社会工作的探索：绵竹青红社工服务站的经验及反思[J]. 社会工作(学术版)，2011(2)：14 - 18.

③ 王小兰，陈涛. 发展性社会工作的理论与实践[J]. 中国社会工作研究，2017(2)：57 - 86.

④ 陈涛，杨锡聪，陈锋. 发展性社会工作的本土化理论及实践[J]. 新视野，2018(4)：62 - 68.

处偏僻，只有一条山间小道与外界相连，至今没有公共交通工具。依据 2000 年的人口普查数据，全村壮族和汉族加起来共有 347 户，1 469 人，壮族约占总人口的 80%以上。全村总耕地面积为 2 500 亩，人均耕地面积约为 1.7 亩，水稻和玉米是主要的农作物，经济作物以生姜、油菜为主，务农和外出务工是村民的主要收入来源。

一、"姜乡"的幻象：产业扶贫致贫

在 2001 年社会工作者进入时，P 村是当地的特困村之一，全村有 62 户，285 人接受国家粮食救济。一般情况下，每年大概有 20 户人家缺粮 4～6 个月。与中国大多数农村一样，P 村在市场化改革时期经历着巨大的经济社会变迁。近 20 年来，各级政府为了解决 P 村的贫困问题，采取产业扶贫模式，大力调整产业结构，先后推动了生姜、甘蔗、马铃薯、青刀豆等农作物的规模种植和销售，属于资本主导的市场化扶贫项目，但不断换种经济作物的产业扶贫项目均以失败告终。

以生姜种植为例，20 世纪 90 年代左右，地方政府决定利用本地的自然优势大力发展生姜产业，提出打造"姜乡"的宏伟愿景。当时，乡政府动员全乡各村，集中力量推动农业产业结构调整，将生姜发展成当地的特色产业。为鼓励村民大规模种植生姜，推动生姜产业化、规模化发展，地方政府主要采取了以下措施：一是引导村民改变"旧观念"，学习新的耕作技术，持续提高生姜的产量；二是推动生姜进入市场交易，发展龙头企业。P 村之前种植生姜的方式是轮种，村民一般在"生地"里种姜，采取"种在地、尝在天"的粗放管理方式。但这种传统的种植方式在地方政府看来十分落后，不利于生姜的规模化、产业化发展，不符合市场经济的要求。为实现“姜乡”的宏伟目标，地方政府采取了各种方法改变村民传统的种植方式，大力推广“生姜下熟地”，以满足农业产业化的发展要求。地方政府通过宣传教育、推广现代农业科技、示范种植等方法，动员村民转变生产方式，使全乡生姜的种植面积扩大、产量大幅度提高。为了让生姜进入市场，地方政府通过改善运输环境、建立生姜批发交易市场和生姜加工厂等方式，扩大生姜交易规模，保证了生姜供销顺畅，解决了村民的后顾之忧。这些措施起到了重要作用，生姜市场需求量不断增加，价格曾连续几年都比较稳定。

在生姜种植产业化、市场化的初期，村民的生活的确得以改善。正如村民所说，“价格高、产量不错的时候，每年可以卖一万吨左右”“要是每年能卖四五吨，四五年之后，房子就能建起来了”“种姜还是可以，只要价格好，每年都能有五六千元的收入”。然而，好景不长，从 2003 年开始，生姜的价格起伏不定，某年，生姜的价格突然从之前的每公斤 2 元左右涨到每公斤 5 元，一些村民获利颇丰，仅凭种姜就能获得几万元的收入。次年许多村民跟风，纷纷规模化种植生姜，却没料到生姜的价格急转直下，跌到每公斤 1 元以下，最后甚至跌到每公斤 0.4 元，许多姜农因此血本无归。尽管 2009 年后生姜的价格有小幅度回升，涨到每公斤 1.2～2 元，但生姜的价格并不稳定，每年波动都很大(甚至在一天内都不同)，导致大部分姜农陷入“种姜致贫”的恶性循环。

除了价格跌宕起伏，还出现了“姜瘟”，生姜大面积发生腐烂，导致产量减少。在这种情况下，即使生姜的价格有所提高，也只是少数抗风险能力强的村民能够获利。村民认为“姜瘟”与大量使用农药、化肥有关。村民算过一笔账：按每公斤 2 元的市场价计算，每销售 1 吨姜，获得毛利 2 000 元，除去农药、化肥等近 1 000 元的成本，在不包括自己留的姜种的情况下，村民能有 1 000 元左右的收入。如果生姜的价格下降至每公斤 1 元或者更低，村民基本上无法盈利。由于种植生姜等经济作物赚不到钱，子女教育、医疗、建新房等开支却不断增加，使越来越多的村民不得不外出打工。正如有位村民说道："其实谁想出去打工啊！在外面那么难，干什么都要花钱，至少半年内是赚不到钱的，就是因为种姜不行(赚不到钱)了才出去……要是一年能赚五六千元，谁还愿意出去打工啊。"2007 年春节前后，村里近 400 人远赴珠三角、长三角地区打工。这么多人背井离乡，在 P 村历史上是第一次。

二、乡村减贫的社区经济实践：老品种水稻生计项目

面对村民迫切的生计需求，基于过往的实践反思与理论研究，绿耕从 2007 年开始在 P 村实施"城乡合作、公平贸易"的社区经济减贫项目，探索社区可持续生计发展模式。什么样的生计项目适合当地呢？在优势视角、资产和能力建设理论指导下，社会工作者发现 P 村拥有丰富的优势资产，老品种水稻就是其中之一。基于 P 村已有的稻作文化资产，社会工作者决定动员村民恢复种植老品种水稻，通过公平贸易，改善村民生计，发展社区产业。

(一) 寻找失去的谷种

社区经济强调经济的发展应立足于社区已有的各种资产。在 P 村，社会工作者以老品种水稻作为资产，动员村民发展志愿合作的社区经济。

以老品种水稻为优势资产发展社区经济，对社会工作者来说并非易事。首先遇到的就是种子问题。虽然 P 村有丰富的老品种水稻资源，曾经家家

户户都种植，但随着杂交水稻的推广，本地老品种水稻因为产量低而逐渐在市场上失去了交易价值，大多数村民已经改种杂交水稻，导致本地老品种水稻几乎消失。因此，在推动老品种水稻项目的过程中，社会工作者面临的一大难题就是如何动员村民寻找老品种水稻种子。

在具体的动员过程中，社会工作者采用自下而上的社区动员与组织策略。通过长期驻村，社会工作者与村民建立了深厚的信任关系，为动员村民奠定了良好的基础。然而，对于一个未知的生计项目，社会工作者很难说服村民参与，因为村民对老品种水稻的市场前景没有信心，普遍担心“卖不出去”。为此，社会工作者以预期的经济效益作为承诺，提升了村民的参与积极性。社会工作者的做法是强调包销老品种水稻，承诺跟村民一起努力，直接将老品种水稻卖给城市消费者，减少中间销售环节，而且以高于杂交水稻市场价格的公平贸易价格销售。在社会工作者的推动下，有四户村民（化名JF、CQ、MZ、DD）参加了第一年老品种水稻生计项目，他们愿意尝试用传统（不用农药化肥）的种植方法。

第一年，四户村民只找到糯米、红优米和红米三种老品种水稻种子。其中，糯米是JF在村里一位老人的家里找到的，红米则是CQ在周边的另一个苗族村寨寻访而来。这一年，村民只种了三个老品种水稻。功夫不负有心人，经过四户村民的精耕细作和社会工作者在城市社区卓有成效的宣传，第一年，老品种水稻种植成功，并被直销到城市社区。村民在现场亲眼看到自己种植的老品种水稻在城市社区被销售一空后，继续寻找谷种和种植老品种水稻的积极性得到了提高。

村民通过各种关系打听老品种水稻的消息，希望能寻找更多的老品种水稻来年再种。村民 CLS 从一个朋友那里得知，黑尼[①]有老品种水稻种子，于是，社会工作者与他一起到黑尼寻找。与 P 村一样，黑尼是一个偏远的美丽山村。大家在黑尼周边的几个村寨四处打听、上门拜访，终于找到糯米、大香谷、小香谷三个老品种水稻种子。

这次寻访的历程促使村民更加意识到老品种水稻的珍贵价值，深刻感受到老品种水稻种植对于挖掘稻作文化和延续壮族文化的意义非凡。村民 JF 专门写了一篇题为《寻找谷种、寻找人种》的文章，详细记录了村民们共同寻找老品种水稻的故事。

随后几年，村民外出参观学习时都会特别留意当地的老品种水稻，经过对方同意，他们会带回来试种。P 村生态种植合作社种植的老品种水稻最多时有 11 个品种，包括红优米、八宝米、P 村红米、P 村香米、P 村糯米、黑尼糯米、旱糯米、黑米、黑尼大香米、黑尼小香米、广西小香米。

（二）培育生态种植合作社

2007 年，在 P 村推动老品种水稻生计项目后，绿耕社会工作者着手培育社区组织——生态种植合作社，鼓励村民集体种植老品种水稻，发展合作经济。

如前所述，最初只有四户村民响应互助合作的倡议，尽管采用传统耕作方法种植老品种水稻困难重重，但获得的劳动报酬令人欣喜。当其他村民目睹了老品种水稻在城市社区热销，感受到种植老品种水稻的好处时，社会工作者乘机推动生态种植小组的扩大计划。2008 年，种植小组从四户迅速发展到 13 户。2009 年，生态种植小组正式注册成立 P 村生态种植合作社。

① 黑尼(化名)是距离 P 村 60 公里的村子，曾经拥有种类非常丰富的老品种水稻。

随后几年,越来越多的村民被组织起来,到 2015 年,合作社扩大到 55 户,老品种水稻种植面积达到 130 亩,受益范围扩大到六个自然村。

在社会工作者的介入和强力推动下,合作社采取计划生产、共同销售的模式发展合作经济(见图 4-3)。所谓计划生产,就是每年年初根据城市消费者支持网络的销售计划,社会工作者为合作社制定当年的种植计划,包括老品种水稻的品种、数量等。依据这个种植计划,合作社召开全体社员大会,将生产任务分配到户。共同销售是指社员按照生产计划种植后,再依据订单领取每次销售份额,集体销售稻米。

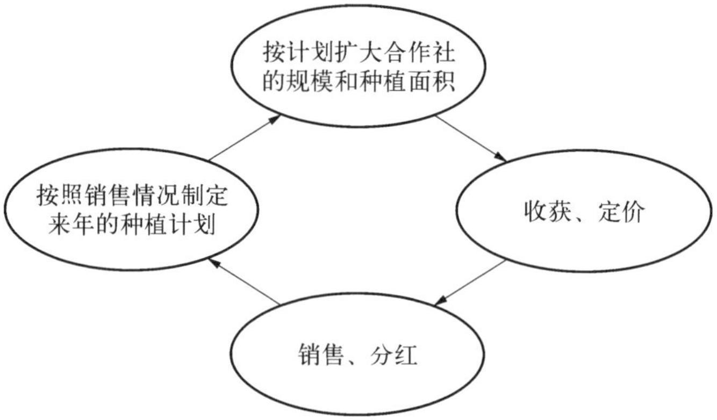

图 4-3　P 村生态种植合作社的运作模式

社区经济是合作经济,参与者在多大程度上、通过什么形式合作是决定一个合作经济项目能否顺利开展并持续发展的关键。因此,在生态种植合作社培育过程中,提升社员合作意识是能力建设的关键环节。合作社成立初期,社会工作者采取参与式培训等方法增强合作社的凝聚力。前期的培训提升了村民的合作意识和能力,但随着合作社的发展壮大,长期积累的内部矛盾无法依靠培训解决,合作社遭遇了社员不合作、不愿意承担责任的困境。例如，社员不愿意负责稻米销售工作、大家对合作社的公共事务不关心等。针对合作社存在的问题，社会工作者进行了一次全面的评估。

通过评估，社会工作者意识到以行政村为单位的组织结构是导致合作社难以合作的主要原因。自成立以来，合作社逐步形成了以行政村为基础的组织结构，组织的内部事务和社区的公共事务均由各村组代表在“中心点”开会讨论决定。随着组织规模的扩大，基于行政村的组织结构难以将不同自然村的社员凝聚起来。因为社员分散居住在五个自然村，所以合作社召开大会时难以将人聚齐，导致合作社的重大事务难以由集体决定，社员缺乏凝聚力和归属感。

社会工作者意识到这个问题之后，便开始以自然村为单位推动村民组织发展，提升村组社员的互助合作能力，将合作组织延伸到村民的日常生活，增加社员在正式会议之外的日常交流，促使村组更加团结互助。

此外，为了提升社员的合作能力，推动全村公共事务的开展，社会工作者有意识地促进合作社积累集体资产。在合作社成立之初，社会工作者推动社员将收入的5%作为公共基金，用于维系合作社内部的关系、促进社员之间交流、支持社员外出学习和全村公共事务等。

（三）推动“城乡合作、公平贸易”

社区经济不仅促进生产者联合起来，还促成生产者与消费者之间实现联结。在全球贸易体系中，个体化小农处于贸易链最底端，缺乏信息和议价能力，成为被中间商剥削的对象。社区经济倡导的公平贸易促使生产者与消费者直接对接，缩短了贸易链条，推动了经济正义。基于这样的理念，社会工作者从社会支持网络的理论视角出发，搭建“城乡合作、公平贸易”的平台，将村民的优势资产与消费者的需求有机结合起来，促使双方互惠互利。

1. 依托城市社区开展城乡互惠活动

2007年3月，为了协助P村的四个农户销售老品种水稻，绿耕社会工作者在昆明城市社区寻找消费者，开拓公平贸易市场。社会工作者说服居委会和物业公司，在“美好家园”社区建立了消费者网络，具体做法如下：

第一，社会工作者在昆明城市社区举办城乡互动活动，初步建立了农村生产者与城市消费者互惠网络。2007年7月13日，驻村社会工作者带领10多位村民走进“美好社区”与50多位居民互动交流，并相约在P村再聚。在第一次城乡互动活动中，社会工作者除了大力宣传P村及其老品种水稻项目，还邀请专家现场讲解农药、化肥、转基因农作物的危害，号召城乡居民保护生态环境，关注食品健康，促使村民真切感受到城市居民对“不用化肥、农药的老品种水稻”的认同和支持，极大地鼓舞了村民生态种植老品种水稻的自信心。

第二，社会工作者落实城市居民进入P村的“绿色体验”之旅，增进了城乡居民的感情，增强了消费者“社区支持‘三农’”的意识。城市居民一进村就受到了村民的热情款待，白天在村民带领下实地察看稻田，欣赏田园风光；夜晚品尝壮族美食，跳竹竿舞。城市居民进村体验老品种水稻种植，感受风土人情，深有感触，有居民说“吃的米是有感情的”。

通过与村民面对面互动交流，城市居民深刻理解了城乡合作项目的意义，认同以公平贸易的方式购买老品种水稻生产的大米。第一批大米全部被预订，销售非常顺利。绿耕开展的老品种水稻生计项目首战告捷。

2. 配合合作社规模的扩大，建立消费者网络

2008年后，随着合作社社员人数增加、种植规模扩大，老品种水稻产量

激增，销售压力不断增加，社会工作者必须建立多元化的销售网络，寻找潜在的消费者，满足合作社发展的需要。2008—2010年，绿耕利用各种社会关系网络，不断拓展老品种水稻销售渠道。

第一，组织小型讨论会，凝聚公益圈的消费者。从2008年10月开始，社会工作者通过举办观影会、老品种水稻品尝会、公平贸易议价会等凝聚公益圈的消费者。虽然这样的聚会规模不大，但大家交流深入，取得了良好的活动效果。

第二，对接理念相近的社会团体，促成消费者网络建立。随着食品安全、环境危机等社会问题日益突出，越来越多的公益组织开始在城市推广"生态""环保""可持续生活"等理念。绿耕与这些理念相近的公益组织开展合作，构建并拓展消费者网络。例如，绿耕与"真善美书家""绿色昆明""小蜜蜂""一株苗志愿者联盟""生活市集"等公益组织合作，开展了不同主题的活动，展示乡村生态食物，倡导"城乡合作、公平贸易"理念，建立多种消费者网络。例如，2009年4月，绿耕与"小蜜蜂"共同举办了主题为"赶街啦——P村生态农产品展示会"的消费者活动。P村合作社的CQ和DXZ两位村民带着花米饭、土鸡蛋、自制的烟熏腊肉等农副产品与城市消费者交流。在活动中，社会工作者首先播放纪录片《P村故事》，通过观看影片，大家对P村有了初步的印象。然后，与会者共同品尝P村老品种水稻生产的大米、花米饭、腊肉等特色美食。利用品尝食物的机会，村民CQ向消费者讲述老品种水稻的种植过程和花米饭、腊肉的制作过程等。最后，村民和消费者互留电话、邮箱、QQ等联系方式，凝聚了一批潜在的消费者。

此外，通过与志同道合的社会团体合作举办农产品展示会、农夫市集等消费者活动，大家一起“摆摊”，一起推广环保、健康、社区支持小农、可持续生活等理念。绿耕不再是依靠一己之力拓展消费者网络，而是凝聚了一大批消费者共同支持小农良心生产，从而实现互惠互利。

第三，推行会员制。2009年，绿耕开始推行消费者会员制，期望通过这一机制增强社会工作者与消费者、生产者与消费者、消费者与消费者之间的社会心理联结，提高消费者参与城乡合作项目的积极性，建立良性互惠与持续稳定的生产—消费关系。

综上所述，绿耕采取各种策略寻找消费者、拓展农产品公平贸易销售渠道，旨在建立稳定的消费者支持网络。经过不断尝试，绿耕扩大了城乡合作的宣传范围，接触了更多的消费者，但这种开拓公平贸易市场的“广撒网”做法的成效并不明显。尽管社会工作者在没有固定社区和目标人群的情况下“到处乱撞”，还是凝聚了60余名消费者，其中七名属于固定消费者（他们长期购买老品种水稻生产的大米和土鸡蛋等农副产品），其余都是临时消费者，再加上消费者分布在不同地方，社会工作者很难将他们组织起来。于是，绿耕决定在城市设立公平贸易店，依靠“前店后村”社会企业的经营模式，持续支持P村合作社可持续发展。

3. 推动“前店后村”社会企业的城乡合作模式

鉴于前期在城市推进消费者支持网络的经验和教训，为了巩固与扩大城乡合作网络，绿耕再次转变工作策略，自2010年7月至今，采取“前店后村”社会企业的经营模式，推动城乡合作网络可持续发展。这一模式由城市消费者支撑的“前店”和以农村生产合作社为主体的“后村”有机结合：驻村社会工作者在“后村”协助村民做好合作社生产，城市社会工作者在居民小区经营公平贸易店，确保生态农副产品实现公平贸易，既能保证城市消费者“吃到健康的农副产品”，又能使合作社凭借公平贸易的收入继续进行生态种植，实现可持续发展。

借鉴社会企业的发展理念，绿耕认为公平贸易店应兼具营利与非营利的双重目标：营利能够确保公平贸易店的生存和发展；非营利是要充分体现绿耕“城乡合作、公平贸易，共创生态文明与可持续生计”的社会价值。公平贸易店通过以下方式来经营：

第一，从生产者和消费者的共同利益出发，产品销售遵循公平贸易的定价原则，并保证农产品销售60%以上的利润返还合作社，保障生产者的劳动权益。与此同时，为了让普通消费者也能吃到健康食物，公平贸易店的产品价格要比主流市场上同等质量的产品价格低很多。例如，一般市场上有机大米的最低零售价约为每公斤10元，有的甚至高达几十元、上百元，而P村老品种水稻生产的大米的售价保持在每公斤6.5～10元。即便公平贸易店因此面临营利和生存的压力，但绿耕始终坚守社会企业的初心。

第二，搭建城乡合作的平台。绿耕将公平贸易店定位为集产品销售、消费者教育、城乡互动等为一体的互惠平台，在具体经营方面，社会工作者采取“共同购买”和“店铺零售”的双重策略。公平贸易店还与全国十多家志同道合的社会团体建立合作伙伴关系，在产品上互通有无，共同支持小农友善耕作，共创可持续生活。此外，绿耕以公平贸易店为平台，开展了不同主题、不同形式的消费者教育活动。例如，社会工作者借助公平贸易店，举办“染花米饭”“品尝会”等不同的主题活动，带领消费者从粮食出发讨论食物安全，反思健康的生活和社会责任等；社会工作者还不定期在P村开展“插秧”

“亲子营”“简朴生活营”等特色活动，组织消费者进村体验交流。这些活动不仅有助于引导消费者关注土地、农业、环境等议题，还能以消费的力量支持生态农业，极大地促进生产者与消费者、城与乡的联结。

第三，集结消费者的力量，践行新的生活方式。社会经济不仅是一个维持可持续生计的途径，还是一种民主的经济，民众通过合作，共同打造属于自己的生活。① 对于绿耕而言，推动社区经济本身就是践行新的生活方式，开设公平贸易店则是开启新生活的尝试。社会工作者通过健康的食物，凝聚相同理念的消费者，大家相伴同行，以集体的力量改变社会。在与消费者的关系方面，社会工作者着力营造一种朋友关系，这意味着社会工作者与消费者之间不是单纯的买卖关系，大家真诚相待、互助合作，以消费的力量改善社会。2017 年起，公平贸易店实行自负盈亏，逐步建立了稳定的社区支持网络和城乡互惠网络。②

第三节　P 村社区经济减贫实务反思

从反贫困社会工作和乡村振兴的角度而言，绿耕 P 村社区经济的减贫实践具有明显的社区减贫专业取向。

第一，以社区资产和社区生计为本推动乡村产业兴旺。社区经济的发展应该坚持社区为本和资产为本的实务理论，充分利用社区内未被善加利用的个人拥有的传统技艺与经验、社区内潜在的资产等，推动产业兴旺。基

① 钟秀梅，古学斌，张和清，等. 社会经济在中国：下[J]. 开放时代，2012(2)：5－35.
② 2021 年，位于昆明的公平贸易店因为经营困难而被迫关闭。

于对以往扶贫工作的反思，在优势视角和资产视角的指导下，社会工作者组织村民重新评估村庄的资产优势和自身能力，将目光投向不被村民和主流市场认可的老品种水稻这一资产，创造性地将社区的内生力量、优势资产与食品安全问题、村民生计问题有机结合，促进社区经济发展。在恢复老品种水稻种植、改善村民生计的同时，社会工作者也在保护稻作文化资产和生态环境。正是通过"城乡合作、公平贸易"平台，村民在凭借老品种水稻的经济和生态价值赢得合理劳动收入的同时，耕作能力也得到了提升。因此，社区经济（种植老品种水稻等）的社区减贫发展促进了乡村文化认同、产业兴旺。

第二，以社区组织保障生产者民主参与、共同富裕。志愿合作、民主参与是社区经济的核心要素和基本保障。[①] 在 P 村，社会工作者培育的生态种植合作社为社区经济的发展奠定了坚实的组织基础。合作社强调互助合作、集体决策，即使耕种自家责任田，也倡导"帮工""换工"等互助合作模式。此外，合作社和互助组还经常聚会讨论，以确保集体议事、互相监督。合作社不断坚守计划生产、共同销售、提取公益金服务社区等基本原则，促使社区经济的主体性、公共性落到实处，推动了乡村内源性发展。

第三，以城乡合作模式促进生产者和消费者利益最大化。P 村的经验证明，社区经济不仅使生产者联合起来，还使生产者与消费者联合起来，在村民之间、城乡之间、消费者之间建立了社会联结。[②] 在全球资本市场经济体系中，生产者与消费者被中间商操控，难以建立互惠互利的产销关系，造成

① 赖特. 指南针：指向社会主义的替代性选择[J]. 闻翔，译. 开放时代，2012(6)：24－41.

② 刘亚. 社会经济：另类但并非不靠谱的社会运动[J]. 中国图书评论，2014(7)：63－68.

劳动者和消费者均被中间商剥削，陷入贫困。社区经济倡导城乡合作，就是为了消除中间商环节，促使生产者和消费者直接合作、利益共享。P 村经验表明，社会工作者通过建立生产者合作社、消费者互助网络、生产者与消费者直销的城乡合作平台，促使生产者、消费者在城乡合作网络中实现利益最大化，即生产者获得合理的劳动报酬，消费者得到健康的食物，免除中间商剥削，实现产销双方利益最大化。

第四，以公平贸易的原则，尝试建立各种公平贸易交易平台（如消费者网络、农夫市集、公平贸易店等），最大限度地保障生产者和消费者的权益。绿耕的尝试不仅要解决产供销的问题，而且必须转变人们的思想观念，教育生产者，尤其是消费者接受公平贸易的理念，以消费的力量重建可持续生活。[①] 如前所述，绿耕利用每次的城乡合作活动，融入公平贸易教育，推动消费者认同公平贸易及其背后的社会、文化、生态价值等。除了通过健康食物讲座、城乡互动活动、乡村老品种水稻种植体验等提升消费者的意识，实现公平贸易销售，社会工作者还费尽心力陪伴生产者渡过难关。值得欣慰的是，直到目前，P 村依然种植老品种水稻，城市的社会企业店铺和消费者网络持续坚守公平贸易和“社区支持‘三农’”的原则。[②]

如何解决乡村发展中的贫困问题，仍是我国乡村振兴背景下的核心议题。值得欣喜的是，许多关注“三农”问题的学者认同贫困不再是一个单纯

① 钟秀梅，古学斌，张和清，等. 社会经济在中国：下[J]. 开放时代，2012(2)：5－35.

② 2021 年 6 月，因为各种原因，绿耕在 P 村开展的“城乡合作、公平贸易，共创生态文明与可持续生计”项目被迫终止，但村民 JF 等合作社骨干依然坚持老品种生态种植，并与城市消费者逐步形成订单销售的模式。

的经济议题这一观点，因为我国农村在整体上依附于城市，缺乏主体性。① 中国乡村贫困不仅表现为“收入＋消费”不足，也表现为村集体功能弱化、传统文化衰落、农民陷入身份认同危机、乡村社区虚空化、生态环境恶化等。②③ 因此，扶贫的目标就不是单纯提高村民的经济收入。绿耕从社区经济和社会赋权的视角出发，将 P 村村民的生计需求与乡村社区社会文化生态资产建设、村民自治紧密结合，建立了村民生产合作社，促进互助合作的社区生计发展；在村民生产合作社的基础上，将乡村生计发展与城乡合作相结合，以公平贸易提升乡村生计发展的内生动力。这样的社区减贫发展实践对中国乡村振兴背景下的反贫困社会工作具有借鉴意义。

因此，面对全球化的市场发展模式，“城乡合作、公平贸易”的实践模式可能显得理想化，也会在实践中面临主流市场经济模式的挑战，其自身的规模效益、可持续性等问题仍需在实践中不断探索和完善。但对于迈向乡村振兴的中国反贫困社会工作而言，绿耕的探索具有很强的专业价值。社区减贫发展不仅有利于建构中国反贫困社会工作实务理论，而且在日常生活实践中已经显示出专业价值。

---

① 吴重庆，张慧鹏. 以农民组织化重建乡村主体性：新时代乡村振兴的基础[J]. 中国农业大学学报(社会科学版)，2018，35(3)：74－81.

② 古学斌. 农村社会工作：理论与实践[M]. 北京：社会科学文献出版社，2018：163.

③ 张和清. 全球化背景下中国农村问题与农村社会工作[J]. 社会科学战线，2012(8)：175－185.

第五章　社区社会资本流失与乡村社区社会资产建设减贫发展实践

——以四川M村的项目为例

随着国家脱贫攻坚战的圆满收官和乡村振兴战略的全面启动，消灭绝对贫困的减贫目标已经实现，接下来，推动我国乡村社区可持续发展成为新的奋斗目标，因此，社会工作乡村减贫发展也从民生兜底保障逐渐转变为解决贫富分化和相对贫困问题，从单一的经济减贫拓展到推动乡村社区"五位一体"全面发展。这与党的十九大报告提出的"产业兴旺、生态宜居、乡风文明、治理有效、生活富裕"总要求相契合。中国社会工作必须顺应这一发展趋势，充分发挥专业优势，逐步探索迈向乡村振兴的社区减贫发展的专业实务模式和方法策略。

绿耕运用社区社会资产建设的方法策略，推动城乡社区乡风文明建设，逐步形成乡村社区社会资产建设减贫发展实务模式（见图5-1），希望基于社区民众日常生活社会资本流失的状况，通过乡村经济、社会、文化、生态资产建设和社区自治实践，系统探索乡村减贫和可持续发展的专业路径，从而助力国家实现乡村振兴的战略目标。本章以绿耕在四川少数民族地区M村驻村工作的实践经验为例，阐述社会工作者基于社区社会资本流失的现状，充分运用社区社会资产建设的减贫发展策略，逐步重建社区社会关系和社会支持网络，从而推动灾后社区社会关系和村民生计重建的过程。

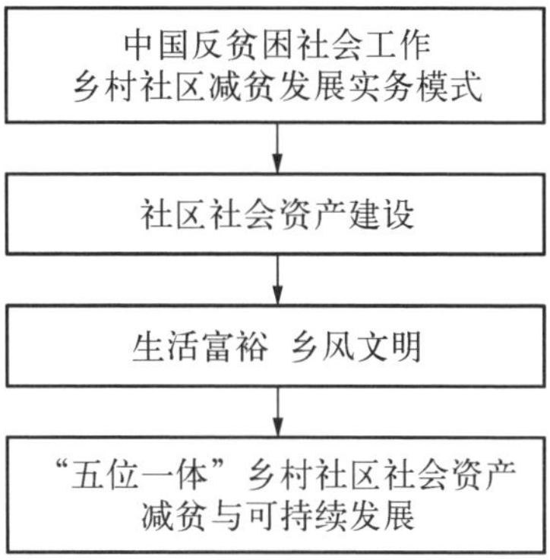

图5-1 乡村社区社会资产建设减贫发展实务模式

第一节 乡村社会资本流失与社区社会资产建设

一、社会资本——减贫发展的一个维度

迄今为止，学术界仍然未对社会资本形成统一的定义。社会资本最初是在经济学领域使用，对应的是私人资本或个别资本。20世纪80年代，法国社会学家布迪厄(Bourdieu)提出社会资本新概念，使社会资本具有了社会学的含义。[①] 布迪厄将社会资本界定为现实或潜在的资源的结合体，这些资源与群体中的成员身份有关。[②] 社会关系网络是社会资本的存在形式，并且

① 李惠斌.什么是社会资本[M]//李惠斌，杨雪冬.社会资本与社会发展.北京：社会科学文献出版社，2000：1-19.

② BOURDIEU P. The forms of capital[M]//RICHARDSON J. Handbook of theory and research for the sociology of education. Westport: Greenwood, 1986: 241-258.

能够给参与的个人和团体带来现实或潜在的资源。20世纪90年代后，社会资本理论逐渐成为学界关注的热点，学者们从多个学科角度对社会资本进行了研究，其中科尔曼（Coleman）、林南、帕特南（Putnam）是杰出的代表人物。尽管他们对社会资本界定的侧重点有所不同，但都认为社会资本具有以下核心内容：社会资本基于社会信任、关系网络、社会组织等外在表现形式，发挥内部成员的知识共享、互相信任、互助合作等作用，不但有助于提升个体的能力，为个体增加机会，而且能够促进个体在行动中获取和使用嵌入在社会网络中的资源。[①] 因此，可以从三个方面理解社会资本：第一，社会资本存在于社会关系网络中，这种社会关系网络既是个体与群体的社会联结，也是社会结构中不同系统和关系之间的联结与互动。第二，社会资本不仅能够增加网络成员的收入，还能提升他们的能力。第三，信任、互惠、合作、规范是社会资本的外在形式，维系并推动社会关系网络发展，反映着社会资本的现实存量。

社会资本理论为认识和解释社会发展过程中的社会问题和现象提供了一个新视角。近年来，社会资本在减贫、增加贫困群体收入、提升贫困群体的能力等方面的重要性引起人们越来越多的关注。

二、乡村社会资本流失与乡村贫困

中国传统乡土社会是一个关系本位的社会[②]，“差序格局”[③]的社会关系

① 林南.社会资本：关于社会结构与行动的理论[M].张磊，译.上海：上海人民出版社，2005：23-24.

② 梁漱溟.中国文化要义[M].上海：上海人民出版社，2018：94-95.

③ 费孝通.乡土中国·生育制度[M].北京：北京大学出版社，1998：26-27.

网络是中国传统乡村社会资本的核心。它以个人为中心并向外扩散，成员关系亲疏程度逐渐减弱，血缘关系、亲缘关系和地缘关系是传统乡土社会关系网络的基础。亲属关系、同乡关系、朋友关系等强关系在乡土社会中占有绝对优势。在自给自足的小农经济中，以强关系为核心的社会关系网络按照特殊主义原则分配着社会资源①，维系着合作互惠的公共精神，从而保障小农社会的秩序。

然而，在中国由农业社会向工业社会转型的过程中，乡村社会日益呈现空心化和碎片化的状态，致使中国乡村社会资本日益流失。一方面，以工业化和城市化为主要特征的现代化不仅改变了传统的小农生产方式，而且改变了农民的生活方式，大量农村青壮年劳动力流向城市，造成乡村社区的空心化。② 另一方面，在市场经济的利益驱动下，维系传统乡村社会关系的文化和价值认同受到冲击，使乡村社区社会生活日益碎片化。乡村社会资本流失具体表现在以下几个方面：第一，传统的乡村社区信任基础遭受破坏。“差序格局”的熟人社会以血缘关系为纽带，遵从礼俗伦理的非正式制度，维系着中国传统乡村社会的信任关系。然而，随着小农生产方式逐渐被现代生产方式取代，小农从土地上解放出来，劳动力自由流动，弱化了人们“差序格局”的亲缘和宗族意识，基于人情地域网络的乡村社区信任基础逐步陷入匮乏和被消解的境地③，农民的人际关系网络逐渐由社区内部转向社区外

① 周长城，陈云. 贫困：一种社会资本视野的解释[J]. 学海，2003(2)：110－114.

② 刘杰. 乡村社会“空心化”：成因、特质及社会风险：以J省延边朝鲜族自治州为例[J]. 人口学刊，2014，36(3)：85－94.

③ 申恒胜，叶海波. 乡村社会资本与村民经济合作组织的融合发展研究[J]. 云南农业大学学报(社会科学)，2019，13(1)：62－68.

部，直接导致人际关系淡漠。① 第二，乡村社区社会关系淡薄且日渐疏离。传统的乡村社会关系单一且层次简单，血缘关系是乡村社会关系的核心，社会关系的层级主要围绕亲缘关系展开。然而，亲缘关系在现代化发展进程中呈现不断被弱化和衰落的状态②，以“自我”为中心、利益为导向的理性选择逐渐拉大了熟人之间的社会关系距离③。同时，经济全球一体化更是打破了熟人社会的封闭性，并突破地缘限制和伦理约束，使乡村社区日益碎片化和原子化。基于上述原因，乡村社区社会关系日渐淡漠。第三，社会支持网络单一④且明显不足。目前，乡村社区社会支持网络仍然以封闭性的亲缘关系为主，与城市社区相比，乡村社区缺乏建立开放性城乡社会支持网络的资源、机会和途径，呈现出同质性高和抗风险能力弱的特点。第四，社区内部缺乏合作精神和能力。⑤ “信任”是传统乡土社会维系社会关系的关键要素，然而，随着人口流动性的增加，以信任为基础的公共道德日益萎缩，契约逐渐成为维系社会关系的基础，社区内部的合作机会和渠道日益减少。第五，社区参与不足。⑥ 以信任为基础的社会关系逐渐被趋利性经济理性取代，村民参与社区公共事务的主动性和能动性明显不足，直接导致社区公共参与不足。

---

① 郎友兴，周文. 社会资本与农村社区建设的可持续性[J]. 浙江社会科学，2008(11)：68-74.
② 陈柏峰. 从乡村社会变迁反观熟人社会的性质[J]. 江海学刊，2014(4)：99-102.
③ 贺雪峰. 论熟人社会的人情[J]. 南京师大学报(社会科学版)，2011(4)：20-27.
④ 乐章，向南. 熟人社会：村庄社会资本水平及其差异[J]. 农业经济问题，2020(5)：66-78.
⑤ 同①.
⑥ 同①.

乡村社会资本日益萎缩、流失，已经成为制约中国乡村可持续发展的大问题。一方面，以伦理道德维系的传统乡村社会资本，如信任、社会互助网络等难以在现代生产生活中发挥作用，原子化状态的农民多以个体的形式单打独斗，难以通过传统乡村社区的社会联结与互助去应对各种困难和风险。另一方面，现代社会支持网络并未在广大的乡村建立起来，农民还难以获得其他外在社会支持和互助的资源网络。社会资本的流失不仅使乡村社区民众缺乏增加经济收入的能力和机会，也导致其维持生存和抵御风险的能力不足①，甚至出现社会互动缺乏、关系网络单一、治安恶化、社会凝聚力衰退等现象②。尽管以血缘、亲缘和地缘为核心的"熟人"社会信任关系仍然维系着乡村社会的人情网络，但随着青壮年劳动力外流，现有社会资本存量难以支撑留守乡土的农民获得发展的能力和机会，尤其是处在社会关系网络边缘的老人、妇女、儿童，由于缺乏有效的社会支持而陷入贫困境地。

三、社区社会资产建设与社会资本重构

激活与重构乡村社会资本，增强乡村社区民众获取社会发展的能力和机会，以应对日常生活中的困难和风险，是推动乡村社区减贫发展的重要维度。由于社会资本体现的是人与人之间的联系，存在于人际关系结构中，蕴含于社会团体、社会网络中，人只有成为网络成员，或建立起相应的网络联

① 徐戈，陆迁，姜雅莉. 社会资本、收入多样化与农户贫困脆弱性[J]. 中国人口·资源与环境，2019，29(2)：123－133.

② KAY A. Social capital, the social economy and community development [J]. Community development journal, 2006, 41(2): 160－173.

结,才能使用该资本。因此,推动建立社会关系网络是发挥社会资本效能的有效途径。在社会关系网络中,信任是建立网络联结的前提,只有在信任的基础上,社会关系网络才能有效联结和运作。互惠、合作、规范是社会资本的外在表现形式,抑或社会资本运作的方式。本质上,激活与重构乡村社会资本,就是激活推动乡村社区发展的社会关系和内生动力,这与社会工作社区社会资产建设有异曲同工之处。

社区资产建设相信每个人(包括弱势群体)都有自我发展的能力,社区内部力量是促进社区长远发展的主要动力。因此,社区资产建设强调从社区内部优势和资产出发,广泛动员、组织和发展社区内生力量,并通过社会赋权提升社区民众的主体力量。社会资产则是社会中的个人、组织与机构所拥有的天赋、技巧、能力等资源。[①] 作为一种特殊资源,社会资产扎根于特定文化情境与社会关系网络中,在特定群体和社区内,可以直接共享和代际传递[②],具有社会资本的特点。社会资产涵盖了物质、人力、社会、金融、环境、政治、文化等多种资源,而且在共享、传递的过程中可以激发各种资源转化为相应的资本形式。

社区社会资产建设就是运用社区资产建设的策略和方法重构乡村社会资本,重点在于重构乡村社区社会关系和社会支持网络,为反贫困社会工作

① KRETZMANN J P, MCKNIGHT J L. Building communities from the inside out: a path toward finding and mobilizing a community's assets [M]. Chicago: ACTA Publications, 1993: 345 - 354.

② GREEN G P, HAINES A. Asset building and community development[M]. 2nd ed. Los Angeles: Sage Publications, 2008: 25,12,36,59,124,239,213.

提供了新的思路。① 第一，社区社会资产建设将社会关系看作重要的资源与资产，并通过优势视角挖掘其内在价值。在中国传统乡村社会，以信任为基础的熟人社会关系是乡村最重要的社会资产，可以推动社区成员互相交流、互助与合作，并分配稀缺资源，以促进社区长远发展。② 社区社会资产建设正是着眼于社会资本规避风险和缓解危机的优势，动员和鼓励社区民众关注社会关系，这与社会工作的社会性价值十分契合。社会工作强调人与人之间的互动和交流③，运用民间力量推动社会发展④，促进社会公平正义。第二，社区社会资产建设以社区内部为焦点，强调社区民众是社会关系的主体，推动宗族内部、邻里之间的互动与交流，鼓励和引导“自下而上”的互助合作，赋权社区民众，培育社区组织，提升村民主体性和社区认同感，维系和巩固社会关系网络，以增强和提升乡村社区的社会性功能。从社会工作角度来看，社区组织将拥有共同社会关系的民众组织起来，出谋划策，以解决社区问题、化解社会危机、改善社会关系，并提高其社会适应能力。⑤ 在此过程中，社会工作者通常扮演引导者、资源链接者、支持者、使能者等角色，以增强社区发展的内驱力。第三，社区社会资产建设不仅关注社区内部关系的重塑，也强调社区外部支持网络的建设，致力于通过链接社区内外部资

① 李欢，周永康.发展取向的资产建设：社会工作参与乡村扶贫实践研究：以 P 村“三区计划”项目为例[J].重庆工商大学学报(社会科学版)，2019，36(5)：59－68.

② 徐戈，陆迁，姜雅莉.社会资本、收入多样化与农户贫困脆弱性[J].中国人口·资源与环境，2019，29(2)：123－133.

③ 陈锋，陈涛.社会工作的“社会性”探讨[J].社会工作，2017(3)：3－8.

④ 陈立周.“找回社会”：中国社会工作转型的关键议题[J].思想战线，2017，43(1)：101－107.

⑤ 徐震.社区与社区发展[M].台北：正中书局，1980：38.

源，推动乡村内源性发展。社会工作者应与社区民众从社区内部需求和关切出发，以社区内部关系或资产（如社区组织等）为基础，链接社区外部资源，以搭建社区外部支持网络，并连通内外部支持网络，形成良性循环的运作机制。

总之，社区社会资产建设强调从优势视角出发，以社会关系为基础，培育社区组织，激发社区内生动力，同时，链接外部资源，搭建开放包容的社会支持网络，推动社区可持续发展。

第二节　M 村社区社会资产建设的减贫发展实践

自 2013 年至今，在四川省民政厅相关部门的大力支持下，绿耕协同四川农业大学社会工作专业师生，深入四川少数民族地区 M 村进行农村社会工作、灾害社会工作探索。驻村社会工作者运用社区社会资产建设的方法策略，挖掘 M 村社会资产存量优势，利用打造社区公共空间的契机，将“三留守”人员动员组织起来，逐步重建社区信任和社会支持网络，解决乡村社会关系疏离，以及乡村社区的空心化、碎片化发展趋势下社会资本流失的问题。通过激活和重构乡村社区社会资本，探索乡村生计发展、社会互助、文化传承、生态保育、社区自治的可持续发展减贫模式。

一、M 村面临的社会资本流失与贫困问题

M 村位于四川省雅安市正北方。村庄总面积约 7.5 平方公里，耕地面

积约 435 亩，人均耕地约为 0.4 亩，山林面积达 8 700 亩以上，竹子、次生林等林木资源丰富。M 村是行政村，共有 7 个村民小组。2016 年，M 村共有 326 户，户籍人口有 1 066 人，其中，60 岁及以上的老人有 218 人，18 岁及以上的女性有 376 人，儿童有 153 人，外出务工人员有 319 人。M 村大量劳动力外出务工，导致村庄以“三留守”人员为主。

与全国其他村庄相比，M 村遭遇的生计贫困问题既有普遍性，也有其自身的特殊性。与全国许多村庄一样，在快速现代化进程中，M 村传统的小农生产方式逐步被资本市场控制，分散的小农无法抵御机械化生产和市场竞争带来的风险和压力，逐渐陷入“越种越穷”的困境。在很长一段时间内，M 村大多数村民尚且能凭借自给自足的生产方式勉强维持生计，但大力推行农业产业化、市场化之后，许多村民难以维持生计，不得不外出打工。两次农业产业化进程对 M 村产生了深刻影响。第一次是 2010 年开始的茶叶种植产业化进程。当时，地方政府凭借 900 亩茶园的优势，不断扩大 M 村的茶叶种植产业，压缩水稻耕种面积，以获取更大的经济利益。但事与愿违，M 村的耕地并不适合长期种植茶叶，且市场供给大于需求，茶叶价格一跌再跌，导致 M 村村民逐渐陷入生计困难的窘境。第二次是 2012 年地方政府推动的市场化产业扶贫开发过程。当时，地方政府征收了 M 村约 1 000 亩土地，以建设“食用菌生产基地”，希望通过“整村推进、连片开发”的方式，实现“千亩亿元千人增收”的目标。但在实际运行过程中，该生产基地的建设和运作并不顺利，员工规模只能维持在 60 余人，而且要靠政府扶贫资金才能勉强维持运作。即便如此，还是出现了因拖欠工人工资和土地租金而停工的情况，这与“千亩亿元千人增收”的目标相差巨大。因为一系列产业扶贫计划的失败，M 村大量青壮年劳动力不得不外出务工以维持生计。

随着青壮年劳动力外出务工，M 村空心化和碎片化的情况越来越突出，乡村传统社会资本流失严重。首先，以血缘和亲缘为纽带的乡村社会关系网络日趋松散。在 20 世纪 90 年代的城市化和工业化进程中，一批青壮年劳动力进城从事体力劳动，开始了人口外移。在 2013 年灾后重建的过程中，为了偿还债务、维持生计，大批村民外出务工，“三留守”人员逐渐成为 M 村的主体。此外，按城市化发展思路采取的集中安置方式，使村民分散居住在统建楼或者自建房里，人际沟通日益减少。其次，传统的乡村社会关系发生了改变。随着自给自足的小农生产方式逐步被产业化、市场化生产方式取代，农业生产越来越依赖市场，而且生产的目的不再是满足自身的需要，更多的是为了追求经济利益最大化。市场的力量渗透到日常生活的每个角落，村民对金钱的依赖和消费的需求越来越强烈，日益受到城市消费主义生活方式的影响。由此，乡村与外部的联系日趋紧密，以往约束人们行为的一些规范形同虚设，出现了道德败坏、社会治安混乱等现象，社区信任关系受到冲击和破坏。再次，以血缘、亲缘为基础的熟人社会关系遭到冲击和破坏。对经济利益的追求导致个体意识增强，集体观念淡化，人们缺乏参与社区公共事务的意识和动力，邻里间的互助被市场经济的利益交换所替代，村民间的社会支持网络日益薄弱。最后，处于社会关系网络边缘的弱势群体难以获得社会支持网络，以应对日益窘迫的生计、生活，因而逐渐贫困化。在一次入户探访中，社会工作者惊讶地发现一对高龄夫妇居然生活在被废弃的祖屋中，他们深居简出，甚少与外界联系，几乎没有社会支持网络的帮助。

总之，随着产业化、市场化、现代化的进程，尤其是经历城镇化和灾后社区重建，M村大多数村民搬离祖屋，住进安置新区，或者单独建房，又或者被迫外出打工。新老社区日益空心化和碎片化，乡村传统社会资本流失严重，主要表现为社区居民的社会关系日益淡漠，彼此缺乏信任，社会支持网络薄弱等，他们逐渐无力解决生计问题，也无力应对来自贫困生活的压力。

二、乡村社区社会资产建设的减贫发展实践

自2013年至今，绿耕社会工作者采取社区社会资产建设的减贫发展策略，在M村重建社区社会资本，推动乡村"五位一体"可持续发展。

重建社区社会资本的核心是建设以信任为基础的社区社会关系网络。具体做法包括：一方面，利用社区传统社会资本存量中以地缘、血缘和亲缘为基础的社区内部关系网络（如邻里、宗族等）的优势，促进社区自组织发展，从而搭建社区内部支持网络；另一方面，注重社区外部资产，鼓励社区民众凭借自身优势和特点寻找、链接外部资源，从而激发社区内生动力，逐步形成良性的内外部合作机制。在挖掘、利用和共享内外部各种资源的过程中，社会工作者运用社区社会资产建设的方法，激发各种资源转化为有利于社区发展的各种社会资本，以提升社区自主发展的能力。

（一）挖掘M村的优势社会资产

在项目初期，绿耕社会工作者与村民共同寻找社区社会资产，重新认识这些资产背后所蕴含的社会文化价值，在重新激发村民自信心的同时，寻找突破口。

首先，重新认识几近被遗弃的"老院子"的社会文化价值。"老院子"是始建于清朝嘉庆年间的祖屋建筑群，这片榫卯结构的古老院落群在经历两

次地震后仍然屹立不倒。绿耕社会工作者第一次进入“老院子”时，发现居住在里面的村民几乎都是没有经济能力搬迁的“三留守”人员。通过寻访得知，这座“老院子”是杨氏家族落地生根的地方，也是M村开枝散叶的根基。对村民而言，“老院子”里的祖屋、庙宇等遗址至今仍然发挥着祭拜祖先、神灵，维系宗族关系，凝聚人心的作用。毫无疑问，“老院子”是社区社会文化资产的核心，社会工作者通过建设“老院子”，能够重建村民的社会关系网络和信任。

社会工作者动员“老院子”里的“三留守”人员，尤其是与儿童一起寻访并绘制社区资产地图，促使大家重新认识“老院子”“祖屋”等古老建筑的社会文化价值，从而加强“三留守”人员的文化认同、社会—心理连接和信任关系。例如，社会工作者带领儿童重新寻访社区古老建筑，聆听老人讲述“杨氏宗亲”开枝散叶的故事，邀请老人讲授老屋的结构与建造原理，鼓励文化达人（长者）教授儿童学习传统的锣鼓文化等。令人欣慰的是，儿童不仅学会了锣鼓表演技能，而且在全乡节日巡游活动中与长者一起代表“老院子”表演，获得了乡民赞赏。由此可见，文化技艺传承不仅弘扬了传统文化，而且重建了世代之间的社会信任关系。

其次，识别“三留守”人员的问题和需求。在初识“老院子”历史建筑、山林等有形生态资源的基础上，绿耕社会工作者通过口述史，逐一探访“老院子”的留守老人和妇女，从他们讲述的生命故事、“老院子”和村庄变迁的叙事中发现：“三留守”人员害怕与外界相对隔绝，他们有社会交往的需求；他们担心“老院子”失修倒塌，希望维护古老建筑；他们普遍经济拮据，希望发展生计，增加收入等。

当发现“三留守”人员的问题和需求并挖掘“老院子”的优势资产之后，

绿耕社会工作者逐渐意识到M村以血缘、亲缘关系维系的集体意识与文化认同根基尚存，具有深厚的历史文化资产，“三留守”人员有强烈的改变意愿等。因此，社会工作者决定充分运用“老院子”及其“人、文、地、产、景”等优势资产，与“三留守”人员一起从凝聚“人心”做起，逐步激活“老院子”的功能，从而实现社区减贫发展的目标。

（二）擦亮四知堂，凝聚人心

要激活“老院子”的优势资产，推动社区社会资产建设，必须从凝聚“三留守”人员的人心开始。初次进入“老院子”时，社会工作者以为这里是没有人间烟火的、被废弃的祖屋建筑群，但当深入最古老的一座民居——清朝建筑四知堂的堂屋——借助昏暗的灯光走进里屋时，社会工作者才发现屋里仍然居住着经过两次地震都无力搬迁的老人家。经过交谈，社会工作者得知“老院子”里仍然居住着许多“三留守”人员：一方面，他们因为经济条件限制而无力搬出“老院子”；另一方面，许多老人对祖屋感情颇深，他们希望守护祖宗的家业。基于此，绿耕社会工作者决定从擦亮①满是尘污的祖屋四知堂开始，与村民共同打造凝聚人心的公共空间，重建村民之间的信任关系和社会支持网络。

绿耕社会工作者带头进入堂屋，用抹布擦干净尘封已久的墙板和木柱。天色渐晚时，绿耕社会工作者从隔壁住家拉根电线亮起电灯，和村民在堂屋聚餐畅谈。2014年3月，绿耕社会工作者在“老院子”成功召开祖屋修缮项目启动座谈会，并详细分析了村民当前的生活处境和迫切需求，细致阐述了公共空间建设的缘起、愿景和影响。经过协商讨论，祖屋修缮小组正式成

① “擦亮”有两层含义：一是擦亮满是尘污的堂屋，二是寓意擦亮民心。

立，该小组负责制定修缮计划，跟进修缮进度，监督管理整个维修过程。除了祖屋修缮工作，修缮小组还动员部分村民与绿耕社会工作者一起打扫环境卫生，维修公共设施等。随着公共环境卫生的改善，“老院子”逐渐有了人气，但公共活动空间不足的问题日益显现。正当修缮小组和绿耕社会工作者一筹莫展时，居住在祖屋里的妇女愿意将废弃已久的清代堂屋（客厅）奉献出来举办公共活动。于是，绿耕社会工作者组织“三留守”人员共同修缮堂屋，一起打造公共活动空间。在这次义务劳动过程中，50 岁以上的老人负责重新硬化地面，儿童、妇女和绿耕社会工作者负责洗刷和清理木质墙面厚重的污垢。社会工作者与居住在“老院子”里的村民共同举办了久违的坝坝宴①，参与劳动的村民齐聚一堂分享传统美食，最重要的是，该过程恢复了阔别几十年的村庄聚会传统。一位村民直言：“参加坝坝宴不只是为了吃饭、玩耍，还是为了让大家归心。”由此可见，坝坝宴不是简单的聚餐，而是重新维系信任关系和集体认同的重要途径。之后，绿耕社会工作者和修缮小组动员村民参与公共活动室的公开征名活动，经村民投票，集社区教育、活动、会议等功能于一体的公共活动室被村民共同命名为四知堂。② 一位村民当场挥毫书写了“四知堂”三个字，并题对联一副：上联是“四知堂上绿耕酝酿和谐景，弘农郡望社工联谊光明秀”，下联是“团结奋进集思广益众志诚，和睦乡邻天道酬勤梦圆真”，横批是“群策群力”。四知堂寓意着 M 村淳朴、真

① 坝坝宴，指在村庄中心的场地院坝中，全村村民欢聚一堂，共同举行聚餐活动，以庆祝节日或分享劳动成果。在日常生活中，村民也常聚集在场地院坝，一起观看坝坝电影或纳凉等。

② “四知”的典故来源于东汉杨震的“天知，神知，我知，子知”，彰显了他为官清廉、不谋私利的高尚品行。

诚的乡土情谊和互助合作的优良传统。重修“老院子”激发了M村村民久违的互助合作意识和社区认同感。由此可见，四知堂和坝坝宴唤起了村民的集体记忆，重建了村庄的社会关系。

四知堂被投入使用后，村民和社会工作者发现，晚上的祖屋漆黑一片，不仅影响村民，尤其是老人和儿童晚间活动，也存在安全隐患。为了不影响村民在晚上串门聊天，同时方便社会工作者举办活动，绿耕社会工作者联合修缮小组召开村民大会，共同商讨安装路灯的必要性和可行办法。很快，大家达成共识，推举路灯安装小组组长和组员，制定安装路灯计划并进行分工，保障路灯安装工作顺利进行。在路灯安装小组和村民的共同努力下，M村“老院子”的路灯亮了起来，村民们逐渐恢复了走家串户的习惯，社会工作者和村民在夜晚也照常举办活动，从此“老院子”恢复了人气。村民说：“老屋亮了，人心回来了！”

（三）共建崇善楼，回归社区公益

“老院子”聚起人气之后，社会工作者开始在祖屋开设社区学堂，邀请老年人讲述历史故事等。在一次祖屋聚会活动后，社会工作者乘机召开村民动员大会，提出“我的社区我做主”，提议邀请建筑设计师进村与村民一起对“老院子”进行整体参与式规划设计，共同打造社区公共空间，进一步聚起人气、凝聚人心。社会工作者的提议得到了村民的支持。随着四知堂聚起人气，社会工作者推动开展了更多的社区教育等公共活动，促使“老院子”焕发生机。为了给村民提供更大的公共空间，能够吸引更多村民参加集体活动，绿耕社会工作者联动深圳大学设计师团队与村民共建崇善楼，通过参与式设计，全村投工投劳，逐渐将崇善楼打造成集社区厨房、社区教育于一体的全村公共活动阵地,促使乡村社区回归公益精神。

基于村民对公共空间和集体生活的向往,加上村民的传统木工手艺,绿耕社会工作者与村民沟通协商后,大家共同决定采用传统木质榫卯结构工艺建设崇善楼,并将其作为社区公共厨房供全村使用。事实上,崇善楼的建造过程既是社区内部社会资产增值的过程,也是联动外部社会支持网络合力建造的历程。外来建筑师们秉持参与式设计建造的理念,在深入村民日常生活,与村民、绿耕社会工作者共同讨论传统木质建筑的发展过程,了解当地的风土人情、村庄的历史变迁、村民的文化习俗和生活习惯后,制作了社区厨房的模型供村民现场讨论。社会工作者联动村民骨干召开村民讨论会,重点围绕主体结构、功能设置等内容提出建设性意见。经过多次论证,最终确定了既符合当地文化规制,又具有创新价值的设计方案。

与此同时,绿耕社会工作者广泛动员村民参与社区厨房的建造工作。自 2015 年 7 月起,30 余名中青年村民和木工师傅投入房屋主体结构的搭建工作(如挖地基、打桩、钉椽子、上瓦等),同时,建筑师团队与村民共同设计社区厨房的立面结构和家具陈设,并确定人员安排与工程进度。历时半年左右,M 村社区厨房终于落成。绿耕社会工作者和村民邀请镇领导、村干部、机构督导、建筑师和全体村民共同参加了 M 村社区厨房的开灶仪式。按照村里的传统习俗,村民们为社区厨房成立账房(社区公益金)[①],并将本次开灶仪式的随礼全部捐赠给社区公益金,为 M 村举办社区公共事务奠定了财力基础。随后,绿耕社会工作者开展了公共厨房征名活动,最终根据村民

① 社区公益金,即在集体的创收活动中,按照一定比例抽取相应的收益,用于村庄公共基础建设、救济弱势群体等。在 M 村,社会工作者与村民达成共识,按照 6%的比例从每笔收益中提取社区公益金。

的建议，社区厨房被命名为崇善楼：崇者，尊敬推崇也；善者，善良也——假使人心向善，那么我们所想之事都会成功。崇善楼不仅呈现了M村淳朴向善的乡风民俗，更体现了绿耕社会工作者通过社区资产建设重塑村庄互助友爱的社会关系，再造信任和支持网络的社会资本的初衷。

以四知堂和崇善楼为载体，乡村社区内部的互助网络得以重建。社区厨房建成后，绿耕社会工作者引导和动员村民召开讨论会，共同回顾设立社区公益金的初衷，详细说明社区公益金的功能、使用范围和管理办法等。同时，绿耕社会工作者借助中秋节、重阳节等节日，推动村民策划、组织和开展相应的社区爱心活动，推动儿童、老人、妇女与其他村民之间的互动交流，重新搭建社区内部的社会互助支持网络。例如，绿耕社会工作者鼓励和引导村民共同组织"一人准备一份菜"的中秋坝坝宴活动，鼓励80岁以上的老人免费参与，以弘扬尊老敬老的文化传统；与村民小组策划"小小喝水杯、暖暖重阳节"活动，利用社区公益金购买水杯，赠予80岁以上的老人，协助村民依靠自己的力量关爱社区中的老人。在此过程中，村民的公共意识和社区责任感逐渐被激发出来。由此可见，四知堂和崇善楼的修缮重建过程亦是绿耕社会工作者重建村民信任关系和情感联结等社会资本的过程。社区公益金的运用也增强了村民之间的互助合作，重建了村庄内部的社会支持网络。

（四）城乡合作，反哺乡村生计发展

通过打造社区公共空间，M村的社会资本得以重建。除了建设社区内部的互助网络，绿耕社会工作者还依据社区为本和社会资产建设理论，链接城市消费者资源，推动公平贸易，进一步激活了崇善楼等公共空间的功能，逐渐搭建了城乡合作的社会支持网络，将村民的社会资本优势转化为公平贸易的经济资本，逐步提升了村民的生计发展能力，推动了乡村社区内源性发展。具体做法包括：

首先，举行生态体验游与学生夏令营。结合M村的优势资产和内部社会互助网络，一方面，绿耕社会工作者协助村民举办具有民族特色和村庄优势的“年猪宴”节庆活动，吸引来自成都和雅安的居民进村体验传统乡村民俗，品尝生态特色美食。另一方面，绿耕社会工作者链接国内外学校资源，在M村开展中小学生夏令营活动，让学生们回归自然环境、学习中国传统文化。绿耕社会工作者通过举行生态体验游和学生夏令营，教育消费者尊重劳动和生态价值，为村民提供了更多创造劳动价值的机会，促进了生态农副产品销售，激活了崇善楼等公共空间的功能，提升了村民自身的能力和主体性；通过构建城乡互助网络，增加了M村的社会资本，促进了生产者和消费者赋权增能。

然后，改造生态民宿设施。在城乡互助合作的过程中，随着M村生态体验游和社区学堂的影响力日益增强，城市消费者对生态体验游、民宿的需求日益增强。绿耕社会工作者再次邀请建筑师团队实地调研并设计民宿改造方案。经过仔细勘察和选址之后，绿耕社会工作者与村民互助组协商将“老院子”废弃的危房改造成生态民宿，并不断完善吃、住、学习等功能。经过场地平整、浇筑地基、添置家具、美化装饰等施工改造，历时近一年，生态民宿终于投入使用。M村生态民宿体验以“老院子”地理景观为基础，保留传统木质建筑的榫卯结构，结合现代元素布置，既保持了传统乡村的淳朴建筑风格，又丰富了M村生态体验游的内涵，提升了村民的接待能力和水平。

最后，打造生活学堂。在社区厨房和生态民宿的基础上，绿耕社会工作者与村民探讨如何丰富城乡互动的内容。经过慎重考虑，决定打造生活学堂，即利用丰富多彩的生态体验资源和社区学堂、活动室、会议室、户外广场等公共空间资源，建立村民—学习者—体验者—社会工作者的互动平台。该学堂由M村村民小组集体运营管理，赋予村民与城市居民日常生活新的意涵和形式，从中探索社区经济发展的新路径。生活学堂既是一次公平贸易探索，又是村民组织建设的策略，通过一系列城乡共学活动，既增加了村民的收入，又能够重建城乡信任关系和社会互助网络。据统计，截至2017年11月，依托生态体验游、生态民宿和生活学堂的城乡合作，村民小组举行了32次城乡互动共学活动，为M村村民创收7万多元，累计筹得社区公益金约1.6万元。借助城乡互动的契机，村民利用社区公益金组织了5次大型社区服务活动，修缮并维护了2处公共基础设施，帮助了1户困难家庭渡过难关。

第三节　社区社会资产建设与乡村社区减贫实务理论反思

在中国工业化、城市化发展进程中，随着农村人口，尤其是青壮年劳动力流入城市，乡村日益空心化和碎片化，乡村传统社会资本流失，被市场和资本挤压的农民日益贫困，一方面难以寻求有效的社会支持网络，另一方面又难以依靠自身的能力和资源摆脱贫困。因此，激活与重构乡村社区社会资本，是帮助农民提升发展能力、获得发展机会，推动乡村社区内源性发展，实现社区减贫发展的一个重要途径。社区社会资产建设是社会工作激活和重构社区社会资本的社区减贫实务策略。绿耕社会工作者在M村社会资产建设减贫实践中有以下几个方面的理论反思：

第一，将建设以信任为基础的社会关系网络作为重构乡村社会资本的核心。在乡村社区内部，社会工作者以优势和资产的视角，挖掘、利用社区内部各种有形、无形的社会资产，尤其是发挥尚存的以血缘、亲缘、地缘为基础的社会关系与集体意识，将村民组织起来成立社区合作组织，在共同参与公共事务的过程中重建人与人之间的社会关系，重建村民之间的信任、情感和精神联结，打破原子化状态，重塑互助合作的社区社会关系。例如，M村成立了祖屋修缮小组、路灯安装小组，在大家的共同努力下，擦亮四知堂，恢复社区公共社会生活，使沉寂多年的祖屋“亮”起来了。随着互动交流频次的增加，村民重新发现和认识彼此的优势与特长，希望能够扩大公共生活空间，以便有更多互助合作的机会。于是，社会工作者因势利导，又与村民共同举办坝坝宴、修缮崇善楼，不断扩大村民互助合作的空间和领域，进一步提升村民的主体性和内生动力。在推动乡村社区内部社会关系网络建设的过程中，社会工作者始终从社区社会资本出发，坚持以人为本的发展理念，充分赋权社区民众，唤醒民众的集体历史记忆和社区责任感，以增强乡村的凝聚力等社区社会资本。

第二，搭建开放包容的社会支持网络。通过建设“城乡合作、公平贸易”平台，广泛链接外部资源（如城市消费者等），绿耕社会工作者帮助村民与城市消费者形成了互惠互利的“生产—消费”关系。[1] 一方面，村民发展生态种植、养殖、乡村民宿等，满足城市消费者对食品安全和休闲娱乐的需求；另一

① 曲如晓，赵方荣. 公平贸易运动：全球化背景下更具社会经济责任的贸易潮流[J]. 国际经济合作，2009(1)：46－50.

方面，城市消费者尊重劳动价值，向村民支付合理的劳动报酬。通过“城乡合作、公平贸易”平台，村民与城市消费者平等地沟通、交流和互动，形成了城乡合作的生产与消费关系。“城乡合作、公平贸易”平台不仅增加了村民销售农产品的渠道，更重要的是，这种合作使村民免除中间商的剥削，获得了合理的劳动报酬，并与城市消费者形成了平等互惠的合作关系。这样的良性合作促使城乡之间的社会支持网络平稳发展。在此过程中，社会工作者主要发挥了赋权民众、链接资源、搭建平台等作用，将社会资产（如情感、精神联结等）转化为社会资本存量（互惠网络），以实现社区社会资本的重构与公平贸易。

第三，以互助合作为基础，发展内外社会关系网络，促使各种优势资产转化为促进社区发展的各种资本形态，以便帮助村民提升发展能力、获得发展机会。在乡村社区内部，社会工作者推动“自下而上”的互助合作，强调底层弱势群体的能力建设与可持续发展，通过发展各类互助小组和合作社将村民组织起来，重构真诚平等的社会信任，增强社区内部的情感联结与文化认同。在互助合作的社会关系网络中，社会工作者挖掘村庄人、文、地、产、景等优势资产，使之转化为新的社区经济增长点。例如，M 村的生态体验游、生态民宿、生活学堂等项目，无一不是村庄人、文、地、产、景等优势资产转化的结果，这不仅增加了村民的收入，而且加强了社区社会团结。在乡村社区外部，村民与城市消费者是各自拥有独特优势和资产的主体，双方在互助合作的基础上形成了公平互惠的社区经济。在此过程中，社会工作者要以资产视角代替需要视角来认识乡村社区①，尤其要挖掘乡村社区社会关系

① KRETZMANN J P, MCKNIGHT J L. Building communities from the inside out: a path toward finding and mobilizing a community's assets [M]. Chicago: ACTA Publications, 1993: 3-10.

等先天资源，激发社区民众互助合作组织的积极性和能动性，引导村民重新认识村庄信任、互惠等传统社会资本的内在价值，并鼓励村民遵循按劳分配的原则，将无形的社区社会资产及其劳动价值逐渐“外化”，即依靠城乡合作，将村民的互惠互利、团结合作、淳朴善良等社会资本融入社会支持网络，并将其“外化”为可感知、可用货币衡量的生态、导赏等体验服务，推动乡村社区社会资本转化为经济资本，从而实现乡村社区内外部社会互助网络有机结合、共赢的社区减贫发展目标。

需要指出的是，社区社会资产建设是乡村“五位一体”社区减贫发展模式的一个维度，发挥着重塑社会关系、促进城乡社区社会支持网络互惠共赢的作用。绿耕在M村的减贫发展实践表明，重建乡村社区社会资本，能够脱离资本市场对乡村社区社会关系的控制，从而解决垄断经济利益、剥削小农户等问题。实践证明，社会工作者聚焦内部，运用社区社会资本和社会资产建设的行动策略能够改变不平等的社会关系，并通过社区社会、文化、生态资产建设和社区自治行动，推动乡村社区可持续发展。

第六章　乡村社区文化问题与文化资产建设减贫发展实践

——以湖南D村的项目为例

长期以来，我国的乡村扶贫模式主要以增加贫困人群收入为目标的福利救济，以及市场化、产业化扶贫为主。但随着研究的深入，人们越来越认识到乡村贫困问题除了直接体现为经济收入和消费不足，还间接表现在社会文化资产贫乏、生态破坏致贫、乡村自治难以落实等经济社会可持续发展受阻方面，因此，反贫困策略也逐渐从单纯的“收入＋消费”扶贫模式转向发展型扶贫。[①] 如何从单纯着眼于经济减贫，拓展到政治、文化、社会和生态的协调发展，实现乡村减贫与乡村社区发展的有机结合，成为社会工作介入乡村反贫困工作时必须面对的重要议题。党的十九大报告提出的乡村振兴战略为农村社会工作提供了行动指南，依据“产业兴旺、生态宜居、乡风文明、治理有效、生活富裕”的总要求，中国反贫困社会工

① 李欢，周永康. 发展取向的资产建设：社会工作参与乡村扶贫实践研究：以P村“三区计划”项目为例[J]. 重庆工商大学学报(社会科学版)，2019，36(5)：59－68.

作必须探索社区经济、社区社会资产、社区文化资产、社区生态资产、社区自治等多维度的专业实务方法和减贫发展策略，以协助党和政府推动乡村经济、政治、文化、社会、生态文明建设，实现“五位一体”乡村社区可持续发展。

其中，社区文化资产建设是中国反贫困社会工作实务方法和策略的重要环节。依据 2018 年《中共中央 国务院关于实施乡村振兴战略的意见》，文化振兴是乡村社会文明程度的重要衡量指标，也是“五位一体”反贫困社会工作的重要维度。以此出发，本章运用资产建设理论和行动研究方法，以绿耕在湖南 D 村的减贫发展项目为例，研究如何运用社区文化资产建设行动策略重塑乡村文化主体性，推动乡村社区减贫发展实践，探索基于文化主体性建设的社会工作乡村社区减贫与可持续发展实务模式（见图 6－1）。

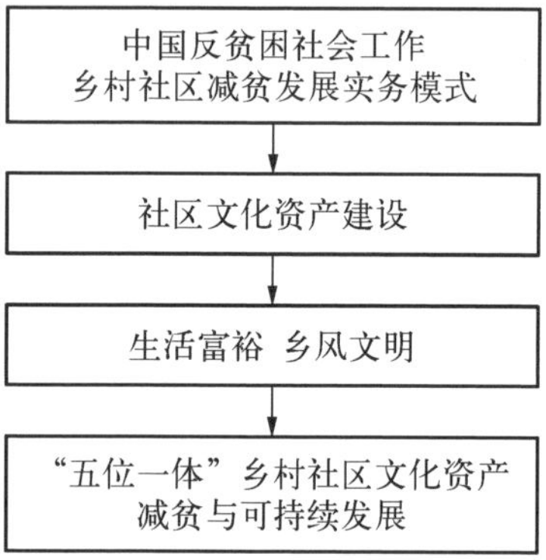

图 6－1 乡村社区文化资产建设减贫发展实务模式

第一节 乡村社区文化资产建设与反贫困社会工作

一、乡村社区文化问题与乡村贫困

在现代化发展过程中，中国乡村文化的边缘化及其衰落，无不与发展主义取向的发展模式有关。发展主义将经济增长作为社会进步的先决条件[①]，这种以经济增长为单一向度的发展，本质上体现的是资本对利润无止境的追求。在全球化的演变中，对经济无限制增长的需求不仅发展为资本对生产劳动和非生产劳动的无限制盘剥和控制，即一种社会关系的控制[②]，而且建构了一套“中心—边缘”的权力关系和话语体系[③]，从而保证其绝对控制的地位。在全球文化互动的张力中，工业化和城市化的话语实践建构出了现代与传统、发达与欠发达等[④][⑤]二元对立的话语和文化分类体系，将现代文化视为正确的、主流的文化[⑥]，并且不断用现代科技的知识系统取代其他知识系统[⑦]，确保以西方工业城市文明为核心的文化价值的同质性发展。这套发展话语对中国传统乡村产生了如下影响：乡村自给自足的小农生产、生活方式逐步被现代农业生产经营模式（或工业化农业）取代[⑧]，乡村被贴上了“贫穷落后”的文化标签，乡村需要通过发展科技、工业等手段进行“脱贫”。文化上的二元论述使乡村文化遭受了前所未有的冲击，从而陷入边缘化境地[⑨]：一方面，将乡村建构为贫穷落后的“他者”，并不断强化“中

---

① 许宝强. 前言：发展、知识、权力[M]//许宝强，汪晖. 发展的幻象. 北京：中央编译出版社，2001：1-30.

② SMITH. J. Imperialism in the twenty-first century: globalization, super-exploitation, and capitalism's final crisis[M]. New York: Monthly Review Press, 2016: 60.

③ ESCOBAR A. Encountering development: the marking and unmaking of the Third World[M]. Princeton: Princeton University Press, 2012: 9-10.

④ 同①

⑤ 古学斌. 平寨人都来讲村史[M]//张和清，张杨，古学斌，等. 文化与发展的践行：平寨故事. 北京：民族出版社，2007：3.

⑥ 谢区，哈吉斯. 文化与发展：批判性导论[M]. 沈台训，译. 台北：巨流图书公司，2003：6.

⑦ 同①.

⑧ 孟德拉斯. 农民的终结[M]. 李培林，译. 北京：社会科学文献出版社，2005：3-21.

⑨ 张和清. 国家、民族与中国农村基层政治：蚌岚河槽 60 年[M]. 北京：社会科学文献出版社，2010：68.

心—边缘"的文化意识①,相应地,将农民形塑为等待资本主义发展的对象,并将其客体化为"文盲""等待发展的他者",导致乡村文化主体地位丧落②③,进而加剧了乡村文化认同危机和相对贫困。另一方面,重新建构了知识,将知识完全等同于学识(即专家的专业知识),排斥和贬低乡村的传统知识,视传统农耕文化为"廉价的",致使农民缺乏对乡村文化资产的完整认知,逐渐丧失了对乡村文化的传承能力和归属动力,更无法利用文化资产获得平等的社会资源和公平发展的机会,最终导致传统文化价值意识淡漠且文化传承意识缺乏④⑤。总之,以城市化和工业化为标志的现代化建构了二元对立的话语体系,不断边缘化乡村原有的生产、生活方式,致使乡村日益陷入结构性贫困的境地。同时,乡村文化被推向更加边缘的位置,面临文化主体缺失和文化传承意识淡薄的困境。

少数民族乡村一方面保留着独特、丰富的文化资源遗产,另一方面又面临民族文化不被认同,以及自我否定的矛盾状态。少数民族文化是指在一定的区域范围内,特定群体经过日常生活实践而形成的一套具有共享规范、价值、象征符号的内容。⑥ 少数民族文化资源遗产分为有形和无形文化资产

① ESCOBAR A. Encountering development: the marking and unmaking of the Third World[M]. Princeton: Princeton University Press, 2012: 49-52.

② 张和清. 国家、民族与中国农村基层政治:蚌岚河槽 60 年[M]. 北京:社会科学文献出版社, 2010: 49.

③ 埃斯科巴. 权力与能见性:发展与第三世界的发明与管理[M]//许宝强,汪晖. 发展的幻象. 北京:中央编译出版社,2001: 84-107.

④ 彭华民. 福利三角中的社会排斥:对中国城市新贫穷社群的一个实证研究[M]. 上海:上海人民出版社,2007: 11-21.

⑤ 同③.

⑥ 巴克. 文化研究:理论与实践[M]. 孔敏,译. 北京:北京大学出版社,2013: 234.

两种形式，它们反映了少数民族独特的社会历史发展脉络，维系着少数民族的共同历史记忆和价值观，是中华民族文化多样性的体现。然而，在发展主义的二元论述中，相对现代主流文化是“先进的”“文明的”，少数民族文化被视为“原始的”“野蛮的”；相对经济快速增长所推动的工业化和城市化发展，少数民族则被贴上“贫穷”“落后”的标签。现代文化“发达的”“先进的”“文明的”认知均是在“他者化”少数民族原生态文化的过程中形成的，并彰显了现代世界的优越性和正当性。在此过程中，自我认同是通过“借来（别人）的眼睛”实现的，即少数民族是在别人的眼睛里找到自我认同的样貌。① 因此，少数民族借现代文化的眼睛，不断内化“野蛮原始”和“贫穷落后”的认同，并对本民族文化进行自我否定和矮化，最终导致少数民族文化主体性丧失。简言之，少数民族文化资源遗产的独特性主要体现在其族群的主体性和文化认同上，而以资本主导的现代化发展主义意识形态建构了少数民族的“他者”身份，导致少数民族文化主体性缺失和文化认同意识淡漠，最终加剧了少数民族文化的脆弱性和边缘化②，更加深了少数民族乡村的贫困程度。

二、社区文化资产建设与反贫困社会工作

社区文化资产在一定程度上可以理解为文化遗产③，是社区资产建设中重要的资产资源。谢若登将资产看作任何想象到的有价值的东西，包括抽

---

① 张和清. 国家、民族与中国农村基层政治：蚌岚河槽 60 年[M]. 北京：社会科学文献出版社，2010：55.

② 张和清. 扎根社区推动脱贫攻坚[J]. 人民论坛，2018(29)：50－51.

③ 丁惠芳. 四川省灾后资产建设与生计重建[M]//邓锁，谢若登，邹莉，等. 资产建设：亚洲的策略与创新. 北京：北京大学出版社，2014：253－276.

象的和实体的，如社会资本、文化资本等。[①] 学者思罗斯比（Throsby）基于文化表现出来的有形或者无形财富的积累，进一步将文化资产划分为有形文化资产和无形文化资产，前者是指物质文化遗产和有价值的文化产品，包括油画、雕塑、工艺品、建筑等，后者则指民众的生活方式、传统文化和价值观念等。[②] 有形文化资产是可以被触摸到的、可视化的内容，无形文化资产则强调文化内在共享的规范、价值、态度等内容，两者互相承载、互相维系。有形文化资产是无形文化资产的载体，无形文化资产是有形文化的灵魂，只有两者共同作用，才能塑造文化的主体。

社区文化资产建设有助于重塑社区文化主体性，有效地回应文化边缘化问题。在反贫困社会工作中，社区文化资产建设为社会工作文化行动提供理论指导和解决思路[③]，从而帮助这些社区摆脱贫困处境。[④] 第一，社区文化资产建设强调将问题视角转变为优势视角[⑤]，强调用"自己的眼睛"而不是用"借来（别人）的眼睛"认识自我（社区），这是改变"他者"形塑的重要前提，在一定程度上回应了少数民族所面对的文化撕扯的尴尬困境。第二，社区文化资产建设注重以社区内部为焦点，关注社区文化的内在价值，将民众视为文化主体，通过文化赋权提高其认识和技能并找到社

① 谢若登. 资产与穷人：一项新的美国福利政策[M]. 高鉴国，译. 北京：商务印书馆，2007：123－125.

② 思罗斯比. 什么是文化资本？[J]. 潘飞，编译. 马克思主义与现实，2004(1)：50－55.

③ 古学斌. 云南省少数民族村的文化资产建设[M]// 邓锁，谢若登，邹莉，等. 资产建设：亚洲的策略与创新. 北京：北京大学出版社，2014：234－252.

④ 李欢，周永康. 发展取向的资产建设：社会工作参与乡村扶贫实践研究：以 P 村"三区计划"项目为例[J]. 重庆工商大学学报(社会科学版)，2019，36(5)：59－68.

⑤ 张和清，杨锡聪，古学斌. 优势视角下的农村社会工作：以能力建设和资产建立为核心的农村社会工作实践模式[J]. 社会学研究，2008(6)：174－193.

区发展方向①，即鼓励和引导他们参与社区公共事务，激发社区和民众发展的内生动力。具体而言，社会工作者将有形文化资产作为公共事务的载体，引导民众逐渐意识到无形文化资产维系着文化主体与社区的内在联结，从而通过重拾文化内在价值增强社区和民众的自信心。第三，社区文化资产建设着眼于社区关系网络，关注以共享规范和价值为基础的无形文化资产，并以此为基础重构社区关系。社会工作者运用社区工作和小组工作的方法，丰富社区公共文化生活，增强邻里、群体、组织等之间的互动交流，在互动中加强联结，强化文化身份认同和自信心，从而改变"贫穷落后的他者"标签，重塑文化主体性，改善文化边缘化的处境。

第二节　社会工作社区文化资产建设的社区减贫发展实践

自2016年2月至今，绿耕深入少数民族村落D村开展农村反贫困社会工作。驻村社会工作者与村民同吃、同住、同劳动，与村干部、村民，尤其是"三留守"人员共同行动，逐步探索中国乡村文化传承、生计发展、社会互助、环境友好和社区自治的社区减贫与可持续发展模式。

一、D村概况与贫困情况

通道侗族自治县是典型的边远贫困少数民族地区（见图6－2）。它

① 古学斌．云南省少数民族村的文化资产建设［M］//邓锁，谢若登，邹莉，等．资产建设：亚洲的策略与创新．北京：北京大学出版社，2014：234－252．

是湖南省最早成立的少数民族自治县，侗族人口约占总人口的 78.3%，还是全国生态示范区、中国民间文化艺术之乡。该县拥有丰富的人文资源，具有鲜明的民族特色，是少数民族文化保存较为完整的县域。D村地处通道县西南端，与广西三江侗族自治县、贵州黎平县接壤。该村森林覆盖率几乎 100%，自然资源保存完好。全村有 15 个村民小组，450 户，1 800 余人。其中，10 个村民小组共计 1 200 余人集中居住在 D 村古寨，侗族人口比例占 99%以上。在人口结构方面，该村是典型的“三留守”村落，在已入户探访的 77 户中，有 50 户是留守家庭，青壮年劳动力均外出务工。

图 6-2　D 村村貌

D村令人印象最深的是保留了丰富的民族文化资产。最为典型的有形文化资产是侗寨建筑，如大团寨（连片村寨）的鼓楼、戏台、寨门、风雨桥、礼堂、神庙等建筑保留完整，其中最具代表性的是鼓楼。侗天楼是D村第一楼，建于清康熙十二年，建筑层数为一层，檐层为九层，寓意“九层洞天”。无形文化资产仍鲜活存在于侗族的日常生活中，比如，萨坛（祭祀老祖母）、侃（围在一起聊天）等，无不体现出侗族独特的族群性和民族文化内涵。每年农历七月十四日是D村最热闹的节日，许多外出务工者和外地的亲朋好友都会赶回来聚餐，席间还有芦笙和歌舞表演，比春节还要隆重、热闹。总之，D村丰富的民族文化资产带给人们强烈的视觉冲击和心灵震撼。

同时，D村的贫困问题也使人印象深刻。首先，从生计方面来看，D村地处山区，山地面积大，共有11 000多亩，耕地面积小，人均耕地不足0.7亩，在自给自足的小农生产方式下，村民仍能维持基本生计。然而，随着现代化的迅猛发展，传统农业逐渐被纳入农业产业化、市场化进程中，分散经营的小农户难以抵御市场风险，面临越种越穷、生计困难的窘境，且微薄的收入难以满足高昂的现代消费开支。以栗某家为例，三代同堂，共有6口人，两个儿子，一个6岁一个4岁，按照一年的收入和支出计算，年收入7 700元，包括：种植水稻3亩，收获大米2 000斤，减去自家食用800斤，剩余部分售卖所得2 500元；种植油茶树4亩，年产茶籽1 200斤，自食茶油100斤，其余部分售卖所得2 000元；种植生姜1亩，年产生姜1 500斤，出售所得1 200元；每年种植辣椒、玉米、棉花、钩藤、茶叶等农副产品所得2 000元。而年支出约9 900元，包括：子女幼儿园学费约2 000元，农业生产（农药、化肥、农机柴油、种子、树苗、鱼苗等）成本约1 800元，电费约600元，伙食费约3 000元，医疗费（无大病且不住院的情况下)约1 000元,交通费约500元,人情随礼约1 000元。在不购买衣物、添置家具家电和交通工具的情况下,收不抵支。栗某一家,夫妻二人年富力强,子女未到适龄入学阶段,一家正常年景尚且收不抵支,其他贫困户、民政对象的家庭生计则更加困难。其次,从文化方面来看,D村的贫困还表现为文化认同和传承意识淡漠,以及文化主体性的衰落。尽管还有掌握民族文化技艺的老人家,他们擅长染布、织布,制作侗锦、头巾,传统木工等,且擅长侗歌、侗戏等传统歌舞表演,但年轻人逐渐放弃了对侗族文化技艺的学习,尤其是大量中青年外出务工,使传统文化的传承后继无人。正如村民所说:"由于本村的木工师傅已经年迈不能出工,村里建设鼓楼等传统建筑都需要到外村,甚至到邻县请工匠(回来修葺)。"因此,相对于文明先进的现代化,D村被视为贫穷落后的他乡,村民也用外来的眼光看待自己,将自己视为"文盲",这导致文化认同淡漠,不断丧失文化的主体性和自信心。

D村的贫困问题与经济全球化、现代化进程密切相关。首先,随着农业产业化、市场化的发展,中国的农业、农民无论是在产业分工还是在市场竞争中都处于不利的地位,激烈的市场竞争和剧烈的价格波动使传统的小农难以适应,农民"越种越穷"的现象日益凸显。[①] 在D村,无论是销售农产品,还是获取农业生产资料都要通过市场,但是,村民难以预测市场风险,更无法控制种子、农药、化肥等农业生产资料的成本和农作物的市场价格。尽管农产品产量提高了,但往往增产不增收,致使许多

① 张慧鹏.集体经济与精准扶贫:兼论塘约道路的启示[J].马克思主义研究,2017(6):63-71.

小农难以维持生计而陷入贫困，越来越多的青壮年劳动力不得不外出务工，留在村里的大多是老人、妇女、儿童等弱势群体，村庄陷入空心化的状态。同时，消费主义意识对农村的影响越来越大，过度消费本身就是资本为了最大限度地攫取利益和无限制扩大生产而制造出来的，是无限制的欲望观念和欲望应该被满足的意识。[①②③] 在D村，村民不断通过快速消费满足欲望，“短缺感”替代了“容易满足”。除了日益增加的生产消费和日常消费，尤为严重的是，以手机、衣服、汽车等物品为导向的享受型消费潜移默化地侵入村民的日常生活，这些“巨额”开支是大多数村民无力承担的，这更加剧了D村村民消费致贫。可见，资本主导的农业市场化、产业化、消费主义都是导致乡村贫困的根源。[④⑤] 其次，发展主义建构的二元对立的话语实践造成D村文化主体丧落和文化认同意识淡薄。村里大部分青壮年进城务工，他们不仅想要增加经济收入，而且希望摆脱“农民”的身份和“贫穷落后”的文化标签。这既反映了村民对发展主义话语下的文明、富裕的现代城市的向往，又说明了村民已接受西方“发达—欠发达”“先进—落后”等话语体系，从而逐步内化了少数民族地区自然环境贫乏、生产方式原始、生活方式落后等负面标签。村民

① 塞林斯. 原初丰裕社会[M]//许宝强，汪晖. 发展的幻象. 北京：中央编译出版社，2001：56-77.

② 鲍金. 揭开消费主义的意识形态面纱[J]. 马克思主义研究，2013(11)：108-113.

③ 崔健. 消费主义的资本逻辑、意识形态属性及其批判[J]. 马克思主义理论学科研究，2020，6(4)：146-153.

④ 张和清. 全球化背景下中国农村问题与农村社会工作[J]. 社会科学战线，2012(8)：175-185.

⑤ 古学斌. 农村社会工作：理论与实践[M]. 北京：社会科学文献出版社，2018：9-24.

用“别人(西方)的眼光”来衡量和评价本民族的传统文化与生活方式，以至于认同本民族传统的耕作方式落后，造成文化认同和文化主体性丧落，失去了发展的自主性。

在解决中国农村，尤其是“三区”农村的贫困问题时，学者们大多认同以增加农民经济收入为目标。主要有三种途径：一是通过产业化的途径发展市场化、规模化农业，增加农民的务农收入①；二是鼓励农民进城打工，补贴家庭生计开支②；三是推动农村城镇化或工业化，通过农业劳动力转移解决农村贫困问题。③ 这些做法实际上就是鼓励和引导小农参与市场分工和竞争。然而，以原子化状态进入市场的农民既难以适应激烈的市场竞争，也无法摆脱被资本盘剥的弱势地位，许多人因此陷入贫困的恶性循环。同时，追求单向度的经济发展，以“收入＋消费”增长衡量减贫发展成效，更是造成了农民在发展过程中对发展主义话语实践和现代化发展路径的依赖，从而失去发展的主体性。

农村社会工作坚守弱势优先、公平正义的专业价值观，不可能复制资本主导的农业产业化、市场化的经济发展道路，而置遭受不公平对待的农民于不顾。相反，社会工作者要帮助农民争取劳动权益，与劳动者共同探索自主的可持续发展道路。绿耕自成立以来，按照产业兴旺、生态宜居、乡风文明、治理有效、生活富裕的总要求，依靠组织小农户和社区社会、文化、生态资产建设的策略发展集体经济，从而实现乡村生计发

① 陈文胜. 论乡村振兴与产业扶贫[J]. 农村经济，2019(9)：1－8.
② 贺雪峰. 论农民收入断裂带[J]. 学术研究，2019(1)：49－55.
③ 朱玲，何伟. 工业化城市化进程中的乡村减贫 40 年[J]. 劳动经济研究，2018，6(4)：3－31.

展、社会互助、文化认同、环境友好和社区自治“五位一体”减贫发展的目标。下面以D村为例，阐述绿耕如何通过乡村社区文化资产建设推动该村文化赋权，从而逐步实现社区减贫发展。

二、社区文化资产建设与乡村社区减贫发展

绿耕推动乡村减贫发展的策略之一是社区文化资产建设，具体做法是推动村民重新认识社区丰富的侗族文化资产，形成社区发展的内生动力，从而实现社区文化自觉与减贫发展。

1. 挖掘、整理D村的优势文化资产

以优势视角挖掘社区文化资产是社区资产建设的重要环节。社会工作者动员D村村民共同寻找社区文化资产，挖掘资产背后的故事和寓意。首先，社会工作者与村民一起“用脚画地图”。通过不断走访社区，社会工作者和村民以欣赏性的眼光寻找各种有形文化资产，并绘制成社区资产地图。尤其是对D村的鼓楼、戏台、寨门、礼堂、风雨桥等特色建筑资产做了挖掘整理后，社会工作者发现这些有形文化资产依然发挥着维系村寨人际关系、宗族关系并提供公共活动场所的作用。

其次，社会工作者与村民共同挖掘了社区文化资产背后的内涵和意义。在社区探访和绘制社区地图的基础上，社会工作者动员村里的青少年以深度访谈等方式访问村里的长者，并将访谈内容整理、记录下来，作为社区教育的素材。这些文化素材包括：一是有关侗寨传统建筑，尤其是标志性建筑鼓楼的文化价值。社会工作者发现，鼓楼曾经是村寨集体议事、告知村规民约、迎送宾客、庆祝节日等政治、文化活动的重要场所。

同时，一寨一座鼓楼，位于村寨的中心位置，既是族群权力关系的体现①，也是村寨重要的文化象征。二是丰富多彩的侗寨传统习俗和节日，如萨坛、侃等民俗文化，以及村寨每年农历五月十三和六月初一全村共食(大聚餐)节日等。三是传统民族技艺和文艺活动，包括芦笙制作工艺、侗歌、侗戏等。此外，D村有一支村民自发组织的芦笙队，每逢节日和村里的重大活动，芦笙队都会免费为村民和客人们表演。

最后，社会工作者与村民共同挖掘了社区文化资产背后隐含的社会关系的驱动力。在社区文化资产识别过程中，社会工作者发现红糯米在侗族的社会文化关系中具有特殊的意义。因为独特的地理位置和山区气候，D村的红糯米营养丰富，口感非常好。在节庆、喜丧宴、祭祀、接待客人时，侗族人民都会用糯米油茶、糯米粑粑、糯米饭等美食招待客人，以展现好客和独特的饮食文化。因此，红糯米不仅承载着侗族传统稻作文化的记忆，而且作为传统美食维系着村寨的社会文化关系。

需要强调的是，运用优势视角挖掘社区文化资产贯穿于整个社区资产建设过程，因此，D村的社区文化资产开发和运用促使社会工作文化行动循环往复、持续深入地开展。

2. 参与式打造文化博物馆

参与式打造文化博物馆的行动是社区文化资产建设的又一次成功尝试。打造文化博物馆的设想一经提出，就得到了大多数村民的积极响应，一些宗族长老多次找到社会工作者商量，希望召开全村动员大会，促使村民尽快行动起来，共同保护侗族的传统文化。

① 龚敏. 侗族鼓楼建筑艺术的美学认知[J]. 文艺争鸣，2016(8)：216-220.

鉴于老年协会仍然维系着村寨的宗族关系，而且部分会员依然掌握许多侗族的传统技艺，他们对打造文化博物馆事宜非常积极，绿耕决定将文化博物馆的筹建和组织工作交由老年协会承担，社会工作者从中协助，促使村委会、妇女小组、文艺队和村民代表共同参与。在文化行动动员大会上，社会工作者和老年协会代表详细介绍了打造侗族博物馆的设想，尤其强调了建设博物馆对保护侗族文化的价值和意义等，还就“如何打造博物馆”广泛征询意见。最终，打造文化博物馆的计划得到了村民大力支持，大家齐心协力、投工投劳，很快就建成了博物馆。建设文化博物馆的过程包括以下四个阶段：

第一个阶段是捐赠老物件与整理故事。动员大会结束后，老年协会和村民代表在村里广泛宣传博物馆建设计划，并动员村民捐赠老物件，社会工作者制作海报配合宣传和说明。很快，老年协会成员主动捐赠自家的一些老物件，就连平时不参与村庄公共事务的老年妇女也积极奉献，她们不仅捐赠自家旧物，还逐一上门说服邻居支持。慢慢地，几乎全村村民都参与了博物馆建设。一位捐赠老物件的村民说：“博物馆可以告诉世人我们村的历史，希望你们（社会工作者）帮忙介绍老物件的故事，让更多人了解我们村的历史。大家都参与博物馆建设，不论是作为老年协会成员，还是作为一名D村的普通村民，我都会参加，也应该参加。”短短几天时间，老年协会共计收到41名村民捐赠的70余件具有民族特色的老物件。同时，社会工作者将村里的青少年动员起来，对他们进行访问（口述）技术培训，让他们充当“社区记者”，上门采访宗族长老、妇女等，从村寨历史、民族特色、农耕文化、传统手艺等方面挖掘老物件背后的故事。之后，社会工作者与青少年一起将口述故事整理并编写成《老物件故事》手册，向村民和外来者展现侗族文化，促使大家铭记侗族的历史。

第二个阶段是设计并制作展架。为了陈列老物件并呈现其背后的故事，社会工作者邀请专业团队设计并制作展架。在认真听取村民的设想和侗族建筑文化背后的故事之后，设计团队经过实地勘查，设计了展架平面图，并向村民公开征询意见。经过反复修改，设计团队最终完成了博物馆的设计框架和展架样式。由于设计团队坚持利用本地的木材资源制作展架，因此，老年协会广泛动员村民义务捐献木料并动手制作展架。老年协会主张："捐木料这一工作要发挥村内党员的模范带头作用，要召开党员会议，以党员带动群众，才能真正实现义务投工、全村参与。"于是，村党支部配合村委会召开党员会议，详细讨论捐献木料的具体工作，并向村民发出倡议，动员全村义务捐献木料。与此同时，社会工作者、老年协会成员和社区积极分子也开会讨论捐献木料的相关细节，明确要求参会人员在村内挨家挨户、广泛动员村民捐献木料。这次捐献工作最具特色之处是社会工作者、社区积极分子与村寨里的"喊寨人"沟通合作，将捐献木料的宣传工作融入传统喊寨报时的风俗习惯，每天早晚定时"喊寨"，广泛动员大家参与捐献。由老年协会负责登记捐赠情况，并及时发榜公布。最终，全村共有58人捐赠50根木料、20余块木板。在展架的加工制作过程中，老年协会骨干负责搬运木料，社会工作者动员村里的木工手艺人与设计师共同制作展架，村内的电工义务帮助博物馆安装电灯。

第三个阶段是摆放老物件。社会工作者与村民一起，根据老物件的年代、历史、类别和外形大小等，制定摆放方案，然后根据方案，逐一整理老物件，并摆放到相应位置。青少年则将有寓意的老物件文化卡片放在相应的物件旁边，以供参观者了解。

第四个阶段是博物馆开张。在老年协会的组织下，村民们策划了博物馆开张仪式。村民集资购买“合拢宴”(侗族传统聚餐)所需的食材，妇女小组和其他村民负责做饭和安排聚餐，老年协会和芦笙队负责迎宾表演，每一位老物件捐赠人负责在博物馆讲述老物件背后的故事，社会工作者担任协调者角色，负责协助村民做好开张的各项工作。博物馆的开张仪式不是由村委会和社工站主导的，而是完全交由老年协会和村民们自己去做，村委会和社会工作者只是起到协助的作用，老年协会和村民的组织能力、文化认同和主人翁精神在活动中得到充分体现。

3. 培育生态种植互助组

与以往依靠引进新品种、新技术和新的种植方式，排斥老品种耕种和传统农耕技艺，从而造成村民越来越依附市场和产业扶贫模式的做法不同，绿耕社会工作者尊重传统农耕方式和技艺，将其视为小农参与现代化发展的重要因素，并认为祖辈传承的农耕技艺不应该成为农民发展进程中被歧视、被标签化的包袱，而应该成为体现小农内源性发展的传统优势并加以发扬光大。因此，绿耕社会工作者利用D村种植红糯米的技艺和优势，成立生态种植互助组，鼓励村民以不使用农药、化肥的耕作方式种植，确保秋后既产出生态稻米，又能够以公平贸易的价格销售，避免被中间商剥削。绿耕社会工作者除了鼓励互助组成员以志愿合作的方式集体耕作、民主管理、按劳分配，还要求互助组将销售收益的5%～10%作为社区公益金，用于村庄公共设施建设、公共事务处理、社会救助等公益事业，以推动村寨内部团结互助，提升村民自我发展的能动性，促使D村迈向“五位一体”可持续发展。社会工作者的具体做法包括以下几个方面：

第一，推动成立妇女生态种植互助组。驻村社会工作者与留守村寨的妇女不断沟通商议，从D村的贫困户中培育了11名妇女骨干组成种植互助组。为了引导组员深入理解生态种植的理念和方法，社会工作者邀请贵州黎平县流芳村生态种植协会会员分享生态种植经验①，激发了妇女骨干对什么是生态种植、生态种植的可行性、如何参与生态种植等议题的浓厚兴趣，促使组员们开始讨论生态种植红糯米，从而改善生计的计划。社会工作者还组织妇女骨干前往广州市从化区仙娘溪村参访，实地了解该村社会工作者培育生态种植合作社的经验，并体验该村妇女经营乡村旅社的现实状况，最终促使D村妇女生态种植互助组成立。

第二，增强信心、完善管理。为了推动生态种植互助组建立严格的规则，确保种植全过程是环保健康的，社会工作者采取“走出去、引进来”的策略，链接城乡互助网络资源。D村生态种植互助组成员通过参加农村网络建设与生态农业培训活动、地方品种登记和选育种经验交流会，参观生态农场，了解生态农副产品的制作过程，共同学习生态旅社、合作社的运作经验等，开阔了眼界，开始有意识地以优势视角看待本村的资

① 贵州黎平县流芳村也是侗族村寨，在外来组织的支持下，该村妇女掌握了丰富的生态种植经验。这次交流活动增强了D村妇女从事生态种植的自信心。

源和特色文化。另外，通过参加广州“城乡汇”丰年庆活动，D村的15名村民吹响芦笙，表演庆祝丰收的芦笙舞，吸引了许多城市消费者围观并得到了赞扬，这也极大地鼓舞了村民生态种植的自信心。在学习、借鉴外部经验的基础上，社会工作者引导生态种植互助组成员不断制定和完善互助组的规章制度，以集体民主协商的形式明确内部平等参与、互惠互利的权利和义务，以及完善分工、财务、分配等管理制度。

第三，搭建“城乡合作、公平贸易”平台。尊重劳动，赋予劳动者劳动价值，是实现劳动者自主发展的前提。因此，首先要对生态种植互助组生产的红糯米确定合理的劳动价格。社会工作者和妇女小组一起核算成本：从育种到收割所需的人工成本，加上种子、农家肥、保温薄膜等生产资料成本，种植1亩红糯米的总成本为5 000元，按平均亩产500斤计算，每斤红糯米的成本为10元。其次是要让消费者接受、尊重劳动的定价。社会工作者通过链接城市消费者资源，搭建“城乡合作、公平贸易”的交易平台，同时，组织城市消费者体验红糯米生态种植过程，让城市消费者参与播种、插秧、除草、收割、脱粒等劳动环节，从而认识传统农耕劳动的知识和技术，体会农耕劳作的辛苦，进而理解并认同劳动价值和公平贸易的定价原则。

生态种植不仅增强了D村的互动与联结，而且拓展了生计发展的渠道。生态种植红糯米改善了小组成员的家庭生活。社会工作者适时推动村民发展生态民宿，充分利用D村丰富的文化资产优势，吸引外来消费者体验农村生活，品尝侗族传统美食，了解村寨的历史、传统建筑特色、侗族文艺活动等，以增加村民的收入。

总之，挖掘社区文化资产、参与式打造文化博物馆、培育生态种植互助组不是相互分割的，而是层层递进并互相促进的。挖掘社区文化资产的过程使村民意识到民族文化是社区发展的重要资产，从而开始重视并理解民族文化的独特性。参与式打造文化博物馆使村民内化民族文化的价值，增强了民族认同和文化自信心。作为民族文化的重要载体，文化博物馆也发挥着提升社区内部凝聚力的作用。在此基础上，生态种植互助组进一步增强了村民，尤其是妇女之间、个体与社区之间的互动与联结。需要指出的是，基于文化博物馆和生态种植的乡村生态体验游有别于大众商业文化旅游，它将民族文化与人们日常的生产、生活融合起来，加深了城市居民与民族文化的联结，使他们意识到了少数民族文化的独特性和丰富性。这种发展方式也为乡村生计发展拓展了新的渠道，并将社区减贫从文化层面提升到了生计发展、社会互助、生态保育、社区治理等社区减贫发展“五位一体”的高度。

第三节　文化主体性建设与乡村社区减贫发展实务模式反思

基于D村减贫发展的实践，本节尝试反思基于文化主体性建设的乡村社区减贫发展实务模式。第一，社会工作者打破资本对乡村的“客体化”(物化)，肯定乡村文化的内在价值，重建乡村社区文化主体性。社会工作者扎根乡村社区，以“局内人”身份理解社区民众面临的尴尬处境，并引导其反思宏观社会变迁对微观日常生活的形塑与影响。同时，社会工作者引导社区民众将“三留守”、原子化、传统文化式微、生计贫困等问题外化，从优势视角和资产建设出发，发掘被忽略、被边缘化的社区文化资产，以整合社会工作的视角推动村民参与社区公共事务，建立社区互助组织，在互动合作的过程中，促使宗族长老、妇女等群体在文化行动中找回自己的角色、位置和主体性①，重新掌握社会文化关系的主导权。最重要的是，这个过程使民众重新认识到了文化资产背后的内在价值，从而激发整村弘扬乡村文化的内生动力，促进社区内源性发展。

第二，社会工作者运用社会赋权的策略与方法，提升社区民众文化意识，重建乡村主体文化认同。社会工作者立足社区和民众文化资产，从“台前”走到“幕后”，将社区民众看作“参与者”而非“参加者”，关注和促进“人”的成长。基于被外化的问题（文化边缘化）和社区资产（民族文化）的内在价值，社会工作者打破“中心—边缘”的话语体系，将村民看作有能力的文化主体，而非等待救助的对象，即坚持以社区和村民为主体，赋予他们平等的话语权和参与权，广泛动员和组织村民参与社区公共事务，并引导和启发村民以平等自由的对话方式共商合议，以团结协作的方式解决问题，使村民意识到个体能动性和集体力量的重要性。在多次互动交流过程中，社区民众逐渐意识到自己不是孤立的“我”，而是团结的“我们”，从而确立其主人翁地位，促进乡村文化主体性复兴。

第三，社会工作者建构社会资源网络，保障乡村文化主体性建设，有效推进社区减贫发展。社会工作者搭建社会资源网络的目的是摆脱资

① 古学斌.云南省少数民族村的文化资产建设[M]//邓锁，谢若登，邹莉，等.资产建设：亚洲的策略与创新.北京：北京大学出版社，2014：234－252.

本控制的经济社会关系，即市场逻辑下的生产和非生产过程，重新定义、理解生产者与消费者的角色和位置。资源提供者和使用者分别位于资源体系的两端，即两者是供给和需求的关系，然而，资源体系存在资源分配不公、错配等问题。基于社区为本的整合社会工作视角，社会工作者通过盘点、分析社区资源和小农户生产的低风险性①，重整资源配置，坚持以互惠互利的公平贸易理念推动资源之间的横向和纵向合作②，构建"城乡合作、公平贸易"资源网络。在该网络的互动过程中，村民不再是被扶贫的对象，而是农业生产者、民族文化的传承者；城市消费者也不再是扶贫者，而是民族文化的学习者、体验者。城市消费者以公平贸易的价格购买村民的生态农副产品，他们不再是"上帝"，而是健康生活的践行者。这种互惠互利的"城乡合作、公平贸易"是城乡社区可持续发展的有益尝试，能够提升社区的自主与自治精神，有效推进社区减贫发展。

由此，基于乡村文化主体性的社会工作乡村社区减贫发展模式，针对少数民族文化边缘化和文化主体性衰落问题，深刻剖析了资本掌控的全球化发展逻辑，从而打破了单一的经济衡量标准与评价体系。一方面，该模式注重从非生产（文化）层面重建社会关系。社会工作者从社区文化资产建设和社会赋权理论挖掘了少数民族文化资产，肯定了少数民族文化的内在价值，增强了少数民族文化自信心，实现了乡村文化主体性复兴。另一方面，该模式强调从生产（经济）层面重建社会关系。社会

① 范德普勒格. 小农与农业的艺术：恰亚诺夫主义宣言[M]. 潘璐，译. 北京：社会科学文献出版社，2020：35.

② 曲如晓，赵方荣. 公平贸易运动：全球化背景下更具社会经济责任的贸易潮流[J]. 国际经济合作，2009(1)：46-50.

工作者构建“城乡合作、公平贸易”的社会资源网络，彻底改变了发展主义逻辑下资本市场控制的社会关系，保障了民众主体性，推动了社区减贫发展，促进了社会公平正义。

值得注意的是，社区文化资产建设是乡村“五位一体”社区减贫发展模式的重要维度，发挥着促进民众意识提升以摆脱“物化”控制、激发社区内生动力、重塑民众主体性、活化社会文化关系的重要作用。D村的文化减贫发展实践表明，发展主义背后蕴含和隐藏着深层的资本运作逻辑，只有通过文化资产建设和社会赋权行动，才能破除隐藏于民族文化和民众意识中被资本“他者化”的逻辑，并以社区为本的整合社会工作实践推动文化资产建设行动，从而实现“五位一体”的社区减贫发展，重建社区文化自信心。由此可见，在通向乡村振兴的反贫困社会工作实践中，社会工作者进行的基于本土文化脉络的社区减贫发展尝试，对促进具有中国特色的社会赋权具有重要的现实意义。

第七章　乡村社区生态问题与绿色减贫发展实践

——以广东X村的项目为例

在脱贫攻坚和乡村振兴的过程中，减贫发展不能以牺牲生态环境为代价。2015年，《中共中央 国务院关于打赢脱贫攻坚战的决定》(以下简称《决定》)明确提出“坚持扶贫开发与生态保护并重”“牢固树立绿水青山就是金山银山的理念，把生态保护放在优先位置，扶贫开发不能以牺牲生态为代价，探索生态脱贫新路子”。在“五位一体”乡村振兴背景下，要全面推进振兴，生态宜居、生活富裕是关键。因此，保护生态环境，谋求可持续发展成为乡村社区减贫发展的一个重要维度。

改革开放至今，我国农村获得了飞速发展，但同时农村生态环境也遭受了极大破坏。城乡二元体制下农村环境治理长期相对滞后，在城市环境问题得到局部解决的同时，农村环境状况的恶化却有失控的趋势。[①] 自然

① 洪大用.我国城乡二元控制体系与环境问题[J].中国人民大学学报，2000(1)：62－66.

环境是人类赖以生存和发展的基础，人类通过劳动从自然界获取物质、能量及财富。随着生态环境问题的加剧，乡村减贫和可持续发展也开始受到严重制约。生态环境问题与人类利用自然环境（尤其是生发于自然环境的生态资产）的方式息息相关。因此，如何建设并合理利用生态资产，从而实现减贫与生态环境保护的有机结合，是本土社会工作减贫发展迫切需要回应的重要议题。

本章是中国反贫困社会工作“五位一体”乡村社区减贫发展与可持续发展模式的第五个维度——基于乡村生态环境问题，阐述社会工作如何通过社区生态资产建设的减贫发展实践，逐步实现乡村生态宜居、生活富裕（见图7－1）。

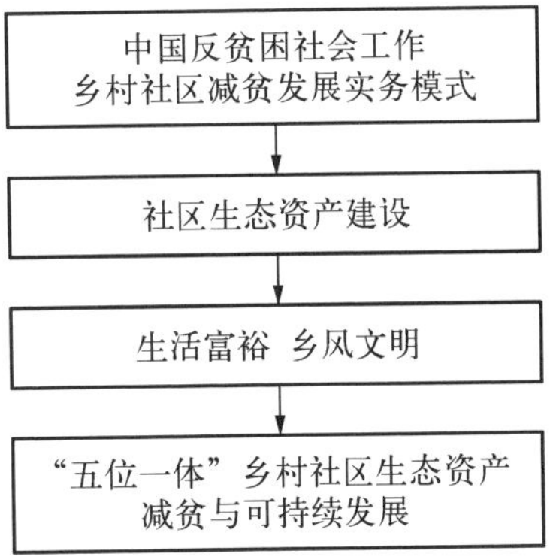

图7－1　乡村社区生态资产建设减贫发展实务模式

第一节　乡村社区生态资产建设与反贫困社会工作

一、生态环境问题与乡村贫困

环境问题会引发或加剧贫困状况，造成社会不平等。环境问题意味着人类维持生计的自然资源要素遭受破坏，直接影响人与自然的“物质变换”①，危

① 马克思，恩格斯．马克思恩格斯全集：第23卷[M]．中共中央马克思恩格斯列宁斯大林著作编译局，译．北京：人民出版社，1972：202．

害人们维持生计的环境基础，从而导致贫困的发生或加剧。因环境问题而致贫或加剧贫困状态的现象被称为生态贫困。生态脆弱区基本上都存在因生态环境退化而制约当地经济社会发展、群众收入提高的现象。① 另外，贫困人口和社区还面临着因环境问题导致的分配不公平而加剧贫困的可能性。研究表明，环境有害物更容易排放在非城市的、少数族群聚居的、低收入的社区。② 气候变化、资源匮乏等环境问题对弱势群体产生的负面影响更为严重，不仅损害人们的身体健康、发展机会和社会福祉，还会削弱他们的抗风险能力，阻碍贫困人口社区复原力的提升，进一步扩大社会阶层的鸿沟。③

不可否认的是，贫困也会引发环境问题。④ 一般来说，因为可以利用的资源十分有限，农村贫困人口的生计会更加依赖于当地生态环境系统，从而可能导致生态环境的恶化。⑤ 世界银行在《1992 年世界发展报告》中分析，因为条件所限，贫困群体缺乏能力和意愿进行自然资源管理，加剧了生态环境的恶化。该观点被非洲和亚洲地区的诸多案例所证实，因而被许多学者认可。⑥ 有研究进一步指出，如果贫困人口的生产方式或消费方式对环境造

① 李虹. 中国生态脆弱区的生态贫困与生态资本研究[D]. 成都：西南财经大学，2011.

② ARORA S, CASON T N. Do community characteristics influence environmental outcomes?: evidence from the toxics release inventory [J]. Journal of applied economics ,1998, 1(2): 413 - 453.

③ DOMINELLI L. Green social work: from environmental crises to environmental justice[M]. Cambridge: Polity Press, 2012: 9 - 14.

④ 世界环境与发展委员会. 我们共同的未来[M]. 王之佳，柯金良，等译. 长春：吉林人民出版社，1997：4.

⑤ SANDHU H, SANDHU S. Linking ecosystem services with the constituents of human well-being for poverty alleviation in eastern Himalayas [J]. Ecological economics,2014(107): 65 - 75.

⑥ 祁新华，林荣平，程煜，等. 贫困与生态环境相互关系研究述评[J]. 地理科学，2013，33(12)：1498 - 1505.

成了不良影响，就要思考陷入贫困境地的人们对自己的生产行为和消费行为是否拥有足够的自主选择权。实际上，当地和全球市场对贫困人口的生产方式和消费方式有着决定性作用。① 因此，比起关注贫困本身对环境问题的影响，更应该探寻贫困背后的市场、权力、文化等因素。

如果不加干预，环境问题与贫困之间的相互影响会逐步演变为恶性循环。生活在偏远和生态脆弱地区的贫困群体因为缺乏其他生计资产，会过分依赖当地的自然资源和生态系统，为了提高经济收入而大肆砍伐森林、过度放牧、大量开采矿产资源，这会增加生态环境的脆弱性和风险，反过来又成为新一轮贫困产生的起点。② 如此循环往复，贫者越来越贫或不断返贫，生态环境越来越脆弱。因此，合理利用本地环境资源，发展可持续生计，是实现环境保护和减贫发展双重目标的有效途径。③

二、社区生态资产与反贫困社会工作

资产为本的社区发展（Asset-Based Community Development，ABCD）模式强调社区内源性可持续发展，可以被广泛应用于农村社区的生态环境保护和减贫发展实践中。该模式首先关注社区有什么资产，而非聚焦社区

① 李小云，左停，靳乐山，等. 环境与贫困：中国实践与国际经验[M]. 北京：社会科学文献出版社，2005：135.

② NARLOCH U，BANGALORE M. The multifaceted relationship between environmental risks and poverty：new insights from Vietnam[J]. Environment and development economics，2018，23(3)：298－327.

③ KUMAR R，HORWITZ P，MILTON G R，et al. Assessing wetland ecosystem services and poverty interlinkages：a general framework and case study[J]. Hydrological sciences journal，2011，56(8)：1602－1621.

缺什么或问题是什么。[①] 在传统的问题取向或短缺取向的社区发展模式中，社区的优势和资源轻易被忽视了。这种取向会从内部削弱社区发展能力，甚至给社区带来毁灭性打击。贫困社区或低收入群体会逐渐将外部认知内化，自我标签为无能力走出困境的问题群体，并在外部力量帮助的过程中，逐渐产生依赖心理，变得缺乏主体性和社区责任感。为此，克雷茨曼(Kretzmann)和麦克奈特(McKnight)提出了挑战传统取向的资产为本的社区发展模式，主张用资产视角代替需要视角，并以此作为社区介入的基础。[②]

克雷茨曼和麦克奈特将社区资产分为个人资产、社区组织资产、社区团体和部门资产、自然资源和物质资产四大类。其中，自然资源和物质资产包括土地、动植物、社区设施等，可以被理解为自然环境、社会环境中的自然要素，本章将其简称为生态资产。资产为本的社区发展模式有三个特征，分别是资产为本、聚焦内部和关系驱动。[③] 在生态资产建设的实践中，这三个特征同样具有启示意义。首先，社会工作者要以优势视角检视乡村社区的各类生态资产，从可持续生计角度出发，重新盘活社区生态资产，尤其是对被村民习惯性忽略、放弃，甚至损坏的生态资产进行保护和善用，这是社区生态资产建设的基本原则。其次，社会工作者要聚焦社区内部的生态资产和其他资产，将村民视为发展主体，并通过赋权使村民增加知识、提升技能，鼓

① 文军，黄锐. 论资产为本的社区发展模式及其对中国的启示[J]. 湖南师范大学社会科学学报，2008，37(6)：74－78.

② KRETZMANN J P, MCKNIGHT J L. Building communities from the inside out: a path toward finding and mobilizing a community's assets [M]. Chicago: ACTA Publications，1993：3－10.

③ 同②8－9.

励他们积极参与社区问题界定、资产建设等公共事务。发展动力必须来自社区内部,同时,社会工作者不能忽视外部资源,要形成内外结合的资产建设格局。最后,社会工作者要重构乡村社区内部的社会关系,提高村民、邻里、群体、组织等的互动频率,使其在互动过程中建立更为紧密的联结。与此同时,社区与外部环境也需要建立支持关系。

第二节　生态资产建设与乡村社区减贫发展

2010年,广州市民政局以购买服务的方式支持绿耕开展"城乡合作、公平贸易,共创生态文明与可持续生计"的农村社会工作试点项目。经过多方实地调研,绿耕最终选择X村作为项目试验区。X村是一个自然村,位于广州市从化区的北部,地理位置非常偏僻,只有一条长达20多公里蜿蜒曲折的山路通往外面。该村共有115户人家,总人口为405人,其中常住人口不足200人,村中绝大多数年轻人外出打工。村里耕地少而山地多:共有耕地200余亩,人均耕地面积不足0.5亩;山地面积约为15 000亩,人均山地面积约为37亩。

一、环境问题的显现与生态致贫

X村地处广州市流溪河水源林保护区,坐落在群山环抱之中,放眼望去,山林郁郁葱葱,两条清澈的小溪绕村而过。与城市社区和工业化程度高的乡村社区相比,X村看起来山清水秀,满是田园风光,但事实上X村的生态环境已经发生了明显的退化。

实行家庭联产承包责任制后，15 000 亩山地被分包到 X 村的 5 个生产社。当时，种田收成除了满足家庭糊口和交公粮，结余很少。为了提高收入，村民纷纷上山砍树，乱砍滥伐导致“山上望过去光秃秃的”。眼见附近山上可砍的树木越来越少，村民不惜跑到远至与佛冈县交界处的山上，寻找又直又粗可以卖出好价钱的树木，砍下来拉回家等着买方收购。一年下来，砍伐山林可以为一户家庭带来平均少则上千元(20 世纪 90 年代)，多则一两万(2000 年以后)的收入。其实早在 1997 年，广州市就颁布了相关规定，禁止乱砍滥伐。但该规定在实际执行过程中被“大打折扣”，因为与至少上千元的年收入相比，不足百元的补贴款根本无法填补村民的收入缺口。直到 2014 年，当地开始严格执行封山育林政策，乱砍滥伐的村民会被处以罚款，重者还会面临牢狱之灾，砍伐山林的生计行为才被彻底遏制。但 20 多年来的乱砍滥伐已经造成了不容忽视的环境压力，导致水土流失，破坏了社区生态系统平衡和生物的多样性。村民说道：“以前的山上树很高大，水源很充足，后来直径三四十厘米的大树被砍了很多，水源就不充足了。那条河也是一样的，以前水流很大，现在都变小了。”虽然砍伐山林的现象基本消失，但长时间的无序砍伐造成生态环境被破坏，修复起来并不容易，因为修复是一项系统性工程。

另外，以化肥工业的增长和土壤化学的发展为特征的第二次农业革命颠覆了长久以来的传统农业生产方式。X 村从 20 世纪 80 年代开始大量施用化肥农药，到 90 年代，现代化农业种植方式几乎完全替代了传统有机农业种植方式。除了少量自食的蔬菜，村民在种植其他农作物时都使用了化肥农药。X 村的化学农业种植方式从大规模单一化种植砂糖橘期间开始变得更为突出。

为了带领村民脱贫致富，当地政府根据北部山区的地理、气候等特点，大力推广以水果种植为主的“一村一品”产业模式。多年来，X 村先后种植了青梅、红柿、柑子等水果，都未能实现有效增收，之后通过提供低价果苗、多渠道宣传、技术培训、树立典型等方式大力推动砂糖橘种植。从 2003 年起，X 村开始大面积种植砂糖橘，随着经济效益的显现，种植的农户越来越多，种植的规模也越来越大，前后共计 600 亩水田和 1 200 亩山地被改种砂糖橘。一般而言，果树对化肥农药的依赖高于粮食作物，大规模单一化种植和长期过量施用化肥农药加剧了这种依赖。另外，自 20 世纪 90 年代开启的进城务工大潮造成 X 村青壮年劳动力大量流出，留守村庄的妇女和老人的体力、精力有限，从事长时段、高强度的农业生产劳作显得力不从心，劳动力短缺进一步加剧了 X 村农业种植对化肥农药的依赖。

化学农业种植方式在迅速提升农作物产量的同时，也酿成了巨大的环境危机。化肥农药等在农业生产中的大规模和高强度施用，会严重破坏自然环境，污染土壤、水体和空气，损害生物多样性和生态平衡，威胁生物体及其后代健康。化学农业种植方式对 X 村社区生态环境的影响主要体现在以下两个方面：其一，土壤退化。大规模长期施用化肥农药会导致土壤板结，破坏有益的微生物和菌落群，使土壤肥力不断下降。社会工作者曾邀请广州某高校的专业人士进村测评土壤肥力，结果显示氮、磷、钾的含量均比较低，部分地块甚至极度缺乏这些元素。土壤肥力下降直接影响农作物的种植和收成，以前村民随意在山沟撒些瓜类蔬菜的种子便会有收获，而现在要么种不出来，要么长苗不长果。其二，水质下降，淡水生物种类明显减少。

化肥农药残留的有害成分流入小溪，引发水体污染，破坏了水生动物的生存环境，鱼、螺、蛙类等动物大幅减少，虾几近消失。

水土污染，尤其是土壤退化致使砂糖橘树暴发病虫害并愈演愈烈。化肥农药的滥用导致土壤有机质含量过低，不利于生物菌的繁殖和土壤保水保肥，无法为果树提供充足营养。同时，因为土壤板结，果树根系无法吸收养分，因而无法正常生长①，树体变得衰弱，抵抗力变差，极易发生生理病变或遭受病菌侵袭。2015 年，X 村的砂糖橘树开始大面积患病，很多村民发现果树开始出现叶面黄化、根部腐烂等症状，之后开始暴发柑橘黄龙病。这种病传染性极强，一旦患病，果树叶子会发黄，变得窄小而硬化，结果越来越少，病果变小、味酸、无光泽、不能食用，发病后期，果树根系会腐烂。② 如果不能及时挖除病树，便会大面积传播。到 2018 年，X 村差不多 80％的果树都已患病。村民通过对比发现，能够幸存下来的果树具有共同之处，即化肥农药的施用量相对较少。然而，由于柑橘黄龙病极易传播，村民无法将自家果树隔绝于社区生态系统之外。到 2019 年，全村的果树几乎都被传染了。

种植砂糖橘是 X 村十多年来最重要的收入来源。砂糖橘树病变导致村民收入锐减，这无疑酿成了一场生计灾害。眼见砂糖橘患病越来越严重，地方政府开始推广新的果树品种，但在经过砂糖橘树病变后，响应的村民越来越少。同时，村民也在自发寻找其他“能赚到钱的好品种”果树。对于换种什么果树，村民们开始变得谨慎，不敢轻易大规模种植其他果树。大家寻找着，同时也观望着。生计风险也促使有些留守村庄的中年人和低龄老人“弃

① 黄焯光. 解决砂糖桔黄化的方案[J]. 农业与技术，2015，35(7)：94－95.
② 白华菊，龙梦玲. 柑橘黄龙病研究进展[J]. 中国植保导刊，2009，29(3)：13－16.

耕从工”，但是因为年纪大，缺乏相关技能，工作并不好找，即使找到工作，有村民发现自己很难适应打工生活，加上照料家庭的压力，兜兜转转还是回到了农村。经济收入骤减，加上建房欠下的大额债务，村民收不抵支，陷入生态返贫危机，并且产生了巨大的心理压力和挫败感。

综上所述，砍伐山林和大规模单一化种植经济作物这两种主要的生计模式都对 X 村的生态环境产生了不良影响。对生态资产的不合理利用造成生计风险，而社区缺乏有效的内外部支持来抵御风险，最终导致村民陷入生态致贫的危机。

二、乡村减贫的社区生态资产建设实践

X 村的经验表明，在乡村减贫发展实践中，人们不能以破坏生态环境为代价来发展生计，要正视村民的生计需求。减贫发展与生态环境保护双重目标的实现建立在尊重与保护贫困人群的权益这一基础之上。为了保护生态环境而挤压人们的生计空间，或者忽视人们的生计需求而寄希望于通过行政推动或自我道德约束来保护环境是不现实的，其效果和行动的可持续性还有待证实。在 X 村，社会工作者组织村民一起重新识别和挖掘社区生态资产，围绕生态资产寻找环境友好的谋生出路，在改善乡村生态环境的同时回应村民的生计需求。

1. 青梅系列产品开发

依靠长期驻村与村民建立信任关系的优势和对村庄优势生态资产的挖掘，绿耕社会工作者在 X 村推动村民进行生态资产建设和减贫发展试验。具体做法包括：

第一，保护最后一片青梅林。20 世纪 90 年代，作为当地“一村一品”产业扶贫模式的一个主打品种，青梅开始在 X 村被大面积种植，鼎盛时期，村里家家户户都有一片或大或小的青梅林。当时，村子附近有家加工厂专门收购村民的青梅用于制作话梅。后来，市场供需失衡，工厂关闭，青梅产品无价无市，导致青梅林平时缺乏管理，青梅成熟后也无人采摘，任其落地腐烂。随着砂糖橘树的大面积推广，村民除了开辟新的山地和占用稻田规模化种植砂糖橘，越来越多的村民还将原有的青梅树砍掉，改种砂糖橘。

到 2013 年，除了因为没人打理而留存的零星几棵青梅树，整个村庄就只剩下 YQ 家的一片成规模的青梅林，而这唯一的青梅林也面临着被砂糖橘树取代的危险。社会工作者在工作日志中记录道：“2013 年三四月份的时候，我在村里走访，有一天走到了 YQ 哥家的那片果园……左边是一大片青梅树，右边是一大片砂糖橘树。2013 年砂糖橘的价格还比较高，所以，那个时候 YQ 哥的想法就是‘把左边的青梅树全砍掉，种成砂糖橘’。”

青梅树是一种粗生粗长的植物，可以不施化肥农药而生长结果，其果实一般作为原材料进行加工。与严重依赖化肥农药的砂糖橘树相比，青梅树无疑是社区的宝贵生态资产。发挥青梅的作用，造福村民，成为社会工作者保护最后一片青梅林的初衷。

社会工作者采用提高农产品附加值的方法来发挥青梅的经济价值。受收购价格低廉、市场需求不稳定、交通运输不便等因素制约，青梅作为原材料出售带来的经济收益十分有限。面对这个问题，社会工作者萌生了开展青梅产品手工加工的想法。社会工作者动员几位妇女试着熬制梅精，竟然在广州的“农墟市集”意外售罄，这使社会工作者和村民都看到了手工加工产品的市场潜力，一致觉得“这件事情可以做”。最终，YQ 决定保留自家的青梅林，为青梅加工提供原材料。

第二，促进村民互助合作，扩大生态青梅树的种植规模和受益范围。在确定推动青梅加工项目后，社会工作者开始链接外部资源，提升村民的加工技能，丰富青梅产品的种类。2013 年 4 月，社会工作者邀请香港一位有 30 多年青梅产品手工制作经验的老师进村，举办为期两天的工作坊，促使村民重新认识青梅生态的好处及其经济价值，逐步学会制作梅精、梅汁、梅酒、梅子酵素、Q 梅等青梅系列产品。

培训结束后，社会工作者立即开展全村青梅产品加工动员和组织工作。当时，X 村的生计主要依赖砂糖橘，大多数村民对青梅加工不感兴趣，初期只有喜欢尝试新鲜事物的 YQ 和早已接触生态种植的 YN 愿意进行青梅加工尝试。X 村青梅加工小组正式成立时正值青梅采摘时节，两位组员及其家人立刻行动，他们努力采摘青梅，购买其他原材料，手工加工青梅产品。到 10 月份时，青梅产品基本售罄，两位村民共获得 23 000 元纯收入。

随后，社会工作者决定适度扩大青梅加工小组的规模，动员更多村民参与互助组。但早已习惯“单打独斗”的村民反对与更多人进行合作，觉得合作的沟通成本太高，做什么都要商量，一旦出现矛盾，处理起来会很麻烦。但绿耕坚持农村社会工作社区为本、互助合作、环境友好、共同富裕的价值理念，并未刻板遵循“案主自决”的原则，而是通过社区教育，促使村民意识到“人多力量大，一个人走得快，一群人走得更长久更稳定”。

在促进村民互助合作的过程中，社会工作者发现相比于合作互助、共谋发展等抽象的价值理念，生产、销售、市场风险等现实问题更能引发村民对于合作的关注和理解。从生产角度而言，单干无法保证青梅产品质量的稳定，差异太大会破坏消费者的信任和购买意愿，影响整村的青梅产品销售；从销售角度而言，单干会使有限的销售资源面临“先卖后卖”“卖多卖少”的艰难选择，容易造成矛盾；从风险角度而言，青梅产品的生产和销售会面临一些潜在风险，而互助合作可以通过共同承担责任降低市场风险。经过多次沟通、澄清利弊，村民逐渐意识到互助合作的必要性和意义。2014 年，青梅加工小组由原来的 2 人扩展至 6 人，随后，更多的村民被组织起来，2016 年 4 月，X 村与邻村 M 村的 3 个青梅加工小组共同注册成立青梅加工合作社。在青梅种植销售和合作社成立的过程中，社会工作者不断推动组员在互助的产销过程中强化集体意识，通过集体制定生产计划、采购原材料、推广销售产品等过程，促使合作社社员更加自主和有担当。

为了提高产品质量，增加手工制作产品的稳定性，青梅加工小组借助品鉴会的形式确立产品质量标准，从而围绕标准制定加工流程。同时，为了便于推广销售、建立专属品牌，青梅加工小组为青梅产品取了一个富有寓意的名字——原乡梅好。原乡表示故乡，亦有青年回乡之意，梅好意指青梅产品好，亦谐音美好，四个字连在一起表示故乡美好的生活。随着生产规模的扩大，YQ 家的青梅林已经无法满足市场需求，青梅加工小组开始租用其他村民的青梅林，并确保在打理果园的过程中杜绝施用化肥农药等。此外，加工小组还以较高的价格收购了附近村庄未施用化肥农药的生态青梅林，逐步改变了以往因为市场收购价格低廉而损伤农户种植信心的状况。

青梅加工改善了 X 村及其附近村庄的生态环境和生计状况。当大家发现以前“不入眼”的青梅竟然可以带来超出预期的经济收益时，许多村民开始关注青梅。有人主动要求加入互助组或合作社，有人找到互助组询问是否需要青梅，也有人尝试加工青梅产品用于馈赠亲友，或者直接销售等。最难得的是，青梅加工带动越来越多的村民保护或重新栽种青梅树，据估计，近几年村民陆续新种了 1 000 多棵青梅树。由此可见，社会工作者推动青梅加工与销售不仅保护了村中唯一的一片青梅林，还促使村民意识到除了市场化、规模化单一种植砂糖橘等经济作物，还可以恢复种植不施用化肥农药的生态果树，加工青梅系列产品。借助社会工作者搭建的城乡合作网络，这些生态农副产品通过公平贸易平台销售，不仅使生产者获得了更多的劳动报酬，而且让消费者"吃得健康"，大家共同保护生态环境。

由此可见，绿耕社会工作者在 X 村与村民共同保留青梅林、开发青梅系列产品，是"城乡合作、公平贸易，共创生态文明与可持续生计"价值理念的生动实践。依靠"城乡合作、公平贸易"平台，X 村村民以集体的力量保留青梅林，开发青梅系列产品，进行公平贸易销售等，逐步改变资本主导的市场化种植结构和产销观念，以生态种植的方式减少对农药化肥的依赖，维护生态多样性及其平衡。与此同时，从社区减贫发展的角度而言，2013—2018 年，绿耕培育的各类合作社通过销售生态农副产品、开发乡村旅社食宿、社区导赏等，总计获得了 100 余万元劳动收入，希望乡村社区逐步迈向环境友好、劳动有价的社区减贫发展。

2. 乡村生态体验

X 村坐落于群山环抱之中，满山树木郁郁葱葱，两条清澈的小溪流经村落，交汇后流入流溪河。流溪河被誉为广州的"母亲河"，自东北流向西南，纵贯从化区。地处流溪河水源林保护区和国家森林保护区的 X 村，自然风光秀美。尽管因为曾经的乱砍滥伐和化学农业种植方式导致该村生态环境退化，但其依然保留了丰富的生态资产。对于社会工作减贫发展而言，既要面对生态环境退化带来的挑战，也要面对充分挖掘、重构和合理利用生态资源的机遇。

驻村初期，社会工作者开展了为期一个多月的社区资产调研，以优势视角对X村的生态资产进行发掘，并以土地、山林、河流、植物等资源构成的社区生态系统为基础，动员村民开展生态资产建设，以乡村生态体验游推动社区减贫发展。生态体验游将乡村旅社、社区导赏、生态农墟、农耕体验等项目整合起来，吸引城市消费者进村，通过“吃、住、赏、玩、购”等方式，既满足了城市消费者生态体验的需求，又致力于社区减贫发展目标的实现。下面重点阐述与社会工作生态资产建设密切相关的社区导赏、农耕体验和生态农墟。

第一，社区导赏。乡村振兴离不开“生于斯、长于斯”的青年人参与建设，但现实情况是乡村留不住青年人在家务农，青年人又无法在城市生根。X村绝大多数17—30多岁的青年人没读完初中就外出打工，因为受到教育水平的限制，又缺乏相关工作技能，他们进城后只能当临时工或进入工厂打工，工作不稳定，收入更无保障。有不少青年人因为工资低、工作辛苦主动辞职，或者因为工厂倒闭、工作不得力被解雇而不得不回乡住一段时间，但他们在家整天无所事事，不久又不得不再次进城打工，当不如意时又返乡回家……如此循环往复，成为候鸟般的年轻农民的真实写照，他们在“融不进的城市”与“留不住的农村”之间来回迁徙漂泊，像无根的浮萍，缺乏自我身份认同和发展前途。X村青年人戏称自己的村庄是一个“好山好水好无聊”

的地方。

面对返乡青年无事可做、无钱可挣、“想留却留不住”的尴尬处境，绿耕只能寻找一条既能留守家乡满足生计需求，又能体现环境友好的可持续生计发展道路，以留住年轻人参与乡村振兴。2014 年，绿耕计划成立社区导赏小组，为村民，尤其是返乡青年提供一个基于生态文化资产建设的可持续生计项目。随后，社会工作者邀请返乡青年参与生态体验游的解说环节，并协助鸟兽虫木自然保育中心这家公益机构设计导赏路线，学习如何带领城市居民开展村落体验活动。在此基础上，2015 年，绿耕培育的由 6 位村民组成的社区生态文化导赏小组正式成立。青梅加工小组合作生产的是有形的青梅产品，而这个以返乡青年为主的生态文化导赏小组产出的是相对抽象的感性体验。导赏者通过参访、讲解、开展活动等传递信息价值，引导外来体验者通过看、听、行等参访过程，感受乡村自然环境和社会文化的内在价值和意义。因此，生态文化导赏的目的是使参与活动的城乡居民能体会乡村生态、文化的社会价值，从而感受乡村生态环境与本土文化的现实意义。具体做法包括：小组成立后，根据培训课程所得，社会工作者协助导赏小组寻找村里的徒步山道、溪道、蛙、竹、梅树等自然生态资产，同时挖掘宗祠、祖屋等人文资产，大家共同规划导赏路线，将爬山垂钓、观星赏月等自然体验与宗祠、祖屋等人文体验紧密结合，从而规划体验路线；同时，社会工作者与村民共同推动成立以返乡青年为主，妇女、老人共同参与的生态导赏小组，并借助外来公益机构的力量，一起现场勘查、规划体验线路，共同撰写生态文化解说词，通过试讲等方式提升村民现场解说的能力和技巧。

与青梅加工小组相比，导赏小组一开始发展得并不顺利。一方面，以青年人为主的导赏小组虽然易于接受新鲜事物，但他们并不了解本村生态文化方面的本土知识，对于各种乡土的生产、生活知识、技能和文化遗存也缺乏认识，尤其不明白村庄流传下来的传统生态文化资源；另一方面，在初期，组员的人均月收入只有三四百元，难以满足青年人的生计期待。这两方面的因素影响了小组动力，致使组员在初期士气低落，时常相互埋怨。

面对困境，社会工作者采取了多种方式推动导赏小组持续发展。首先，社会工作者打破小组已经形成的不良互动模式，设置了多元化的互动形式，提高了组员的兴趣和参与度，及时引导大家合理宣泄不良情绪。例如，在开会时，社会工作者鼓励组员轮流发言，让每位组员都有表达意见的机会。其次，社会工作者与鸟兽虫木自然保育中心商量更加细致的培训计划。鸟兽虫木自然保育中心与导赏小组一起组织、策划了四次节假日的体验活动，大家共同设计生态体验路线，制定生态导赏手册。这种体验式培训大幅提升了组员的学习效果，使后面开展的夜观导赏培训和夜观活动成为社区导赏的招牌项目。随着组员能力的提升、小组内部不断磨合，尤其是接待人次逐渐增加、经验不断丰富，导赏小组摆脱了之前的停滞状态，开始平稳发展。不仅如此，导赏小组还为村里的儿童举办了以生态环境为主题的夏令营，让本村的小朋友了解自己家乡的生态资源，提升环境保护意识。

第二，农耕体验。除了社区导赏，社会工作者与村民还根据当地时节和自然资源设计了一系列多元的农耕体验活动，如采摘洛神花做果酱，采摘艾叶做糍粑，以及挖番薯、采摘砂糖橘、种植生态水稻等。其中，种植生态水稻这一农耕体验活动为城市消费者提供了一个与自然深度联结的有效渠道。

2016 年，“种一季生态水稻，吃自己种的米”主题农耕体验活动正式启动。城市居民在生态农业导师(由生态种植经验丰富的村民担任)的指导下,体验了以下过程:学习插秧;掌握利用茶麸水、鱼藤草制作有机肥料和生物农药的原理,并实地喷药、施肥、除草;操练巡水;待水稻成熟时收割、脱粒、晒谷;用碾好的大米手工制作各种特色米食;等等。此外,社会工作者还在广州举办水稻农耕体验活动分享会,邀请长期参与X村生态保育活动的城市居民进行分享,借此影响更多城市居民。有城市居民这样评价农耕体验活动:“这样一种整合城市力量去支持乡村的方式,让多方力量得以激活,足够创新有趣。”

第三,生态农墟。作为生态体验的环节之一,生态农墟是指村民利用城市居民进村学习体验的契机,将当季自家的农产品等摆放在村口的晒谷场或祠堂,以小农墟的形式集中售卖,从而形成互惠互利的临时小市集。不同于主流的农贸市场,生态农墟摆卖的农产品都是小农户自家生产的。社会工作者与村民本着城乡互惠互利的公平贸易原则定价,充分体现农产品的劳动价值和生态价值,销售价格既高于市场常规种植或加工的农产品价格,又低于大型商场或专卖店里的农产品价格。

X村生态农墟与城乡合作公平贸易直销的过程,有助于激发村民挖掘本村丰富多彩的生态资源的动力。生态农墟既为青梅加工小组、社区导赏小组的成员提供了发展生计、保护环境的契机,也为小组之外的更多村民创造了参与公平贸易的平台,从而凝聚了更多的社区力量共同推动整村生态资产建设和生计发展。值得提及的是,X村举办的生态农墟也为村里的留守老人创造了与城市消费者沟通交流并销售农产品(如菜干等)的机会。老人们通过销售农产品,不仅挣到了零花钱,还通过准备食材(晒菜干等)和小农墟销售的过程,找到了生活的乐趣和存在的价值,体会到了“老有所为,老有所乐”。驻村社会工作者记录道:“农墟是一个很好的平台,让更多的村民与我们联结,让我们在平台上能够一起互惠互利。农墟上的阿婆们的土特产卖得很好,看到消费者买到健康食品后开心的笑容,大家都很满足。阿婆们看到自己的产品畅销,也一直笑个不停。在与消费者的倾谈中,村民们神采飞扬,讲起自家的产品,他们那种信心十足的表情和油然而生的自豪感似乎让我看到了未来的出路。”由此可见,生态农墟也是消除诸多中间商环节的城乡公平贸易平台。借助这个平台交易,一方面使村民获得了合理、有尊严的劳动报酬,促使他们在努力生产健康食物的同时,更加注重生态环境保护;另一方面也使城市消费者愿意以合理的价格购买健康、安全的生态农产品,并以消费的力量支持小农户,共创生态文明,进而提升村民的可持续生计能力。

总之,绿耕X村青梅系列产品开发和乡村生态体验的尝试不仅促使村民意识到了青山绿水的生态价值,而且运用社区生态资产建设的方法策略,培育了以“三留守”人员,尤其以返乡青年为主体的互助合作组织,通过“城乡合作、公平贸易”平台销售生态农产品。同时,社会工作者借助城市居民进村进行农耕体验的契机,推动返乡青年做好生态导赏活动,协助留守妇女和老人做好生态农墟销售等,保障弱势群体的劳动收入,彰显弱势优先、公平正义的专业价值观。这种有别于大众商业化旅游的生态农耕生活体验,也加强了城市居民、“三留守”人员与自然环境的社会心理联结,促使城市居民既深刻感受到了村民的勤劳、质朴和热情,也切身体会到了X村青山绿水的生态价值,品尝到了各种无污染的生态美食等。这种将乡村生态环境和村民日常生活相融合的生态体验游活动，不仅改变了城乡二元割裂的社会关系，而且通过城乡生态体验游学活动等，传播了绿耕“城乡合作、公平贸易，共创生态文明与可持续生计”的价值理念。

第三节　X村社区生态资产建设减贫实务模式

绿耕社会工作者在X村长达十余年的乡村社区生态资产建设减贫发展行动，为通向乡村振兴的反贫困社会工作积累了一些可资借鉴的实务经验和理论思考。

首先，以优势视角复兴乡村社区生态资产，必须兼顾环境保护与社区减贫发展的迫切需求。社区生态资产建设减贫发展的过程应该秉持优势视角，挖掘并运用乡村社区未被充分利用、被边缘化，甚至被破坏的生态资产（如青梅等），通过直销，推动乡村社区减贫发展。社会工作者协助村民以优势视角重新检视村庄的生态资产状况，并围绕社区的自然资源和生态环境优势深入开展生态资产建设，逐步形成以青梅加工、生态体验游为主的多元化生态生计发展项目，激发村民的环保意识和行动，逐步推进生态环境保护与社区减贫发展，从而恢复被砍伐山林的生态，修复土壤和水体等，维护乡村生态平衡和生物多样性。同时，当村民获得有尊严的劳动报酬、收入渠道逐步拓宽时，不仅能够保证社区减贫发展的可持续性，降低村民返贫的风险，而且村民会自觉保护生态环境，并充分利用生态资产脱贫致富、振兴乡村。

其次，重构社会关系，改善人与自然的关系。环境问题本质上是人与自然关系的产物，而人与人所形成的社会关系是人与自然关系的中介。① 社会工作者在消除贫困的经济活动中也要体现社会性，将经济重新嵌入关注环境的社会关系中。② 因此，重构社会关系是解决环境问题和贫困问题的关键所在。在X村，社会工作者将村民组织起来成立生态生计小组和合作社，在民主平等的原则下开展互助合作，以集体的力量确保生态资产的合理使用和公平分配。③ 此外，社会工作者应在城乡合作的视野下鼓励村民重返生态产业，利用当地生态资产满足城市居民绿色消费的需求。借由城乡合作，农民获得合理的劳动报酬，恢复文化尊严和身份认同，自觉保护生态资源；城市消费者则获得食物主权、健康食品和绿色休闲资源。村民的互助合作打破了乡村社会关系的原子化趋势，城乡合作替代了原有的城乡二元对立关系等。社会关系的重构使人与自然之间的疏离关系得以逐渐弥合。

最后，社区为本的整合社会工作介入取向寻求微观与宏观的双向改变。改变的力量存在于社区中，社区是绿色实践的重要场域。④ 作为日常生活世界，社区正好处于"微观个人/家庭与宏观环境的接触面"。通过重塑社区，可以改变个体能动性并改善其所处的系统环境，向内疏解微观层面的个人及其家庭困扰。只有越来越多的社区发生改变，宏观层面不可持续的发展

---

① 岩佐茂. 环境的思想：环境保护与马克思主义的结合处[M]. 2版. 韩立新，张桂权，刘荣华，等译. 北京：中央编译出版社，2006：74.

② DOMINELLI L. Green social work: from environmental crises to environmental justice[M]. Cambridge: Polity Press, 2012: 206.

③ 赖特. 指南针：指向社会主义的替代性选择[J]. 闻翔，译. 开放时代，2012(6)：24-41.

④ LANE M. Community work, social work: green and postmodern? [J]. The British journal of social work, 1997, 27(3): 319-341.

模式才能得以改变。① 这样的实践过程在X村表现为以下几个方面：第一，以生态生计小组作为切入点，培养社区发展的内生力量。随着个体主体性和权能感的增强，组员通过自身行动来影响更多村民乃至整个社区，实现了“从小组到社区发展”的飞跃。第二，直接开展社区层面的组织发展工作，并以“点、线、面”的策略谋求地区改变。社会工作者不仅通过生态农墟等方式动员整个社区参与生态生计项目，还将工作延伸到邻村M村，组织该村村民成立生态生计互助组。两村的互动合作关系日益紧密，共同注册成立了合作社，并通过生态农产品收购、生态种植技术培训等方式影响了周边其他村庄的可持续发展。第三，社会工作者建立了城乡合作的公平贸易平台，通过生态生产、绿色消费、消除诸多中间商环节等方式，使生产者、消费者和生态环境实现了互利共赢。在社区为本的整合社会工作实践中，“系统化的双向改变”成为可能，即村民及其家庭的贫困处境得到持续改善，社区乃至地区的环境意识得到提升，生态环境得到修复，更重要的是，环境退化与贫困的结构性致因，即不可持续的生产方式和消费方式也悄然发生转变。

贫困与生态环境退化，以及两者之间的相互作用机制是我国农村可持续发展面临的重要挑战，相应地，生态扶贫也成为脱贫攻坚和乡村振兴的关键。在现实处境中，为了脱贫致富，许多农村地区进行产业扶贫开发，将经济发展视为核心目标，甚至不惜以牺牲环境为代价来发展经济。这种发展模式极易在短期内达到减贫的效果，但从长远来看，却可能导致生态返贫。减贫和环境保护之间不存在必然矛盾，事实上，减贫和环保能够形成相互促

① 张和清.社会转型与社区为本的社会工作[J].思想战线，2011，37(4)：38－39.

进的良性循环。[1] 可持续发展强调，在承认人的主体地位和需求的同时[2]，不能为了满足人类欲望而肆意破坏自然环境[3]。因此，反贫困社会工作需要将乡村生态资产建设与村民的生计需求紧密结合在一起，以优势视角复兴社区的土地、山林、动植物、景观等各类生态资产；将村民组织起来，以互助合作的方式发展生态生计项目，并推动城乡合作；通过重构社会关系，改善人与自然的关系；采取社区为本的整合社会工作的介入取向，对内缓解个体与家庭的贫困处境，对外挑战地区不可持续的发展模式，从而推进微观层面与宏观层面的双向改变。笔者期望本章探讨的生态资产建设减贫发展案例及其实践过程经验，能够为中国乡村振兴战略的实现提供经验样本。

不可否认的是，社区生态资产建设减贫发展也面临着挑战，具体表现在受资本下乡、消费主义的影响，村民生态环保意识不强，尤其是不可持续发展的扶贫模式等结构性因素制约着减贫实践的成效和可持续性，这些问题有待后续研究进一步讨论。此外，我国乡村状况千差万别，依据产业结构、人口流动等因素划分为不同的类型。X 村是相对传统的农业生产村落，研究者还需要将其与其他类型的农村社区进行比较研究，以便更全面地认识我国乡村生态资产建设减贫发展实务模式的适用性和推广性。

---

① 李小云，左停，靳乐山，等. 环境与贫困：中国实践与国际经验[M]. 北京：社会科学文献出版社，2005：12.

② GRUNDMANN R. Marxism and ecology[M]. Oxford：Oxford University Press，1991：20.

③ 佩珀. 生态社会主义：从深生态学到社会正义[M]. 刘颖，译. 济南：山东大学出版社，2005：340.

第八章　乡村社区治理问题与社区自治减贫实践

——以广东 H 村的项目为例

党的十九大报告提出乡村振兴战略为进一步解决我国社会主要矛盾，消除贫困、改善民生、实现共同富裕，提供了新的方向和指引。① 党的十九大报告明确指出要“统筹推进经济建设、政治建设、文化建设、社会建设、生态文明建设”，按照“产业兴旺、生态宜居、乡风文明、治理有效、生活富裕的总要求”实施乡村振兴战略。随着研究与实践的深入，人们逐渐意识到，乡村社区贫困问题不仅表现为生计困难，还表现为文化边缘化、社会关系淡漠、生态危机、乡村自治难以落实等，因此，乡村反贫困策略也逐渐从单一的“收入+消费”扶贫模式转变为多元路径的发展型扶贫。② 基于此，中国反贫困社会工作必须从外部扶贫视角转向乡村内部优势资产角度，探索社区经济、

① 叶敬忠. 乡村振兴战略：历史沿循、总体布局与路径省思[J]. 华南师范大学学报(社会科学版)，2018(2)：64－69.

② 李欢，周永康. 发展取向的资产建设：社会工作参与乡村扶贫实践研究：以 P 村“三区计划”项目为例[J]. 重庆工商大学学报(社会科学版)，2019，36(5)：59－68.

政治、文化、社会、生态文明等多维度社区减贫发展，从而实现“五位一体”乡村社区可持续发展。

如何实现乡村社会的有效治理一直是政府和学界所关注的问题。① 乡村治理既是社会治理的关键，又是反贫困战略和乡村可持续发展的重要内容。2017 年，《中共中央 国务院关于加强和完善城乡社区治理的意见》围绕促进城乡社区治理体系和治理能力现代化，从治理水平、治理短板等维度提出具体要求。2018 年，《中共中央 国务院关于实施乡村振兴战略的意见》明确指出：“乡村振兴，治理有效是基础。”由此可见，社区自治是“五位一体”反贫困社会工作和乡村振兴的政治保障。扶弱济贫、助人自助是社会工作的核心理念之一②，绿耕社会工作者秉持“弱势优先”的价值理念，自 2001 年至今，在云南、广东、四川、湖南等地开展农村社会工作和反贫困社会工作，积累了丰富的经验和理论思考。本章聚焦中国反贫困社会工作“五位一体”乡村社区减贫发展与可持续发展模式的第五个维度——社区自治（见图 8－1），运用行动研究方法，以绿耕在广东 H 村开展的项目为例，阐述社会工作者如何通过社区自治的减贫发展实践，逐步实现乡村治理有效与可持续发展。

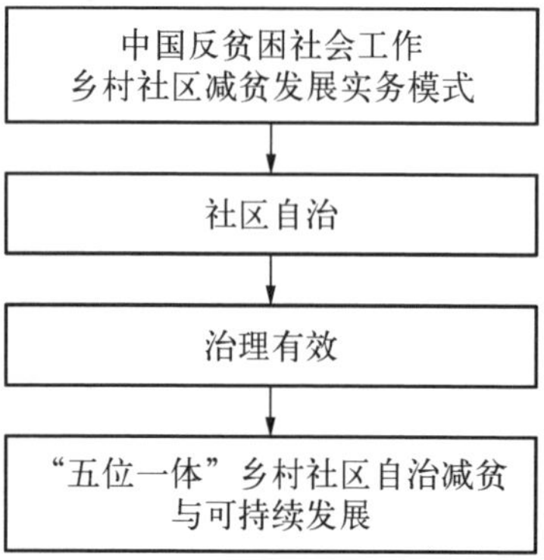

图 8－1 乡村社区自治减贫发展实务模式

① 贺雪峰. 关于实施乡村振兴战略的几个问题[J]. 南京农业大学学报(社会科学版)，2018，18(3)：19－26.

② 李文祥，吴征阳. 贫困治理的场域观与社会工作增权[J]. 江淮论坛，2018(3)：161－165.

第一节　社区自治与反贫困社会工作

一、社区自治的困境与乡村贫困

从历史发展来看，中国乡村治理模式经历了三个阶段，分别是中华人民共和国成立前的“县政绅治”（又被称为“县政乡治”）、中华人民共和国成立后国家主导下的“政社合一”、1978 年改革开放以来国家治理下的“乡政村治”。[①] 农村社区自治起源于人民公社制度的式微，广大农村地区需要一种新的机制实现自我管理、自我教育和自我服务。[②] 20 世纪 80 年代末，农村基层自治制度建立，直接推动了乡村社区自治的发展。社区自治是指不需要外部力量的强制性干预，社区各种利益相关者习惯于通过民主协商来合作处理社区公共事务，并使社区进入自我教育、自我管理、自我服务、自我约束的过程，其主要治理对象是社区公共事务，即社区需求、社区公共产品、社区公共问题等。[③④]

现阶段，治理有效是乡村治理的核心，塑造治理有效的乡村治理体系是推进国家治理体系和治理能力现代化的基础。在国家自上而下地输入资源介入村庄治理的过程中，仅凭乡村基层政府难以有效解决社区治理问题，而

① 甘信奎．改革开放三十年中国乡村治理模式变迁回顾与展望[J]．前沿，2008(10)：108－111．

② 陈佩浩．城乡统筹背景下的农村社区自治研究[J]．农业经济，2018(9)：35－36．

③ 陈伟东．社区自治：自组织网络与制度设置[M]．北京：中国社会科学出版社，2004：140－141．

④ 刘强，马光选．基层民主治理单元的下沉：从村民自治到小社区自治[J]．华中师范大学学报(人文社会科学版)，2017，56(1)：31－38．

自下而上的社区自治则是实现治理有效的保障。① 虽然乡村振兴等政策强调国家为乡村提供外部资源,但更需要乡村将内外部资源有机结合,充分激发村民的积极性和能动性,实现乡村内源性发展和社区自治。② 然而,乡村治理的问题层出不穷,其中的核心问题是乡村社会权力关系和资源分配不平衡导致社会排斥和贫富分化。就具体问题而言,一是村民的自治权利受到限制且乡村基层权力体系缺乏有效的监督。村干部既是国家代理人又是村庄发言人,享有公共资源和福利分配的决策权,而本地村民缺乏话语权和民主意识,外来群体缺乏监督权③,由此,村民身份认同出现危机④,造成乡村自治"空转"⑤。二是利益分配矛盾凸显。村干部违法违规,外来群体等社会底层的利益诉求难以得到满足,这直接导致社区关系紧张,以及矛盾纠纷频发⑥,并出现贫富两极分化。三是社区公共性弱化。⑦ 社区公共生活严重不足且这一问题没有得到解决,社区公共建设脱离村民的实际需求,村民的社区意识和凝聚力明显不足。⑧ 综上所述,长三角、珠三角地区的许多乡村

① 严飞.构建乡村基层自治与乡村振兴战略相结合的社会治理新格局[J].南京社会科学,2020(11):55-61.
② 贺雪峰.行政还是自治:村级治理向何处去[J].华中农业大学学报(社会科学版),2019(6):1-5.
③ 陈佩洁.城乡统筹背景下的农村社区自治研究[J].农业经济,2018(9):35-36.
④ 古学斌.农村社会工作:理论与实践[M].北京:社会科学文献出版社,2018:163.
⑤ 张树旺,卢倩婷.论治理有效的新时代乡村治理体系的塑造:基于广州南村治理创新模式的考察[J].华南理工大学学报(社会科学版),2018,20(4):78-86.
⑥ 吴昊,郑永君,谷玉良.快速城镇化背景下转型社区的发展陷阱及其治理困境[J].城市发展研究,2017,24(5):85-90.
⑦ 田鹏,陈绍军."无主体半熟人社会":新型城镇化进程中农民集中居住行为研究:以江苏省镇江市平昌新城为例[J].人口与经济,2016(4):53-61.
⑧ 万向东.珠海红星村口述史:一个南海边陲工业化村庄的变迁[M].广州:中山大学出版社,2019:2,178.

社区深受工业化和城市化冲击，逐渐脱离农业、渔业等传统生产生活方式，社区内部的权力主体和权力关系发生重大变化[①]，社会排斥与贫富分化问题日益突出，凝聚力逐渐被瓦解。这些深刻影响了乡村可持续发展和共同富裕这一目标的实现。[②]

在许多乡村工业化、城镇化的推进过程中，社区贫困日益呈现多元的社会样貌[③]，除了绝对贫困（物质缺乏）问题[④]，更需要关注相对贫困——社会排斥和贫富分化问题[⑤]。社会排斥是指在后现代社会，因为经济、制度、社会、文化等多维度的不平等，造成一部分弱势群体被边缘化的过程。相对于主流的、中心社会的边缘地位，"科学"分类体系建构出被排斥的客体和排斥的主体，社会结构逐渐由垂直社会转向水平社会，人们不再关注上下层，而是着重关注中心内外的权力关系。[⑥] 其本质在于权力拥有者对外来者的社会关闭，换言之，这是一种机会缺失和权益缺乏的边缘状态。[⑦] 贫富分化是社会排斥的结果，不仅表现在经济收入上的贫富差距，更体现在社会关系疏离、文化认同危机等方面。收入不平等和资源积累不均造成

① 柏兰芝. 集体的重构：珠江三角洲地区农村产权制度的演变：以"外嫁女"争议为例[J]. 开放时代，2013(3)：109－129.

② 王晓毅. 贫困治理机制转型[J]. 南京农业大学学报(社会科学版)，2020，20(4)：144－151.

③ 森. 贫困与饥荒：论权利与剥夺[M]. 王宇，王文玉，译. 北京：商务印书馆. 2011：12－30.

④ 金一虹. 妇女贫困的深层机制探讨[J]. 妇女研究论丛，2016(6)：10－12.

⑤ 王晓毅. 贫困治理机制转型[J]. 南京农业大学学报(社会科学版)，2020，20(4)：144－151.

⑥ 彭华民. 福利三角中的社会排斥：对中国城市新贫穷社群的一个实证研究[M]. 上海：上海人民出版社，2007：18.

⑦ 刘娜. 断裂型社会排斥：农民工社会福祉融入的制度、区域与阶层困境[J]. 山东社会科学，2019(4)：80－84.

财富差距日益扩大。[①] 同时，城市化和工业化进程使整个社会由一个以农村为中心的社会转变为以城市为中心的社会[②]，并逐渐从机制、社会关系、文化认同等方面确立以“现代发达”为中心的衡量标准。因此，贫富分化的外缘被逐渐扩大，其内涵包括经济收入差距、社会地位边缘化、社会资源缺乏、权力关系不平衡等。从这个意义上讲，中国大部分农村所面临的贫困问题不再是简单的绝对贫困，而是由权力关系特征引起的机会和能力缺失，以及相对贫困问题。[③] 社会排斥与贫富分化是消除相对贫困的主要障碍。总之，随着全球化发展，资本依靠自由流动突破时空边界而处于权力关系的中心，这使社会排斥和边缘化日益渗透在经济、制度、社会文化等日常生活的各个角落，不断拉大贫富差距，更加剧了相对贫困程度和社会不公平。

就中国许多农村而言，城市化、工业化过程中的社会排斥、贫富分化、相对贫困问题导致乡村共同体萎缩乃至解体。共同体“是一种原始的、天然状态的，并有机地浑然生长在一起的、人的意志的完善的统一体”。[④] 中国传统乡土社会是以血缘和地缘为基础的熟人社会[⑤]，是具有一定同质性（集体意志高于个人意志）、封闭性（自给自足）、排外性（高度乡村自治）等特点的乡

① 倪志伟，马蕊佳. 改革中国家社会主义的市场转型与社会变迁[M]//边燕杰. 市场转型与社会分层：美国社会学者分析中国. 北京：生活·读书·新知三联书店，2002：590－609.

② 孙立平. 资源重新积聚背景下的底层社会形成[J]. 战略与管理，2002(1)：18－26.

③ 森. 论社会排斥[J]. 王燕燕，摘译. 经济社会体制比较，2005(3)：1－7.

④ 滕尼斯. 共同体与社会：纯粹社会学的基本概念[M]. 林荣远，译. 北京：北京大学出版社，2010：48.

⑤ 费孝通. 乡土中国[M]. 北京：北京出版社，2005：6.

村共同体①。在这种乡村共同体中，农民从土地里“讨”生活②，小农自给自足的生产生活方式保证乡村社会的稳定与发展。但改革开放以来，中国逐渐进入全球经济和生产体系过程中，在现代化、城市化、工业化等多重力量冲击下，传统乡村共同体逐步萎缩，乡村内部社会排斥和贫富分化日益明显。整体而言，全球资本打破了时间和空间的边界，并通过以自由流动为特征的全球化来实现其权力的无限制延伸和控制③，尤其表现为生产过程的地方化策略及其对地方社会、劳动控制的影响④，由此，全球制造的运作逻辑逐渐打破了乡村共同体的社会权力关系和资源分配的平衡。第一，乡村经济形态的变迁消解了乡村共同体的物质基础。⑤ 家庭联产承包责任制将农民从集体土地中解放出来，一定程度上推动了工业化进程。⑥ 乡镇企业、世界工厂和多种经济形态的发展，使农民摆脱和土地的结合，转向与工业、服务业相结合，这种“离土离乡”的工业化过程最终导致许多乡村“小农的终结”⑦，“按劳分配”被打破。第二，个体化解构了乡村共同体的社会关系。现代生产方式替代小农生产方式，集体意志优先的传统价值观逐渐转变为追求独立、自由、自主等价值观。同时，乡村自治权威（乡村组织、乡村精英等）

① 刘祖云，张诚．重构乡村共同体：乡村振兴的现实路径[J]．甘肃社会科学，2018(4)：42－48.

② 卢晖临．村庄的未来：来自田野的观察和思考[J]．学海，2019(1)：57－64.

③ 鲍曼．全球化：人类的后果[M]．郭国良，徐建华，译．北京：商务印书馆，2001：9.

④ 任焰，张莎莎．儿童劳动与家庭再生产：一个粤西农村的经验研究[J]．开放时代，2015(6)：159－177.

⑤ 同①.

⑥ 郝身永，刘志广．工业化进程的“中国道路”：土地制度与户籍制度协同作用的视角[J]．上海行政学院学报，2019，20(2)：89－98.

⑦ 孟德拉斯．农民的终结[M]．李培林，译．北京：社会科学文献出版社，2005：12－16.

逐步衰落，原本由村庄集体共同抵御的风险转为个体独立承担风险。此外，市场经济和消费社会的兴起与发展更强化了乡村的个体化。① 第三，自由流动打破了许多乡村共同体的边界。全球制造和世界工厂的运作逻辑彻底打破了乡村的地理、社会和文化边界，具有世界性的社会、政治、经济和文化阶层不断地形成和重建②，传统乡村共同体由熟人社会转变为半熟人、陌生人社会，许多乡村社会权力关系由乡村精英主导转变为资本主导。第四，乡村组织的衰落加速了乡村共同体的解体。由于政策调整、经济转型和多元文化冲击，乡村组织维护社会关系、促进互助合作的功能不断弱化，难以维系乡村共同体凝聚力。③

由此可见，全球制造的资本运作逻辑和工业化过程彻底打破了传统乡村自给自足的生产生活状态、高度一致的集体价值观和乡村自治传统，导致基于熟人关系的乡村共同体萎缩，并使乡村日益成为原子化和空心化的疏离社会，最终造成乡村社会内部的社会排斥和贫富分化，极大地削减了乡村社区发展的内生动力，加剧了乡村社区的两极分化和相对贫困。

二、社区自治与社会工作社区减贫发展

基于中国许多乡村面临的社会排斥、贫富分化等相对贫困的状况，笔者认为社会工作者必须扎根社区，将边缘弱势群体动员起来，通过能力建设与社区组织的过程，推动自下而上的乡村自治复兴，从而推动村民主体性重

① 任焰，张莎莎．儿童劳动与家庭再生产：一个粤西农村的经验研究[J]．开放时代，2015(6)：159－177．

② 鲍曼．全球化：人类的后果[M]．郭国良，徐建华，译．北京：商务印书馆，2001：9．

③ 同①．

建，避免社会排斥，加强社会团结，缩小贫富差距。

能力建设是一种以人为本和注重主体性建设的实务理论和方法，通过社区民众能力建设实现社会赋权并促进社区转化。[①] 能力建设坚持"劳动有价"的原则，强调利用社区和民众的优势和资产推动可持续发展[②]，并培养民众的自我意识、知觉能力和参与能力，引导和协助民众觉知自身的主体价值[③]，重拾社区"主人翁"认同和归属感，从而实现自下而上的社区参与、决策和自治。

社区组织本质上是基层群众的自助互助团体。[④] 它是将具有共同社会关系的民众组织起来，群策群力解决社区问题、化解社会矛盾、改善社区关系和协助民众适应社会环境的正式或非正式组织。[⑤][⑥] 本质上，社区组织是为了解决社会不公平现象，协调"大社会"与"小社群"之间的不平衡状态。[⑦] 社区组织的目标在于协助社区民众充分利用社区内外资源，建立互助网络，培养民众参与、决策与合作的能力，改善社区权力关系和资源分配，解决社区共同问题，保障组织和成员的社会福祉。[⑧] 总之，社区组织本质上是基层群众的自助互助团体，是具有增能取向的组织，强调自下而上地参与决策、

① 刘晓春，古学斌. 解放/被解放?：谈批判教育学与社会工作社区发展教育[Z]//王思斌. 中国社会工作研究：第5辑. 北京：社会科学文献出版社，2007：108-109.

② 古学斌. 云南省少数民族村的文化资产建设[M]//邓锁，谢若登，邹莉，等. 资产建设：亚洲的策略与创新. 北京：北京大学出版社，2014：234-252.

③ 同①.

④ 闫红红，张和清. 优势视角下农村妇女组织与社区参与的实践探索：以广东省M村妇女社会工作项目为例[J]. 妇女研究论丛，2019(2)：44-54.

⑤ 徐震. 社区与社区发展[M]. 台北：正中书局，1980：38.

⑥ 冯国坚，朱昌熙. 社区组织[M]//甘炳光，梁祖彬，陈丽云，等. 社区工作：理论与实践. 香港：香港中文大学出版社，1994：187-232.

⑦ 同⑥.

⑧ 同⑥.

互助合作、增能赋权等。① 需要指出的是，能力建设与社区组织是相辅相成、互相促进的。在中国传统乡村社会中，士绅、乡贤、祭司等“保护型经纪人”扮演了“善人”角色②，通过共享价值和规范来保障乡村共同体有序发展；在现代社会中，则是通过能力建设，将具有社区公益心的村民骨干培育成中流砥柱，并改变村庄不平等的权力关系和资源分配方式，从而实现共同富裕。

作为反贫困工作的重要参与主体，社会工作者在激活社区发展内生动力、应对社会排斥和贫富分化问题方面发挥着重要作用。社会工作专业强调助人自助、增能赋权的价值理念③，面对现有扶贫工作中瞄不准、难以激发村民参与动力等困境④⑤⑥，社会工作者发挥了“使能者”作用：一方面，倡导扎根社区，深入分析贫困的成因，准确把握服务对象的需求，强调劳动者主体价值和按劳分配原则，通过能力建设和社区组织的过程赋予民众平等的权利⑦，重塑民众的主体性。另一方面，以社区为本的整合社会工作着眼于

① 闫红红，张和清. 优势视角下农村妇女组织与社区参与的实践探索：以广东省M村妇女社会工作项目为例[J]. 妇女研究论丛，2019(2)：44 - 54.

② 张和清，古学斌. 重塑权威之下的善政格局：中国乡村治理困境分析[J]. 人民论坛·学术前沿，2012(10)：18 - 26.

③ 王思斌. 精准扶贫的社会工作参与：兼论实践型精准扶贫[J]. 社会工作，2016(3)：3 - 9.

④ 王雨磊. 精准扶贫何以“瞄不准”?：扶贫政策落地的三重对焦[J]. 国家行政学院学报，2017(1)：88 - 93.

⑤ 朱梦冰，李实. 精准扶贫重在精准识别贫困人口：农村低保政策的瞄准效果分析[J]. 中国社会科学，2017(9)：90 - 112.

⑥ 梁淑平，张琴. 农村地区精准扶贫的困境及社会工作介入研究[J]. 农业经济，2019(2)：63 - 65.

⑦ 班纳吉，迪弗洛. 贫穷的本质：我们为什么摆脱不了贫穷[M]. 景芳，译. 北京：中信出版社，2013：212.

社区公共生活，运用广泛动员和组织培育的策略和方法，唤起以互助合作为核心的集体价值，激发民众的社区责任感和公共道德心，重新构建多元包容的生命共同体。[①] 此外，社会工作者还发挥了“中间人”的作用，采用社区议事的方法为不同群体互动交流创造机会，使民众的价值被看见，以此推动民众充分参与社区公共事务，形成自下而上的沟通机制，逐步打破社会排斥和阶层固化的限制，从而确保以缩小贫富差距为宗旨的社区减贫发展能够有效实施。

第二节　社会工作社区自治减贫发展实践

在创新基层社会治理背景下，2015 年 8 月至今，广东省珠海市 J 镇镇政府支持绿耕深入该镇工业化、城镇化乡村 H 村开展社会工作社区发展项目。驻村社会工作者借助社区评估行动研究撰写的《工业化乡村社区可持续发展计划书》（以下简称《计划书》）得到了当地政府的认可和支持。绿耕以《计划书》中的保护社区传统文化和公共空间再造作为切入点，运用资产为本和能力建设的整合社会工作理论与方法，激发民众的主体性，培育社区自治组织，逐步探索工业化乡村的社区自治减贫发展实务模式，期望避免社会排斥，推动社区居民共同富裕。

H 村位于广东省珠海市 J 镇沿海，属于该镇下辖的城镇化村居社区。H 村自然环境优良、依山傍水、资源丰富。该村占地面积约 10 万平方公里，曾

① 贺雪峰. 行政还是自治：村级治理向何处去[J]. 华中农业大学学报（社会科学版），2019(6)：1-5.

拥有近600亩农田和滩涂。近年来，因高速公路等基础设施建设和商业用地征收了大量土地，村庄仅保留少量的宅基地。依据传统青石屋和村集体小产权房的位置，以一条主干道作为分界线，村民将社区划分为旧村和新村。H村本地户籍人口为590人，共有349户，其中长者有100余人，主要居住在旧村；外地人口有3 000余人，分散居住在新村和旧村的出租房；代耕农有13户，共计100余人，居住在村庄的边缘地带。[①] 根据调查，H村的外来务工人员以三代同堂共同居住为主，也有许多人独居。改革开放前，村民的生计模式以农耕、捕鱼为主，外出经商为辅。改革开放后，随着工业化和城市化的迅猛发展，外出务工和个体经营逐渐成为社区居民的生计模式，市场主导的务工收入成为村民的重要经济来源。此外，本地村民还享受一定数量的集体分红，但代耕农和外来务工人员没有享受任何公共福利资源。

一、H村的社区治理危机与贫富分化

H村的发展变化过程是珠三角农业、渔业村向工业化社区转变的缩影。从1978年开始，作为中国改革开放的前沿阵地，珠海市率先成为经济特区，依靠毗邻港澳的优势，除了推行家庭联产承包责任制，政府还推动农业生产方式向工业发展模式转型，促使大批农民（含渔民）陆续“洗脚上楼”。与此同时，为了防止土地抛荒并完成国家公粮缴纳任务，各级政府从广东梅州、云浮等边远地区大量引进农民，并将农田免费或低偿出租给他们耕种，由此，作为没有户籍的定居者，代耕农成为H村村民的组成部分。

自20世纪90年代以来，伴随城市化和工业化的快速推进，珠三角逐步

① 截至2020年5月，H村村小组统计的人口数据。

成为“世界工厂”。珠海市出台“城市西拓、工业西进”的政策，J镇开始大量引进工厂，第一家工厂便坐落于H村，工厂租用的土地中有近100亩属于H村的农田。① 大量外来务工人员进入H村居住，彻底改变了村庄的人口结构和发展模式，该村逐渐从一个农业、渔业村转变成工业化、城镇化社区，社区从单一的农(渔)业人口社区转变成包括本地村民、代耕农和外来务工人员在内的杂居的工业化社区。

除了人口结构的巨变，随着工业化和城市化程度日益加深，H村逐步面临基层政权“悬浮”、村民自治“空转”等治理困境。②③ 第一，受体制改革和市场经济的影响，社区治理的资金来源从过去的向农民汲取转变为上级政府划拨，促使基层政权从过去的“汲取型”变为“悬浮型”，基层政府与村民的关系日益松散。④ 基层干部作为社区治理代理人的角色日益减弱，社区治理变成自上而下的管理模式。第二，社区自治“空转”，村民难以享受民主平等的权利，社区难以发挥自治的功能。一方面，虽然民主选举得到普及，但民主决策、管理与监督这三大民主途径在实践中被虚化了。有村民说：“这些事情我们决定不了，你们(社会工作者)找干部吧。”很显然，村民缺少民主决策、管理与监督的途径和机会。另一方面，社区治理行政化导致村民的自我服务、自我管理、自我教育的自治功能难以真正发挥出来。

---

① 万向东.珠海红星村口述史：一个南海边陲工业化村庄的变迁[M].广州：中山大学出版社，2019：2，178.

② 周飞舟.从汲取型政权到“悬浮型”政权：税费改革对国家与农民关系之影响[J].社会学研究，2006(3)：1-38.

③ 张树旺，卢倩婷.论治理有效的新时代乡村治理体系的塑造：基于广州南村治理创新模式的考察[J].华南理工大学学报(社会科学版)，2018，20(4)：78-86.

④ 同②.

贺雪峰认为取消农业税后，随着国家资源下沉，国家权力日益深入社区治理的各个环节和具体过程，社区越来越按照上级程序和规范进行治理，村民参与基层治理的机会逐渐减少。① H 村村干部直言："近年来，怎样使村民和谐共处，增强不同村民的凝聚力，是社区工作的重点和难点。"②此外，从社区治理的参与主体而言，H 村的长者、妇女和青少年等拥有本地户籍的村民，以及没有本地户籍身份的代耕农和外来务工人员，都需要积极参与社区治理。

由此可见，H 村在工业化和城镇化的变迁过程中，形成了本地村民、代耕农和外来务工人员"同村共居"的现实。因为户籍制度、土地权属、利益分配等权力关系失衡，本地村民与代耕农、外来务工人员之间因为利益冲突而产生矛盾甚至相互排斥，致使社区贫富分化，村民公共意识和公共参与意愿逐步降低。大体而言，H 村的社会排斥主要表现在制度性排斥、经济性排斥、文化性排斥三个方面。由此可见，社会排斥渗透在日常生活的各个角落，并潜移默化地瓦解着 H 村社会关系的根基，使村民缺乏社区责任感和公共道德基础，最终导致公共生活与社区参与的丧落，贫富分化加剧。

H 村的社区治理困境直接导致社会排斥，并加剧了贫富分化。改革开放以来，现代生产方式彻底改变了传统小农生产方式，维系 H 村乡村共同体的根基被破坏，传统乡村组织和自治机制日益衰败，村庄凝聚力不断下降。

① 贺雪峰. 行政还是自治：村级治理向何处去[J]. 华中农业大学学报(社会科学版)，2019(6)：1-5.

② 万向东. 珠海红星村口述史：一个南海边陲工业化村庄的变迁[M]. 广州：中山大学出版社，2019：2,178.

在此基础上，H 村及其周边工厂吸引了大量外来务工人员，改变了 H 村的人口结构、生活方式和社区关系，引发大量社区矛盾和纠纷，加深了社区原子化和碎片化程度，致使 H 村的社会关系日渐疏离。因此，社会排斥和贫富分化问题日益成为 H 村社区治理的难题。

如何推动自下而上的社区自治，从而避免社会排斥、贫富分化，是 H 村加强社区治理、缩小贫富差距的核心问题。能力建设和社区组织的社区减贫发展策略为中国反贫困社会工作提供了新的思路，期望能以此为方向，引导和鼓励村民参与社区公共事务，提升本地村民的社区认同感，增强外地村民对"新故乡"的归属感，更重要的是提升村民的能动性和主体性，推动互助合作与组织发展，从而实现自下而上的社区自治，加强社区团结，避免社会排斥，缩小贫富差距，保障工业化乡村实现有效治理。

二、迈向社会赋权的社区自治减贫发展实践

社区自治是绿耕"五位一体"乡村社区减贫发展的核心维度。在 H 村，绿耕社会工作者以打造公共空间和公共参与为切入点，促进本地村民、代耕农和外来务工人员相互"看见"，共创包容型社区，从而避免社会排斥，缩小贫富差距。在具体的实践中，社会工作者主要通过组织与能力建设，推动本地村民、代耕农和外来务工人员参与公共事务、互助合作，逐步迈向社会赋权的社区自治减贫发展，确保社会治理的有效性、普惠性，从而实现共同富裕。

1. 挖掘、重整社区的优势资产

绿耕社会工作者以优势视角和资产建设分析 H 村，广泛动员本地村民

和代耕农、外来务工人员，充分发掘社区的特色与资产，从而依靠社会关系提升社区发展的内生动力。首先，“用脚画地图”。社会工作者推动村民重新审视社区，从有形和无形资产出发，寻找社区的文化特色，并绘制社区传统的青石屋、粮仓、晒谷场等有形的资产地图。

其次，寻访“社区达人”。社会工作者着重寻访无形社区资产，尤其是寻访以“人”为核心的社会关系和传统技艺等。具体做法包括：利用举办丰富多彩文化活动的机会，邀请懂得农耕技艺的村民、掌握烹饪技艺的妇女等共同策划活动，充分调动“社区达人”的积极性和能动性。

最后，挖掘资产背后的“隐喻”和内生动力。社会工作者广泛动员青少年和老人参加社区活动。例如，培育青少年“小记者”入户访谈，聆听老人讲述社区的变迁和生活，重新发现并传承本土历史文化，鼓励老人回忆之前集体劳作的场景，体会集体劳动的艰辛和互助合作的乐趣等。

总之，挖掘、重整H村优势资产的过程逐步打破了代际关系，尤其是打破了本地和外地群体之间的身份边界，提高了本地村民、代耕农和外来务工人员的公共参与度和社区包容度。

2. 重建公共生活：避免社会排斥

复兴社区公共性，重建本地村民、代耕农和外来务工人员的公共生活是绿耕避免社会排斥，协助民众迈向共同富裕的核心策略。社会工作者根据前期资产盘点的情况，制定了参与式打造社区公共厨房（青石屋）、文化活动中心（粮仓）和地塘广场（晒谷场）等公共空间改造计划，希望活化社区关系，增强社区凝聚力。

首先，参与式打造社区公共厨房的行动激活了妇女、老人、青少年的公共参与意识和主体性，促进了本地村民、代耕农、外来务工人员三者之间的合作。打造社区公共厨房的集体行动分为两个阶段。在第一个阶段，社会工作者利用驻村与村民建立信任关系的优势，调动以妇女、老人为主的本地村民、代耕农和热心公益的外来务工人员组成公共厨房建设小组，大家齐心协力，将一栋废弃的传统祖屋打造成社区公共空间。社会工作者有幸邀请到华南理工大学古建筑设计团队多次进村与村民骨干共同参与设计和施工的环节。设计师多次征询本地村民、代耕农和外来务工人员的意见并制作建筑模型。共有 20 余名妇女和老人参与公共空间建设，他们不仅提出许多建设性意见，而且积极参加社区厨房的施工和空间布置。例如，本地村民制作阁楼防护栏、储物柜、书架、牌匾、对联等，代耕农和本地老人捐赠插秧盆、盆栽等传统老物件等。此外，社会工作者发动妇女和老人带动家庭，共同参与“我为厨房起名字”征名活动。经投票，老屋最终被命名为“众爱社区公共厨房”。“众爱”寓意着老屋是所有村民都喜爱的房子。社会工作者利用社区厨房建设的过程，将本地村民、代耕农和外来务工人员聚起来，借助公共参与和重建公共生活的机会，大家相互“看见”、彼此合作，避免社会排斥。在第二个阶段，社会工作者充分利用社区厨房，以节气共食活动为契机改善社区关系，与村民共创包容型社区。社会工作者发现共食是本地村民、代耕农和外来务工人员共同的兴趣爱好，因此可以充分依托众爱社区公共厨房，依据不同节气，开展一系列美食文化活动。通过美食文化活动，本地、外地妇女经常聚在一起共同施展厨艺，互相教授烹饪方法，进而分享各自的美食文化故事。最难得的是，这样的活动搭建了本地村民、代耕农和外来务工人员平等对话的平台，通过分享和交流，促使他们相互“看见”、彼此理解，一定程度上化解了他们之间的文化偏见和隔阂，初步改变了本地村民对外来务工人员和代耕农的刻板印象。

其次，改造文化活动中心（粮仓）的过程增强了本地村民、代耕农和外来务工人员的互动和公共参与意识，推动了他们同台“展演”、相互“看见”。文化活动中心的原址是粮仓，它承载了本地村民的历史记忆，因此，改造粮仓不仅激发了本地村民的深度参与，而且为推动本地村民、代耕农和外来务工人员参与社区公共事务创造了条件。改造粮仓的过程经历了方案讨论、施工改造、装饰布置三个阶段。在方案讨论阶段，作为历史的见证者和使用主体，本地村民和代耕农积极表达诉求和设计构想。确定设计方案后，社会工作者先后召开两次粮仓改造方案讨论会，广泛动员村民表达诉求（休闲娱乐功能等）和建议（加强安全性等）。简言之，基于粮仓的历史特点和公共属性，社会工作者本着“尊重历史、平等参与”的原则，以“中间人”的角色，向基层政府等合作方争取机会，推动村民逐渐成为社区公共事务的参与主体。在施工改造和装饰布置阶段，本地和外地村民扮演了参与者和监督者角色，共同关注粮仓的改造过程。一方面，本地和外地村民成为参与的主体。在社会工作者的沟通下，政府提供资金支持，设计师和施工方让渡部分职能，由 H 村工程队承担墙面修缮工作①；社会工作者倡导节约资源和保护生态环境，采用贡献劳动、捐款捐物等方式组织开展“我爱我粮仓”“我为粮仓添

① H 村工程队起源于集体大生产时期。当时为了建设村庄集体和个人房屋，部分村民学习掌握了建房施工技能，并逐渐形成工程队。随着家庭联产承包责任制的推行和城市化发展，工程队成员纷纷前往珠海市其他地区打工赚钱，主要从事建筑施工行业。至今，该工程队依然是非正式的、松散的社区组织，经常承接社区内部公共建筑（如圣母庙等）的修缮工作。

家当”等社区公益活动，并邀请“社区达人”制作粮仓装饰品（如牌匾、对联等）。该过程有效地促进了村民个体能力建设，增强了互助合作意识，增进了社区公共责任与文化认同。另一方面，本地和外地村民充分行使监督权，监督工程进度、施工现场安全等。由此可见，粮仓改造工作突破了户籍身份限制，使村民，尤其是代耕农和外来务工人员获得了参与社区共治的机会与权利。

总之，粮仓改造及其集体属性唤醒了本地村民的历史记忆和共同体意识，激发了外地村民的社区责任感和公共道德，加强了本地村民和外地村民之间的社区联结。在粮仓改造过程中，社区民众扮演参与者和监督者角色，他们凭借自身的优势与资源，在公共生活中找到了自身的位置和责任；社会工作者扮演使能者和“中间人”角色，协助本地和外地村民享有平等参与权，从而保持村民、政府、设计师和施工方之间的互动渠道畅通，保证村民主体性作用的发挥。

基于以上公共空间建设的探索，参与式打造地塘广场进一步扩大了公共参与，推动了本地村民、代耕农和外来务工人员更大范围的沟通交流与互助合作，有效减少了社会排斥。为了完善公共空间的基础设施，村民与社会工作者共同决定在地塘广场修建花坛、石桌、石凳。经协商，修建花坛的资金出自部分社区公益金和项目经费，由 H 村工程队负责修建。同时，社会工作者动员青少年、老人和妇女组织开展丰富的社区活动，从而带动其他村民广泛参与，如青少年和妇女为参与劳动的村民制作下午茶，为参加“义剪”的村民搬运建筑材料等。此外，许多“围观”的村民自发通过“捐款捐物捐劳动”的方式参与其中。经统计，最终共有 50 余位不同性别和年龄的本地和外地村民参与地塘广场打造工作，社会工作者也将村民参与情况（包括姓名、劳动时长等）向社区公示。在此过程中，社会工作者充分发挥了组织者和使能者的作用，引导村民发挥个体优势和群体力量，协助不同群体找到自己的角色和位置，创建互助合作的平台，让村民彼此“看见”、相互理解，重建包容型社会关系，避免社会排斥。

综上所述，打造公共空间是重建公共生活的有益尝试，打破了本地村民、代耕农和外来务工人员之间的刻板印象和相互隔阂，塑造了新型的社会关系，有效避免了社会排斥。第一，依托三个公共空间（厨房、粮仓、地塘）的共建过程，社会工作者以资产为本和能力建设理论为指导，挖掘社区民众的优势和资产，搭建社区公共生活平台，引导和鼓励本地村民、代耕农和外来务工人员摆脱身份限制和文化束缚，增强彼此的交流与合作，并通过有意识地培养社区骨干，强化不同群体的公共参与意识和主体性。第二，打造公共空间项目有效激发了本地和外地村民的社区责任感和集体认同，将其关注点从私人生活转向公共参与，逐步打破了本地村民、代耕农和外来务工人员相互封闭的界限与隔阂，避免社会排斥，逐步实现社区共治、包容的减贫发展目标。

3. 重塑社区共同体：缩小贫富差距

在重建公共生活、避免社会排斥的基础上，社会工作者始终坚守“弱势优先”的价值观，立足能力建设和社区组织的基本原则，着重挖掘边缘弱势群体的内生动力，通过培育社区自治组织，探索另类生计发展项目，促进自下而上的社区自治，旨在避免社会排斥，缩小贫富差距，重塑社区共同体。

“古法蚝油文化节”打破地理、身份、文化等社会边界，激活了社区居民，尤其是弱势群体的优势资产和内生动力，在一定程度上既改变了原有的权力和资源分配格局，又推动了自下而上的社会参与，逐步重构了社区共同体。在打造公共空间和口述历史的基础上，各级政府和社会工作者支持本地村民、代耕农和外来务工人员共同推动 H 村传统“赶海文化”的复兴。具有代表性的行动案例是社会工作者联动各级政府和社区共同复兴“古法蚝油文化节”。首先，社会工作者鼓励 H 村及其邻近村的村民、代耕农和外来务工人员运用“自己的眼光”重新审视“赶海文化”和传统技艺，并邀请传统手艺人讲述打灶、洗锅、种蚝、打蚝、开蚝、煮蚝水、洗蚝、炖蚝油、晒蚝豉等工序及其细节。紧接着，L 村①村民 XMG、ZZE 和 ZSH 主动邀请社会工作者前往附近滩涂，亲自演示和教授打蚝技巧。同时，村民们主动捐赠了十余件与蚝油文化相关的生产和生活用具。在相互交流的过程中，H 村、L 村村民多次表达了对传统蚝油文化丧落（蚝油文化被淡忘、无人传承）的痛惜和遗憾，并主动提出应该传承和保护蚝油文化。其次，社会工作者引导手艺人和村民共同举办以“吃蚝、品蚝油”为主题的美食制作讨论会，共同回忆与蚝相关的菜式，如蚝油点鸡、发菜蚝豉等，并进行现场制作，鼓励社区民众弘扬蚝油文化。最后，社会工作者推动 H 村成立“古法蚝油守艺人”团队，学习古法蚝油技艺，并在首届“古法蚝油文化节”上现场熬制蚝油，讲述蚝油文化故事。在当地政府部门的支持下，社会工作者邀请专业拍摄团队全程录制熬制蚝油的过程，并制作成《守艺人——古法蚝油重生

① L 村是鱼林村下辖的自然村之一，是鱼林村文化历史最悠久的自然村之一，与 H 村的直线距离约 3 公里。

记》文化纪录片，使古法蚝油文化首次以视频的方式公开亮相。此外，“古法蚝油文化节”还推出“蚝宴”、社区公益市集等活动。“蚝宴”吸引了本地和外地村民、H村附近企业的员工、游客，共计600余人参与，极大地提升了村民对传统“赶海文化”和蚝油文化的认同和自豪感。在这次“古法蚝油文化节”上，社会工作者推动成立的，由本地和外地妇女骨干组成的H村自主创业妇女小组，通过售卖自制的农产品、健康零食、手工艺品等，共创收近13 000元。

总之，“古法蚝油文化节”在促进本地村民、代耕农和外来务工人员相互包容，避免社会排斥的同时，也赋予了本地和外地村民平等参与社区经济并获得劳动报酬的权利，使其作为劳动者能够共享成果，从而缩小贫富差距。与一般生计项目不同，社会工作者在H村进行的社区经济尝试又被称为团结经济或社会经济，这是一种替代性经济形式。[①] 它强调社区民众志愿合作和经济自主性，包括自下而上的社区参与、培育社区组织、搭建资源网络，从而实现社区和民众赋权增能等。[②] 社会工作者秉持劳动有价、平等互助的原则，鼓励本地和外地村民充分利用社区优势资产，发挥个体和社区能动性，采用平等对话、集体协商、外出学习等方式，培育社区自治组织；通过“城乡合作、公平贸易”的社区经济途径，进一步改善生计，缩小贫富差距，实现共同富裕。例如，受“古法蚝油文化节”的鼓舞，社会工作者秉持弱势优先的价值观，鼓励本地和外地村民利用社区资产和优势，发挥个体能动性；采用小组工作等专业方法，推动H村成立生计发展互助组，并将其细分为社区厨房

① 米勒. 团结经济：主要概念和问题[J]. 罗晓旭，刘亚，译. 开放时代，2012(6)：5－17.
② 黄洪. 以资产为本推行社区经济发展——香港的经验与实践[J]. 江苏社会科学，2005(2)：227－231.

接待小组、社区资产导赏小组、社区教育讲师等。社会工作者扮演使能者和陪伴者的角色，协助各小组通过 PPT 演讲提升社区导赏和讲授能力，并举办接待小组“试菜评议会”，以鼓励组员提高服务质量。此外，社会工作者乘机提升生计小组的综合能力，完善小组内部合作机制，规范小组管理，讨论并确定按劳分配原则和公益金提取比例及其用途等，确保生计小组良性发展。社区公益金在一定程度上弥补了妇女和老人等边缘弱势群体的生计需求，更有意义的是，其公共福利性质增强了 H 村村民的身份认同，重新唤起了民众的公共参与意识，增强了社区凝聚力。最关键的是，社会工作者倡导按劳分配原则，根据劳动时间和强度，由小组成员共同商定收益分配规则，这在本质上肯定了劳动价值，使劳动者获得了应有的劳动报酬，改变了资本控制的财富分配方式，加强了社区团结①，从而缩小贫富差距，共创包容型社区。

第三节　H 村的社区自治减贫发展实践反思

H 村的社区自治减贫发展实践表明，只有实现自下而上的社区自治，才有可能避免社会排斥，缩小贫富差距，从而保障社区减贫发展的成效。绿耕社会工作者在 H 村开展的社区自治减贫发展实践具有以下可资借鉴的实务经验：

第一，社会工作者运用资产建设理论发掘并肯定本地村民、代耕农和外

① MIDGLEY J, LIVERMORE M. Social capital and local economic development: implications for community social work practice[J]. Journal of community practice, 1998,5(1/2): 29 - 40.

来务工人员的劳动价值，促进自下而上的社区自治，有利于避免社会排斥，增强社区团结，推动社区内源性发展。社区自治的核心在于推动村民共同参与管理社区公共事务①，使其拥有社区治理的主导权②。同时，社区内部的历史文化、社会关系等潜在资源是民众参与公共事务和提升主体性的基础。③ 社会工作者运用同吃、同住、同劳动等群众工作路线，以“局内人”视角体验本地村民、代耕农和外来务工人员的生活，从而逐步破解社会排斥的边界，并与弱势群体建立“互为主体”的信任关系，这有利于培育有公益心的“善人”，实现“善治”。与此同时，社会工作者秉持资产优势，挖掘社区的传统技艺、社会关系以及共享规范、劳动价值等，与本地村民、代耕农和外来务工人员共建社区厨房、文化活动中心、地塘广场等公共空间，有利于复兴社区公共生活，重建社区联结，避免社会排斥，重拾主体性。

第二，面对社区排斥的困境，社会工作者利用驻村入户的“在场”优势，发现了“角落里”（被忽视的边缘地区等）和“衔接处”（被忽视的社会关系等）④，并在与各方人员共创公共生活的过程中对其进行干预，避免社会排斥，推动社区自治减贫发展。在 H 村，社会工作者在“角落里”和“衔接处”扮演使能者和“中间人”的角色，以打造社区厨房、活动中心、地塘广场为载体，与本地村民、代耕农和外来务工人员共创公共生活，从而营造开放包容的社

① 张和清，古学斌. 重塑权威之下的善政格局：中国乡村治理困境分析[J]. 人民论坛·学术前沿，2012(10)：18-26.

② 朱健刚，胡明. 多元共治：对灾后社区重建中参与式发展理论的反思：以“5·12”地震灾后社区重建中的新家园计划为例[J]. 开放时代，2011(10)：5-25.

③ 张和清，杨锡聪，等. 社区为本的整合社会工作实践：理论、实务与绿耕经验[M]. 北京：社会科学文献出版社，2016：54-65.

④ 冯仕政. 社会治理与公共生活：从连结到团结[J]. 社会学研究，2021，36(1)：1-22.

区自治的文化氛围。社会工作者借助社区组织与能力建设策略，利用打造公共空间的机会推动社区公共参与和社区自治，促使本地村民、代耕农和外来务工人员逐渐突破身份和文化边界，逐步消除标签化和污名化，重塑包容型社区，避免社会排斥。

第三，社会工作者运用社区组织的策略推动社区经济，重建社区共同体，缩小贫富差距，保障社区减贫发展的有效性。社区经济不仅关注劳动有价、按劳分配的基本原则，而且强调通过社区组织和资源网络推动边缘弱势群体互助合作，以便改善社会关系，促进社区公共参与①，逐步改变权力和财富分配不平等的格局。社会工作者坚守“弱势优先”价值观，培育社区互助组织，坚持社区经济劳动有价、互助合作的基本原则，推动本地村民、代耕农和外来务工人员进行平等表达、民主决策，协助社区组织依据按劳分配、协商共议、民主决策的组织原则和管理规范，改变不平等的权力关系和分配方式，重塑团结互助的社区共同体。这在一定程度上回应了社会排斥问题，弥合了贫富分化，保障了社区减贫发展的有效性。

第四，虽然绿耕在H村开展的社区自治减贫发展试验在一定程度上避免了社会排斥，加强了本地村民、代耕农和外来务工人员的社会团结，但在缩小贫富差距方面仍存在明显的限制。社会工作者基于能力建设和社区组织原则，推动本地和外地村民重建社区公共空间和公共生活，促进了自下而上的社区自治。然而，H村社区自治的减贫发展试验并未从根本上改变分配结构，公平贸易和社区公益金等推动按劳分配和社区公益事业的成效十

① 黄洪.以资产为本推行社区经济发展：香港的经验与实践[J].江苏社会科学，2005(2)：227-231.

分有限。换言之，从经济方面来看，绿耕的尝试并未明显地缩小贫富差距。但绿耕社会工作者在推动社区公共参与、复兴社区自治共治、解决相对贫困问题和缩小贫富差距等方面的实践探索，为社会工作参与扶贫提供了借鉴。

第九章　马克思主义生态视野与中国乡村社区生态、生计和生活可持续发展

——以绿耕项目为例[①]

作为本书的总结，本章基于前面几章关于“五位一体”乡村社区减贫发展与可持续发展的理论反思，提出本书的核心观点——迈向乡村振兴的反贫困社会工作。从绿耕社会工作者20余年来深入中国“三区”和工业化乡村社区，开展反贫困社会工作的实务经验和乡村社区发展的实践过程，笔者得出如下结论：中国许多乡村社区民众面临生计困难（经济）、社区治理危机（政治）、乡土文化认同淡漠（文化）、社会关系疏离（社会）、村居生态环境恶化（生态）五个方面的日常生活困境。因此，绿耕社会工作者采取驻村的工作方法，依靠志愿合作的赋权途径和社区资产建设的赋权策略，逐步推动乡村社区迈向生计发展、社区自治、文化认同、社会互助、环境友好的美好社区

① 本章曾以“社会工作干预与中国乡村生态、生计和生活可持续发展的行动研究——以绿耕项目为例”为题，发表于《社会学研究》2021年第6期，此次收录略有修改。

和幸福生活。笔者认为，绿耕采取的“五位一体”社区减贫发展模式的根本宗旨就是推动乡村社区可持续发展。因此，本章将首先反思中国社会工作的理论与实务困境，再依据马克思主义的生态视野讨论中国乡村衰落的社会根源，以及生态、生计、生活危机的状况，最后基于绿耕的经验教训，提出迈向乡村振兴反贫困社会工作的总目标是推动中国乡村社区生态、生计和生活可持续发展。

第一节　中国社会工作的理论与实务困境

一、问题的缘起

2001—2006年，绿耕扎根云南的少数民族村寨，运用社会工作专业方法推动文化与发展项目。驻村社会工作者运用口述史研究方法评估村民的需求，培育出包括老人、妇女和青少年在内的七个兴趣小组，并与村民一起建立文化活动中心。以文化活动中心为依托，社会工作者与部分村民编写村史、开办妇女夜校、资助小学生读书、举办大型文娱活动等。项目总目标是通过社区组织和社区活动，在丰富村民文化娱乐生活的同时，弘扬少数民族传统文化，使村民重拾民族自信心。然而，在项目实施的过程中，社会工作者不断遭遇项目目标与村民需求不匹配的状况。例如，在编写村史的过程中，面对社会工作者召集的会议，村民碍于情面一般都会参加，但当要求讲述村寨的历史时，他们往往一边推脱自己不善言辞，一边请求社会工作者帮助销售农副产品。村民不断强调自己“没钱买化肥”“没钱看病”“没钱交学费”“没钱盖房子”等生计方面的困难。与此同时，村落的生态问题也令人担忧。为了赚钱，许多村民砍树种姜，破坏了生态环境；为了提高农作物产量，几乎所有的村民都过度施用化肥农药，导致水源污染、土壤板结等问题。面对村民生态、生计和生活方面的问题，驻村社会工作者基本无力回应，挫败感很强。

2008年，绿耕进入四川省汶川县龙坡村和雅安市庙村推动灾害社会工作，之后经历了从紧急救助到社区重建的十余年历程。在此期间，笔者还深入青海省玉树市、广东省茂名市和云南省鲁甸县的地震、泥石流现场开展灾害社会工作调研，目睹了天灾、人祸恶性循环造成的山河破碎，深感切肤之痛。之后，笔者又带领绿耕社会工作者长期扎根广东省、湖南省等汉族、少数民族乡村，从事农村、民族社会工作实践等。20余年的乡村社会工作实践经历，促使笔者不断反思中国乡村社区面临的问题，期望与社区民众，尤其是边缘弱势群体共同面对生态、生计和日常生活的挑战，寻找社区可持续发展的道路。

二、社会工作理论范式与实务模式的本土困境

面对社区民众的生态、生计和生活问题，以维护公平正义为己任的社会工作本应大有作为，却遭遇了专业发展的瓶颈——很多时候，社会工作既无力回应社区民众的民生问题，也无法应对人与环境相互侵害的生态议题。究其原因，笔者认为是中国社会工作面临着理论与实务的双重困境。

按照派恩(Payne)的观点，社会工作理论范式可以分为个人主义—改良主义、反身性—治疗性、社会主义—集体主义三种。个人主义—改良主义范

式具有维护取向：社会工作针对服务对象的个人问题提供相应的社会福利服务，使其能够摆脱困境，恢复社会功能，达到维护社会秩序和推动社会稳定运转的目的。反身性—治疗性范式具有治疗援助取向：社会工作者与服务对象在持续不断的互动中相互影响，使社会工作具有反身性，在觉察和回应服务对象需求的基础上，协助个人、团体和社区成长、自我实现，进而使其走出困境，提升福祉。社会主义—集体主义范式具有解放取向：社会工作通过赋权，使人们参与到学习与合作的行动过程中，改变致使贫困弱势群体处于不利处境的结构性因素，共同创建新的、更平等的资源分配机制和社会关系。①

在理论层面，受功能主义理论影响，个人主义—改良主义和反身性—治疗性范式强调个体对社会环境的适应，相较于社会改变，这两种范式更加关注个人工作。② 个人主义—改良主义范式下的任务中心模型和反身性—治疗性范式下的心理动力模型③，都未将服务对象及其问题置于社会结构的发展脉络中加以理解分析，而是针对服务对象的心理社会问题，探究可能的阻碍和可以催化改变的部分，并协助服务对象界定当前想要解决的问题和可以解决的问题是什么，旨在解决问题，而非探究问题之历史根源。因此，社会工作者的处置策略重在协助服务对象自觉与自决，让服务对象清楚觉知自己的问题，并决定目标、策略和自己的行动。④ 这种专业模式虽然有助于

① 派恩．现代社会工作理论：第3版[M]．冯亚丽，叶鹏飞，译．北京：中国人民大学出版社，2008：10.

② 同①11.

③ 同①13.

④ 宋丽玉，曾华源，施教裕，等．社会工作理论：处遇模式与案例分析[M]．台北：洪叶文化事业公司，2002：192－193，196－197.

解决服务对象眼前的迫切问题，但忽视了人与环境的有机联系，以及人的全面发展需求，因此既无法有效应对人与自然的矛盾问题，也无法解决服务对象面临的生计困难、社区自治难以落实、文化衰落、社会关系疏离、生态环境污染等问题。

在实务层面，受个人主义—改良主义和反身性—治疗性范式的影响，一些社会工作实务出现了“头痛医头，脚痛医脚”的短期化介入取向。在具体的工作过程中，社会工作者倾向于割裂式地套用个案、小组和社区工作方法，针对服务对象的问题对症下药，或者机械地通过个案、小组和社区工作方法解决个人问题、恢复社会功能、维护社会稳定，又或者把社会工作看作化解社会矛盾的“灵丹妙药”。结果自然是不仅忽视了服务对象作为一个独立个体的人的存在，还忽略了经济、政治、文化、社会、生态文明等结构因素对其困境的形塑力量。此外，这样的专业助人关系还会强化服务对象的依赖性，弱化其能动性，以及因无法修补服务对象功能而增强社会工作者的挫败感。①

在反思前两种社会工作理论范式和实务模式局限性的基础上，笔者以云南P村、四川龙坡和广东溪流村为例，运用马克思主义生态视野分析乡村衰落的现状及其社会根源，并探寻生态社会主义的出路。之所以运用马克思主义生态视野，是因为其具有社会主义—集体主义范式的解放取向和结构立场，乡村生态、生计和生活的恶化、相互缠绕与社会结构有着深刻的渊源。马克思主义生态视野关于人与自然“新陈代谢断裂”和系统性恢复的观

① 张和清，裴谕新，古学斌，等．灾害社会工作：中国的实践与反思[M]．北京：社会科学文献出版社，2011：29－30.

点有助于分析乡村生态、生计和生活恶化的社会根源，提炼社会工作干预的本土经验，以回应乡村振兴战略并推动乡村社区减贫与可持续发展。

第二节 马克思主义生态视野与中国乡村衰落

受当前西方绿色社会工作理论思潮和具体实践的启发与反思，笔者对一些继承马克思主义观点的社会工作学者积极回应当代生态环境的议题、探寻人与自然可持续发展路径的行动和倡议十分认同。例如，多米内利(Dominelli)倡导可替代的整体世界观。她认为，西方关于世界的思考方式和工业化进程优先考虑人的利益，强调人对自然的控制和剥削，在意识形态和实践中逐渐发展为人与自然的二元对立。绿色社会工作挑战这种人类优先的二元对立观点，认为人与自然万物、社会组织之间相互依赖，人类的经济活动造成的生态环境危机反过来会影响人类福祉。她建议开展整合社会工作实践，既要致力于改变全球结构性不平等和贫困问题，加强互信与团结，又要充分利用有限的自然资源造福弱势群体。① 但相比于侧重环境伦理的绿色社会工作，笔者更倾向于马克思主义的生态视野，因为它不仅批判了资本主义生产方式如何造成"新陈代谢断裂"和人与自然的双重破坏，而且从社会主义角度指出了"新陈代谢断裂"的系统性恢复与可持续发展之道。

---

① DOMINELLI L. Green social work: from environmental crises to environmental justice[M]. Cambridge: Polity Press, 2012: 1-9, 171.

一、马克思主义的生态观：对资本主义生产方式的批判与可持续发展

对于资本主义生产方式造成的人类灾难和不平等方面的批判，马克思主义的影响是最为广泛且深刻的。马克思从他所处时代的特征出发，把目光主要投注于资本对人的剥削，因此，很长一段时间，人们认为马克思主义只是关于无产阶级和人类解放的学说，没有重视马克思关于资本主义条件下生态问题的论述。不过，随着时代的发展，生态问题越来越凸显，马克思关于生态问题的精辟论述也越来越引起人们的重视。

首先，马克思认为人与自然之间是既统一又对立的关系。一方面，人类是自然界长期发展的产物，人本身是自然的存在物，自然是人类赖以生存的基础。人类通过劳动获取必需的物质生活资料，而劳动是以自然为前提的，没有自然，劳动不可想象。“正像劳动的主体是自然的个人，是自然存在一样，他的劳动的第一个客观条件表现为自然、土地，表现为他的无机体；他本身不但是有机体，而且还是这种作为主体的无机自然。这种条件不是他的产物，而是预先存在的；作为他身外的自然存在，是他的前提。”①另一方面，人在自然面前并不是完全被动的。作为自然的存在，人类受到自然条件和自然规律的约束；作为能动的存在，人类将自己的各种需求转化为对自然的改造，从而开辟出人化自然和社会化自然。同时，劳动也是连接人与人之间关系的纽带，为了不断满足与自然更新、更多的交换需求，人必须通过合作完成与自然的交换，于是分工越来越细，人与人之间的联系也更加紧密，人

① 马克思，恩格斯．马克思恩格斯选集：第 2 卷[M]．中共中央马克思恩格斯列宁斯大林著作编译局，编译．北京：人民出版社，2012：740.

类对自然的改造就变成人类集体协作的实践活动。

其次，马克思对资本本性的批判揭露了生态、生计和生活恶化的根源。资本主义生产方式就是以资本为原则、以雇佣劳动为基础、以获取利润为目的的商品生产。马克思通过分析资本本性，深刻揭示了资本在资本主义经济、政治、生活中的双重作用。一方面，资本极大地推动生产力的发展；另一方面，资本也在不断加剧资本主义社会的基本矛盾，导致人与自然、人与人、人与社会之间的矛盾日益尖锐，资本主义社会走上了一条充满冲突和对抗的不归之路。由于马克思生活在早期资本主义社会，受到了阶级残酷的压迫，此时他批判资本对劳动者的剥削和无产阶级的日益贫困化问题，目标在于探寻无产阶级和人类解放的道路，而对资本压榨资源、破坏环境的一面没有进行系统的批判。

随着生态环境的日益恶化，生态马克思主义理论家从马克思那里寻找批判的武器，通过解读马克思主义，使马克思的人类解放学说发展为关于解放自然的生态学说。其中，福斯特（Foster）挖掘了“新陈代谢”“新陈代谢断裂”这两个反映马克思主义生态观的重要概念，分析了这两个概念所包含的人与自然的关系，以及资本主义生产方式与生态危机之间的关系的辩证性，强调资本主义造成的人与自然物质变换关系的断裂，揭示了马克思主义生态观的意涵。①

1. “新陈代谢断裂”

19 世纪 60 年代，在反思第二次农业危机时，马克思采用了“新陈代

① 福斯特. 马克思的生态学：唯物主义与自然[M]. 刘仁胜，肖峰，译. 北京：高等教育出版社，2006：172－188.

谢”①这一概念来解释人与自然的关系。他认为人和自然之间发生着“新陈代谢”，而劳动是人和自然“新陈代谢”过程的中介。他一方面强调劳动对人与自然之间的新陈代谢发挥着调控作用，另一方面也指出了劳动的本质。劳动首先是人和自然之间“新陈代谢”的过程，是人以自身的活动作为中介来调整和控制人和自然之间的物质变换的过程。作为一种自然力，人自身与自然物质相对立。为了在对自身生活有用的形式上占有自然物质，人就使自身的自然力——臂和腿、头和手运动起来。当人通过这种运动作用于他身外的自然并改变自然时，也就同时改变了他自身的自然。② 马克思用“新陈代谢”来定义劳动过程，实际上是利用这一概念揭示了人与自然的关系。③ 在资本主义生产条件下，劳动引发了“活的和活动的人同他们与自然界进行物质变换的自然无机条件之间”④发生分离，并且这种分离只在雇佣劳动与资本的关系中才得到完全的发展。此外，马克思还将“新陈代谢”的使用从自然领域扩大到商品流通和更广泛的社会领域，从商品这个资本主义最基本的社会现象入手，将“新陈代谢”贯穿于资本主义的劳动、价值、货币、商品等领域的分析，为揭示资本主义基本矛盾提供了基础。如

① “新陈代谢”的德语是 stoffwechsel，英语是 metabolism。中译本《马克思恩格斯全集》《马克思恩格斯选集》《资本论》等著作分别将其译为“新陈代谢”或者“物质变换”。本书采用“新陈代谢”这一译法，但是在引用中译本的相关内容时，仍按照原文引用。详见陈学明. 马克思“新陈代谢”理论的生态意蕴：J B 福斯特对马克思生态世界观的阐述[J]. 中国社会科学，2010(2)：45－53.

② 马克思. 资本论：第 1 卷[M]. 中共中央马克思恩格斯列宁斯大林著作编译局，译. 北京：人民出版社，2004：207－208.

③ 陈学明. 马克思“新陈代谢”理论的生态意蕴：J B 福斯特对马克思生态世界观的阐述[J]. 中国社会科学，2010(2)：45－53.

④ 马克思，恩格斯. 马克思恩格斯选集：第 2 卷[M]. 中共中央马克思恩格斯列宁斯大林著作编译局，编译. 北京：人民出版社，2012：741.

此一来，“新陈代谢”这一概念既有特定的生态意义，又具有广泛的社会意义。①

“新陈代谢断裂”这一概念是德国化学家李比希（Liebig）最早使用的。他以第二次世界农业革命为背景，用“新陈代谢断裂”这一概念论述生态与资本主义工业化农业之间的矛盾。② 马克思借用这一概念指出，生态危机是资本主义社会人与自然之间出现物质变换后“新陈代谢断裂”的结果。在谈到大工业和农业的关系时，马克思指出资本主义生产使资本主义汇集在各大中心城市的人口越来越占优势，这样一来，它一方面聚集着社会的历史动力，另一方面又破坏着人和土地之间的物质变换。③ 大土地所有制及其所产生的各种条件在社会的，以及由生活的自然规律所决定的物质变换的联系中造成了一个无法弥补的裂缝。④ 在分析土壤养分和肥力枯竭问题时，马克思认为，资本主义农业滥用和破坏土地的自然力，资本主义工业使掠夺土地肥力的手段更疯狂，资本主义商业的发展加速了工农业对土地的掠夺。追

① 福斯特. 马克思的生态学：唯物主义与自然[M]. 刘仁胜，肖峰，译. 北京：高等教育出版社，2006：176.

② 至今，全世界经历了三次农业革命。第一次农业革命是一个持续了几个世纪的渐进过程，这个过程与圈地运动、市场的日益中心化联系在一起，也与包括施肥的改进、作物轮作、排水系统和家畜管理在内的技术变化联系在一起。第二次农业革命持续的时间较短，从 1830 年到 1880 年，以化肥工业的发展和土壤化学的发展为主要特征。第三次农业革命发生的时间较迟，主要发生在 20 世纪，主要内容包括在农场中使用机械牵引力代替动物牵引力，动物在大型饲育场集中养育，植物的基因改造，以及像化肥和杀虫剂这样的化学产品被更加密集地使用。详见福斯特. 马克思的生态学：唯物主义与自然[M]. 刘仁胜，肖峰，译. 北京：高等教育出版社，2006：165.

③ 马克思. 资本论：第 1 卷[M]. 中共中央马克思恩格斯列宁斯大林著作编译局，译. 北京：人民出版社，2004：579.

④ 马克思. 资本论：第 3 卷[M]. 中共中央马克思恩格斯列宁斯大林著作编译局，译. 北京：人民出版社，2004：919.

求利润最大化的不二法则，使资本家不仅剥削劳动财富，还掠夺自然财富。福斯特从马克思的分析中得出一系列关键性结论：第一，资本主义从人类和地球的“新陈代谢”关系中催生出“无法修补的断裂”，而地球是大自然赋予人类的永久性生产条件；第二，资本主义制度下的大规模农业和远程贸易加剧并扩大了这种“新陈代谢断裂”；第三，工业化和机械化农业破坏了传统农业；第四，所有这一切都是资本主义制度下城乡对立的写照。① 上述结论揭示了资本主义的“新陈代谢断裂”问题本质上是资本主义生产方式问题。

2. 系统性恢复与可持续发展

马克思基于“新陈代谢断裂”的分析，提出“新陈代谢”的系统性恢复之道。

一是改变资本主义私有制。马克思认为，土地的资本主义私有制导致土壤衰竭，阻碍了满足人类世世代代生活所需的农业可持续发展。因此，恢复土地的公有制是消除“新陈代谢断裂”的可能途径。从一个较高级的、经济的社会形态的角度来看，个别人对土地的私有权和一个人对另一个人的私有权一样，是十分荒谬的。整个社会、民族，甚至一切同时存在的社会加在一起，都不是土地的所有者。他们只是土地的占有者、受益者，并且他们应当作为好家长，把经过改良的土地传给后代。②

二是在土地公有制的基础上强调合作生产。马克思认为，历史的教训

① 福斯特. 历史视野中的马克思的生态学[J]. 刘仁胜，摘译. 国外理论动态，2004(2)：36－38.

② 马克思. 资本论：第3卷[M]. 中共中央马克思恩格斯列宁斯大林著作编译局，译. 北京：人民出版社，2004：878.

(这个教训从另一个角度考察农业时也可以得出)如下：资本主义制度同合理的农业相矛盾，或者说，合理的农业同资本主义制度不相容(虽然资本主义制度促进农业技术的发展)，合理的农业所需要的，要么是自食其力的小农的手，要么是联合起来的生产者的控制。①

三是消除城乡对立。城乡对立的背后体现了人和土地关系的对立。马克思提出通过工业和农业相结合、人口均匀分布，以及恢复人类与土地的“新陈代谢”关系等措施来消除城乡对立。② 马克思提出的恢复之道就是以社会主义的生产和生活方式对人与自然的关系进行系统性恢复，从而恢复“新陈代谢”，即在人与自然之间建立可持续发展的关系。③

当代马克思主义者进一步丰富并拓展了系统性恢复之道，提出在生产资料共同所有制基础上进行集体行动④、生产过程非官僚化、工人对生产过程实施自我管理⑤，以及生产力和生产关系向更具社会性的形式转型⑥等行动方案，基本形成了关于追求人和自然彻底解放的社会形态构想，即实现生态社会主义。生态社会主义指的是在生态环境问题政治意义日渐突出的事实中逐渐形成的，在社会主义视角下对生态环境问题的政治理论分析与实

① 马克思. 资本论：第3卷[M]. 中共中央马克思恩格斯列宁斯大林著作编译局，译. 北京：人民出版社，2004：137.

② 福斯特. 马克思的生态学：唯物主义与自然[M]. 刘仁胜，肖峰，译. 北京：高等教育出版社，2006：188，194.

③ 陈学明，马克思“新陈代谢”理论的生态意蕴：J B 福斯特对马克思生态世界观的阐述[J]. 中国社会科学，2010(2)：45－53.

④ 岩佐茂. 环境的思想：环境保护与马克思主义的结合处[M]. 2版. 韩立新，张桂权，刘荣华，等译. 北京：中央编译出版社，2006：152－153.

⑤ 阿格尔. 西方马克思主义概论[M]. 慎之，等译. 北京：中国人民大学出版社，1991：499－504.

⑥ 奥康纳. 自然的理由：生态学马克思主义研究[M]. 唐正东，臧佩洪，译. 南京：南京大学出版社，2003：26.

践应对。[①] 马克思主义生态视野是生态社会主义的重要理论基础，一些学者从实践角度进行阐释，认为生态社会主义是基于马克思主义生态理论的“社会物质性实践活动”[②]或“实践应用”[③]。关于社会主义与生态环境问题，学者们也做了理论和现实的区分。佩珀(Pepper)认为，从理论上说，如果应用适当的话，社会主义不一定导致一个污染的社会。[④] 奥康纳(O'Connor)也指出，与资本主义的情况不同，大规模的环境退化可能并非社会主义的内在本质。[⑤] 在发展生产力为第一要务、污染国际转移等因素的影响下，社会主义国家发生环境问题似乎难以避免，这也使转向生态社会主义变得更具现实性。因此，在卷入国际资本主义市场和允许生产资料多种所有制并存的背景下，探寻系统性恢复之道和生态社会主义出路，对于我国生态文明建设和乡村“五位一体”全面振兴无疑具有重要意义。

综上所述，马克思主义生态视野强调，资本主义的生产方式对自然环境(土地等)和人类社会(劳动力等)的破坏，导致人与自然的有机关系解体，也必然产生“新陈代谢断裂”。马克思还指出，正是资本主义大工业和工业化的大农业“齐头并进”破坏了一切财富的源泉——土地和工人。当劳动者与土地等生产资料分离，就产生了马克思所说的“新陈代谢断裂”。如何应对“新陈代谢断裂”，马克思给出的答案是系统性恢复人与自然的有机联系，走

① 郇庆治.生态社会主义述评[J].马克思主义研究，2000(4)：74－81.
② 奥康纳.自然的理由：生态学马克思主义研究[M].唐正东，臧佩洪，译.南京：南京大学出版社，2003：5.
③ 佩珀.生态社会主义：从深生态学到社会正义[M].刘颖，译.济南：山东大学出版社，2005：358.
④ 同③182.
⑤ 同②418.

向生态社会主义和可持续发展之路。

二、中国乡村社区的衰落：生态、生计和生活危机

自晚清、民国以来，中国被迫卷入世界资本主义文明进程和世界贸易体系，资本主义生产方式造成的“新陈代谢断裂”也影响了中国，使中国乡村一直处于持续衰落的过程中。正因为如此，毛泽东同志认为，农民问题不解决，中国社会各阶层的问题就无从解决，农民问题成为中国民主革命的中心内容和中心环节。中国革命的胜利为解决近代中国社会矛盾，包括资本主义生产方式造成的“新陈代谢断裂”提供了政治前提。改革开放后，中国农村掀起“大包干”浪潮，恢复了小农经营模式。20 世纪 90 年代后，资本主导的农业产业化和市场化政策使几亿农民迈入产业化、市场化和全球化农业的历史进程，中国农业被重新纳入市场化轨道。

笔者带领团队扎根于中国云南、四川、广东农村从事社会工作行动研究，目睹部分地方政府为了增加财政收入不断推动农业产业化，通过产业结构调整，将传统小农生产方式纳入资本主导的农业产业链条。同时，扶贫模式也从救济式扶贫转变为开发式扶贫，许多农村社区非但没能脱贫，反而出现了“新陈代谢断裂”式的生态、生计和生活危机。以云南 P 村为例，20 世纪 80 年代初期，那里几乎与世隔绝，保持着传统的生活方式，村民种田除了缴纳公粮，基本是满足自身的需要，绝大多数村民过着“温饱、和谐的生活”。之后，为脱贫致富，村民放弃“种老品种稻谷”和“种卫生田”(种田不施肥)的习惯，改种杂交水稻，并开始使用化肥农药。从 20 世纪 90 年代起，当地又与农业公司合力推动农业产业结构调整，不仅在大春(5 月到 9 月)规模化种植

杂交水稻，而且在小春(10 月到次年 4 月)通过“公司＋农户”的产业扶贫方式，大规模种植各类经济作物，使农产品的生产、销售越来越卷入风险莫测的市场经济。在农业产业化的实践中，因产业结构被频繁调整、农产品滞销、种植补贴未落实到位，干群关系紧张，生态出现危机，村民生计和生活陷入困境。[①]

在中国，尽管政府推动农业产业化、市场化的目的是提高农业资源配置效率，实现农业发展、农民增收，但在允许生产资料多种所有制并存和卷入资本主义市场的前提下，会不可避免地出现资本主导农业产业化、市场化的现象。农业产业化、市场化使农民从事农业生产主要是为了实现交换，不再是自给自足，谋取经济利益最大化几乎成为所有参与主体的愿望。如此，资本主义生产方式的某些特征在中国农业产业化、市场化的进程中得以呈现，同时也充分印证了马克思的观点：资本主义大工业和工业化经营的大农业携手破坏了土地的自然力和人类的自然力。

首先，土地的自然力遭到破坏，引发生态环境退化，出现马克思基于“新陈代谢断裂”所批判的资本主义工业化农业对自然的破坏问题。这一方面表现为农业产业结构调整和单一品种的规模化种植，既破坏了生物的多样性，也导致农村生产和生活环境日益恶化。在云南 P 村，大规模种植某一个新品种后，就必须大量施用化肥农药才能保证农作物收成，从而造成土壤板结、水源被污染、生物种类减少，还导致村民农药中毒事件时有发生。在广东溪流村，自 2001 年开始实施“一村一品”工程，村民占用山地、耕地，规模化

① 张和清. 国家、民族与中国农村基层政治：蚌岚河槽 60 年[M]. 北京：社会科学文献出版社，2010：325－326.

种植砂糖橘，造成番薯、豆类等传统农作物种植规模严重萎缩，生态环境不断退化，村民生计过度依赖市场，生活自主性也逐渐丧失。更重要的是，生态环境不断退化诱发多种病虫害，最终导致果树绝收，村民陷入生计危机。另一方面，当农业种植无利可图，而维持家庭教育、医疗、建房等方面的开支又不断增加时，许多村民只能“靠山吃山”，私自非法砍树、挖矿……过度农业产业化、市场化造成的土地自然力被破坏，致使村民生计困难，急剧增加的消费支出又驱使村民不惜竭泽而渔，向自然索取，从而不断加剧生态环境的恶化。

其次，资本主导的农业生产方式破坏了人类自然力，抑制了劳动价值，造成劳动者日益贫困。在云南P村，改种杂交水稻和小春经济作物后，农民被纳入资本主导的层级化的、长链的市场。[①] 在层级化的、长链的市场中，农民仅处于生产环节。在生产投入方面，种子、化肥、农药等农资的价格持续上涨，农业种植成本不断增加，而农产品价格起伏不定。当种植成本高于农产品价格时，就会出现“越种越穷”，甚至“血本无归”的生产致贫现象。在生产和产出方面，由于规模化种植严重依赖市场销售，而市场价格又波动剧烈，加上销售环节层级繁复和运输成本高昂等因素，村民只能获得很小部分的农产品价值，出现“谷贱伤农”的现象。以云南P村种姜为例，在姜的种植成本价约1元/公斤而收购价格为3～4元/公斤时，大多数村民开始种姜，但不久后生姜的价格急转直下，最低时不足0.5元/公斤，大量姜农“血本无归”。如此剧烈的市场价格波动使村民生计和生活充满风险，原本相对独立

① 叶敬忠，贺聪志. 基于小农户生产的扶贫实践与理论探索：以“巢状市场小农扶贫试验”为例[J]. 中国社会科学，2019(2)：137－158.

的小农生产方式逐步被资本主导的市场形塑。生产致贫和“谷贱伤农”均无益于农民在劳动中实现自我认同，产业化生产方式与农业新品种、新技术的推广相互配合，导致农民丧失自信心，身份认同出现危机，昔日的“种田能手”在面对高科技新品种种植要求时变得无所适从，成了“文盲农民”[①]。而乡村社区原有的劳动互助习俗也在农业生产方式的转变过程中遭到瓦解。一直以来，云南P村和四川龙坡延续着重要农事全村参与的“换工”习俗。在农忙季节，村民们会互相投工投劳，家家户户轮流“换工”，直到全村农事完工为止。但随着产业化农业的兴起，“换工”逐步演变成为“卖工”（花钱雇工），乡村互助互惠的社会文化习俗日渐瓦解。

在长期与村民的同行中，笔者深深体会到消费主义意识形态对当下农村贫困和生态环境的影响。因此，笔者认为仅从生产方式的角度分析“新陈代谢断裂”是不够的，还要从消费方式的角度予以补充分析。资本主导的以追逐利润为首要原则的扩张型生产方式必然依赖于大量消费。在马克思主义生态视野下，受政治、经济、文化等“社会外力牵引”[②]，人们为了补偿“单调乏味的、非创造性的且常常是报酬不足的”异化劳动所带来的痛苦，会借由消费来寻求幸福，逐渐变得“越来越柔弱并依附于消费行为”。[③] 膨胀的消费助推生产方式继续扩张，生产出更多、更细分的商品，而这又会进一步强化消费，如此循环往复，形成大量生产、大量消费、大量废弃的模式，在消耗自

① 张和清. 国家、民族与中国农村基层政治：蚌岚河槽60年[M]. 北京：社会科学文献出版社，2010：328－330.

② 马尔库塞. 单向度的人：发达工业社会意识形态研究[M]. 刘继，译. 上海：译文出版社，2008：6.

③ 阿格尔. 西方马克思主义概论[M]. 慎之，等译. 北京：中国人民大学出版社，1991：493－494.

然资源的同时又向自然界倾倒废弃物。不止于此，现代社会的消费方式已超越了单纯的消费范畴，它与人们的生活方式交织在一起，甚至成为生活方式的代名词。

2000 年前后，自给自足仍然是云南 P 村村民主要的生活方式，但之后却发生了变化。一是村民开始追求城市消费生活，争相赊账（借高利贷）购买汽车、摩托车、电视机、手机等商品，汽油费、手机话费等支出给许多家庭带来沉重的生活负担，出现“砍树买手机、卖猪充话费”等情况。二是许多村民盖大房子互相攀比，加上教育、医疗等方面的开支日益增加，出现入不敷出，甚至背负沉重债务的现象。为满足支出需求，许多村民外出打工，或者靠砍树、挖矿赚钱，当地生态环境遭到进一步破坏。三是与商品消费有关的生活垃圾成为环境污染的一大来源。村庄遍布廉价食品包装袋、纸盒、塑料瓶、废电池等垃圾，举办红白喜事也时兴使用一次性水杯和碗筷。对于垃圾，村民要么随手丢弃，要么集中焚烧。因此，生活垃圾，尤其是难以降解的塑料垃圾成为污染村庄环境的主要物品。此外，消费也加剧了人与人关系的疏离，村庄的互助文化逐渐没落，“赚钱—消费”成为人们日常生活的主线，村民缺乏文化认同和身份认同，对社区公共事务漠不关心。

总之，20 世纪 90 年代以来，农业产业化生产方式和市场化的销售模式，以及消费主义意识形态侵蚀下的乡村文化，使中国乡村经济社会发展与生态环境之间出现“新陈代谢断裂”，造成乡村社区生态环境恶化、村民生计困难和传统社会文化生活式微。这种生态、生计和生活危机的恶性循环使中国乡村社区呈现出不可持续发展的图景（见图 9 - 1）。

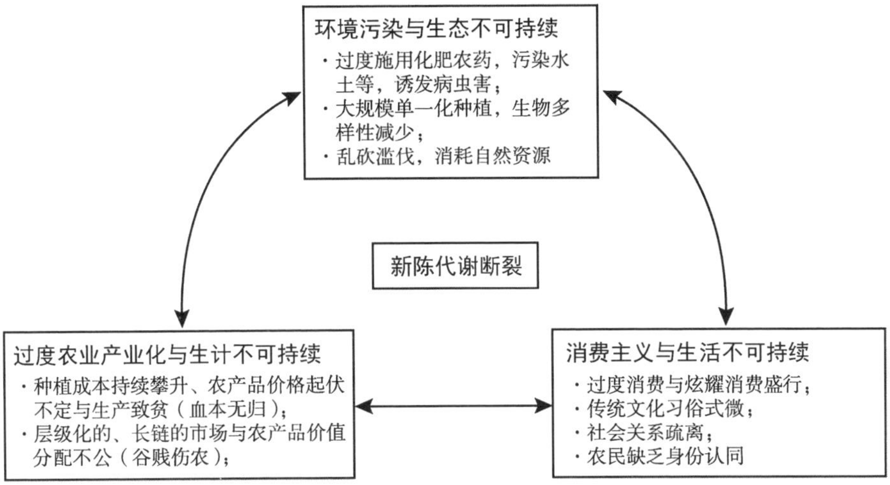

图 9-1　乡村社区"新陈代谢断裂"循环

第三节　再造乡村生态、生计和生活可持续发展

马克思主义生态视野对于探讨全球化背景下，中国经济发展模式及其高速发展带来的生态环境危机和人与自然"新陈代谢断裂"具有很强的解释力。依据马克思主义的观点，当前中国农村社会工作所面临的乡村生态、生计和生活问题，在某种意义上也是政治、经济、社会、文化等结构性问题。相比采用任务中心模型的个人主义—改良主义范式和心理动力模型的反身性—治疗性范式将问题个体化，更适合采用解放取向的社会主义—集体主义范式来分析此类结构性问题，即通过社会改革探索系统性修复的途径，推动生态、生计和生活的可持续发展。与经典马克思主义关于传统小农经济

必然被以雇佣关系为主的资本主义生产方式和社会主义集体化大生产所代替的观点不同，笔者的经验研究表明，小农经济并未在中国及其他许多国家瓦解，反而展现出坚韧的生命力和适应性。根据这一现实，笔者基于马克思主义生态视野，在实践中结合恰亚诺夫(Chayanov)、黄宗智等学者的小农经济理论，探讨资本下乡背景下中国小农及其小农经济的出路，尤其探寻小农生产、生活方式和志愿合作对系统性修复"新陈代谢断裂"的可能性，通过重塑小农组织形态，实现生态、生计和生活的可持续发展。

2007 年，绿耕开始调整农村社会工作的目标和行动策略，在继续秉持"扎根社区、精耕细作、弱势优先、彰显公义"理念的前提下，将乡村再造的行动目标确定为：运用社区为本的整合社会工作的方法，推动乡村社区生态、生计和生活的可持续发展。社区为本的整合社会工作以社区作为服务对象，采用微观和宏观双重视角，系统分析社区发展中存在的问题和优势资产，综合运用个案工作、小组工作、社区工作等专业方法，动员和组织社区民众采取共同行动，推动社会改革。作为村(居)民的日常生活场域，社区一方面被社会结构性力量形塑，另一方面其主体性和能动性又能够推动公平正义的社会发展。社区美好了，生活在社区的个体、家庭、邻里也会美好；更多的社区美好了，整个社会才会变得更加美好。因此，社区为本的整合社会工作就是社会改革。首先，社区为本的整合社会工作的目标是推动乡村社区经济、政治、文化、社会、生态文明整体性发展。其次，社区为本的整合社会工作的途径是"城乡合作、公平贸易"，通过创造生产者和消费者直接对接的公平贸易市场，使生产者的劳动价值得到尊重，使消费者获得健康安全的农产品，重塑可持续的生产方式和生活方式。最后，社区为本的整合社会工作所遵循的行动策略包括：第一，驻守村居。只有扎根乡村社区，才能够深刻理解民众的心声、疾苦和愿望。第二，优势视角。从社区基本需求和优势资产出发，最大限度地激发社区内生力量，实现乡村可持续发展。第三，志愿合作。通过志愿合作的赋权途径，小农及其劳动价值得到公平对待。因此，绿耕以社区为本的整合社会工作实务模式推进乡村生态、生计和生活可持续发展的实践，可以被看作马克思主义生态视野下中国小农经济社会系统性恢复的本土尝试。

一、可持续生态再造

过度使用化肥农药对乡村生态环境造成长期侵害。同时，在消费主义刺激下，急剧增加的生活垃圾和生活污染越来越成为生态环境压力的重要来源。针对乡村生态环境退化这一问题，绿耕采取行动促进可持续生态再造。

首先，改变化学农业在农业生产中的支配地位，扭转单一品种的规模化种植方式。在云南P村，社会工作者推动村民成立合作社，恢复种植本地传统老品种水稻，减少化肥农药的施用，逐步改变杂交水稻种植面积独大的生产格局。合作社每年稳定地种植老品种水稻，通过减少施用化肥农药，降低种植成本和单一种植带来的风险，同时有助于土壤修复和水体净化，维护了社区生物多样性，并为城市居民提供了安全的食物来源。青梅是一种粗生粗长、不需化肥农药的果树，在溪流村，家家户户原来都有一片青梅林。2003年起，为配合当地"一村一品"的砂糖橘产业化种植要求，村民纷纷砍伐青梅树改种砂糖橘树。为了保护村中最后一片青梅林免遭砍伐，社会工作者动员村民成立青梅加工小组，开发出梅精、梅汁、梅干等系列产品。随着生产规模的扩大，对青梅原材料的需求量不断增加，带动了村民复种青梅树，直接减少了农药化肥的施用量，改善了农作物种植结构。

其次，在日常生活中弥合人与自然的疏离关系，重建人与自然和谐共生的生态观。人与自然的疏离表现为人与自然直接联系的减少、人对自然的漠视和侵害。因此，弥合人与自然的疏离就需重塑人们的环保意识，使人们的日常生活习惯符合人与自然和谐发展的需要。社会工作者通过组织主题讨论、播放环保电影、邀请环保生活实践者分享经验等方式开展社区教育，提升村民的环保意识；开展乡村社区生态导赏项目，促使村民重视自然，思考人与自然的关系，同时也为城市居民提供与自然直接互动的生态体验平台。社会工作者还推动村民将环保意识转化为环保行动。比如，社会工作者通过设置社区公益金制度，引导生计组织成员用公益金购买环保水杯，分发给所有农户，代替一次性塑料杯；动员村民循环利用因近几年集中建房产生的大量废弃建筑垃圾，打造社区文化广场等。

扎根日常生活世界，提供具有可替代性的多元选择，唤醒村民的环保意识，推动村民开展环保行动，是社会工作推动乡村社区再造、恢复乡村生态的实践途径。但我们不得不承认，绿耕所推动的可持续生态再造实践主要依靠生计、健康等元素，还不能引导村民从价值观（信仰）层面关切生态环境。大多数村民从事生态生产的最大动力来自改善生计，当生态保护与生计增收在短期内难以协调发展时，村民可能会放弃生态保护。云南 P 村驻村社会工作者曾指出“有合作社社员私底下施用化肥农药”，溪流村也出现过村民因认为无法快速获得经济收益而退出生态种植合作社的状况。另外，在社区层面撼动环境不友好的日常生活习惯和消费主义行为异常艰难，减少使用塑料袋、开启绿色消费行动等都难以持续落实。面对这些问题，除了调整工作策略，社会工作者还要以结构性视角思考问题背后的社会根源，在社区为本的实践中迈向微观与宏观的双向改变。

二、可持续生计再造

循着平均地权的土地革命和社会主义改造中土地所有权的集体化路径，中国在改革开放期间确立了独特的家庭联产承包责任制，成为小农生产仍然占据中国农业生产主体地位并将长期延续的重要制度前提。[①] 家庭联产承包责任制是在土地集体所有的基础上，以家庭为基本单位，承包土地等生产资料并自主生产与经营的一项重要经济制度，是一种小农性质的农业生产经营方式，有效地提高了农业发展水平和农民生产积极性，同时也面临着一些挑战。小农虽然数量庞大，但原子化的小农及其家庭根本无力应对资本的强势和复杂的市场波动，也无从打破生产致贫和“谷贱伤农”的怪圈。如何重构小农生产方式，建立新的市场机制并为小农提供具有保护性和公平性的生计服务，成为可持续生计再造的关键。恰亚诺夫的小农合作理论对这一问题有着重要启示。[②]

从组织方式出发，恰亚诺夫认为，小农基于自身主体性，以自下而上的方式组织起来进行生产、加工和销售合作，有助于摆脱受制于资本的弱势地

① 黄宗智. 中国的新型小农经济：实践与理论[M]. 桂林：广西师范大学出版社，2020：504.

② 范德普勒格. 小农与农业的艺术：恰亚诺夫主义宣言[M]. 潘璐，译. 北京：社会科学文献出版社，2020：26－27.

位。他设想的小农合作虽然有追求规模化生产、以规模效益来降低小农生产成本从而提高生产收益之意，但其强调的合作是涵盖生产、加工、消费等环节的纵向合作，而非新自由主义理论和经典马克思主义经济学理论对横向规模化生产的信赖。① 绿耕汲取早期“回避生计问题”的教训，从 2007 年开始，以互助合作的生产方式维护劳动者权益，试图重建另一种社区经济系统，推动生计可持续发展。

首先，绿耕基于志愿原则发展集体合作生产。在云南 P 村，社会工作者凭借与村民的长期信任关系，将有意愿的四个贫困户组织起来，支持他们以互助组的方式生态种植传统老品种水稻。之后，互助组成员人数每年都在增加。2009 年，互助组正式注册成立农民专业种植合作社。到 2014 年，P 村种植合作社社员已经发展到 50 户，种植老品种水稻面积达 155 亩，产量突破 45 000 公斤，销售收入有 40 余万元。在发展的过程中，村民充分发挥互助合作精神，积极解决种植和田间管理难题。因为老品种稻种流失，村民多方打听后，分组深入更加偏远的山区寻找优良种子；在停止使用化肥农药的情况下，大家一起商量如何提高土壤肥力，不断尝试可用于驱虫、防虫的传统技艺；当遇到灾害天气时，村民聚在一起讨论应对之策，集体行动，抢救倒伏水稻、及时晾晒稻谷。在广东溪流村，社会工作者推动村民发展涵盖生产、加工等环节的纵向合作，不仅推动生态种植小组共同制定种植计划、购买种子、合作堆肥，而且组织青梅加工小组共同种植青梅树，采购陶罐、木炭、蜂蜜、米酒等原材料加工梅酒、梅精、话梅，还制定加工标准，参与销售活

① 黄宗智. 中国的新型小农经济：实践与理论[M]. 桂林：广西师范大学出版社，2020：270，510－516.

动。纵向合作使村民绕过诸多中间环节，提高了农产品附加值，实现了稳定增收。

在集体合作生产方式下，小农收入与劳动投入息息相关。在计算集体产出的基础上，村民根据按劳分配原则确定个人收益。这种分配方式更能体现劳动价值，将资本主导利润分配时的劳动无价变为劳动有价。同时，还可以定期提取一定比例的生产盈余作为社区公益金，用于扶助社区鳏寡孤独、修葺公共空间、恢复社区公共事务等，公平性和公益性在互助合作的集体生产方式中得以彰显。绿耕所推动的集体合作生产方式是在我国家庭联产承包责任制的基础上，基于志愿原则，将分散生产经营的小农循序渐进地组织起来进行集体合作生产，以克服小农生产缺乏规模效应和市场议价权、市场风险抵御能力弱、社区公共性淡薄等问题。我们可以认为，基于志愿原则的集体合作生产是对我国农村家庭联产承包责任制的一种继承和发展。

其次，绿耕建立城乡合作平台，推动公平贸易。自 2007 年起，绿耕把社会工作者分为城市和驻村社会工作者，驻村社会工作者在乡村社区培育生产合作组织，城市社会工作者在城市社区构建消费者支持网络，进而建立城乡合作平台，开展公平贸易。与追求资本利润最大化的贸易不同，公平贸易可以防止因为农产品市场价格波动和中间商剥削造成的“谷贱伤农”，使农民获得合理的劳动报酬，同时调动农民生产优质健康食品的积极性。公平贸易离不开生产者和消费者的直接对接，没有城乡合作平台，公平贸易就难以落地生根。为了支持生产合作组织搞好生态种植、养殖，绿耕城市社会工作者深入城市社区宣传动员，组织消费者进村体验，举办“城乡汇”农墟市集，甚至在昆明、广州等地开设公平贸易商店等。通过搭建城乡合作平台，生产者、消费者合理议价，将农村生产合作组织的农副产品直销出去。2007 年夏，在云南 P 村的传统稻谷即将丰收之际，绿耕组织合作社成员与昆明城市消费者召开议价会，尽管计算出的价格比当时杂交水稻的市场价格高出近三倍，但消费者尊重价格中包含的劳动价值和生态价值，很快与生产者完成了公平贸易。此后，P 村合作社生态种植的农产品不断以公平贸易的方式被直销出去。2007—2014 年，P 村合作社老品种水稻在公平贸易市场的销售金额超过 100 万元。

绿耕建立城乡合作平台，推动公平贸易，其实质是培育层级化的、长链的市场的替代性市场形态——巢状[①]市场。农业农村现代化离不开市场主体作用的发挥。但在以往的层级化的、长链的市场中，产品价值的绝大部分被工商资本占有，生产者与消费者被中间环节区隔开来，资本以农业企业的模式组织食物的生产、加工与流通，不断对生产与消费领域进行形塑，建构产品的质量标准，引导消费者的需求与偏好[②]，从而引发劳动无价、农产品价格波动、生态环境退化等问题。为应对这些问题，就需要改变主导层级化的、长链的市场的资本逻辑，培育替代性市场形态，以更好地发挥市场作用。巢状市场本身嵌入在市场之中，旨在绕过长链市场通道，将被区隔的生产者与消费者，以及被割裂的社会与生态关系进行重新联结。在巢状市场中，生

① “巢状”有两层含义：一是特定人群所形成的有限而又相对闭合的产品、现金、信息、服务等的流通圈和交往圈，恰如在市场中筑入的一个个“鸟巢”；二是对特殊市场形式和食物供需网络的隐喻，强调基于信任、直接对接的生产者与消费者网络如“鸟巢”里的各个节点，紧密联结，构成一个边界相对明确的市场结构。详见叶敬忠，贺聪志. 基于小农户生产的扶贫实践与理论探索：以“巢状市场小农扶贫试验”为例[J]. 中国社会科学，2019(2)：137－158.

② 叶敬忠，贺聪志. 基于小农户生产的扶贫实践与理论探索：以“巢状市场小农扶贫试验”为例[J]. 中国社会科学，2019(2)：137－158.

产者与消费者直接对接，小农既是生产者(其生产一般是生态的)，同时也是加工者和销售者，以此打破工商资本对中间环节和价格的控制，从而获取绝大部分农产品/食品价值，城市消费者则由此获得安全食物，这样，小农生产者与城市消费者就实现了互惠互利。①

纵观绿耕的可持续生计再造实践，如果说互助合作集体生产方式最大限度地降低了农民的生产成本，那么建立城乡合作平台、推动公平贸易方式则是打破资本主导的市场对农产品价格的控制，从而实现按劳分配必不可少的环节。但随着生产规模的日益扩大，2008 年和 2013 年，云南 P 村合作社的水稻产量大幅增加，使社会工作者陷入“卖不掉，想方设法都要卖”的销售困境。2015 年，当笔者再次为合作社规模扩大、连片种植面积增加而感到欣喜时，却面临上一年稻米滞销的问题。提高经济收入的殷切期望使合作社社员日益陷入“为钱合作”的不良状态。在这种情况下，绿耕决定重整合作社，逐步淡化“包销”模式带来的弊端。同时，社会工作者开始将村民的注意力从单纯关注生计收入扩展到关注可持续生活。

三、可持续生活再造

受工业化、城市化进程加快和消费主义兴起的影响，乡村社会文化生活逐渐衰落。提升村民文化身份认同、重建社会互助关系、破除消费主义意识形态宰制成为可持续生活再造的着力点。

绿耕社会工作者采用口述史的方法整理村史，重新打造宗祠、老围屋、

① 叶敬忠，贺聪志. 基于小农户生产的扶贫实践与理论探索：以“巢状市场小农扶贫试验”为例[J]. 中国社会科学，2019(2)：137－158.

风水池等公共空间，开办农耕博物馆和农产品展览馆，以保护和传承传统文化；开办社区学堂，让村民掌握、分享、传播传统技艺和习俗；恢复种植老品种水稻，使传统稻作文化得以传承。这些日常生活中的文化资产建设提升了村民的文化身份认同，促进了社区互助。此外，为了消除消费主义和攀比风气的影响，针对许多村民不惜花光所有积蓄，甚至负债也要修建“洋楼”的做法，社会工作者邀请建筑师团队为村民设计出既能节约开支，又能保留传统建筑文化风格的生态民居，期望引导村民跳出“赚钱—消费”的陷阱。但也必须承认，在消费主义盛行的背景下，社会工作者改变消费主义生活方式的尝试收效甚微，有村民在讲述建楼的目的时说道：“不羡慕别人住‘洋楼’，害怕被人看不起！”可见，转变村民的思想观念，再造可持续生活是一个长期的过程。

在绿耕乡村社区再造实践中，生态、生计和生活的可持续再造是相互统一和协同并进的。当劳动价值得到充分尊重时，不仅乡村经济得以改善、生态环境有所恢复，乡村传统文化也得以保护和传承，村民生产、生活的自信心亦得到提升；当生态环境得到保护时，可持续生计也有了资源保障，在城乡合作和公平贸易过程中，村民的身份认同和价值感得以提升；当社会文化生活被重塑时，人与自然的疏离关系得以弥补，文化资源也成为可持续生计资产。乡村可持续生态、生计和生活再造实践有助于系统性恢复“新陈代谢断裂”，有助于乡村振兴和可持续发展（见图 9 - 2）。

自 2007 年至今，笔者和团队遵循知行合一的行动研究精神，大胆尝试并依据马克思主义生态视野，不断反思中国乡村社区衰落的社会根源，持续推动小农户志愿合作，期望依靠社区经济的发展模式助力乡村生态、生计和生

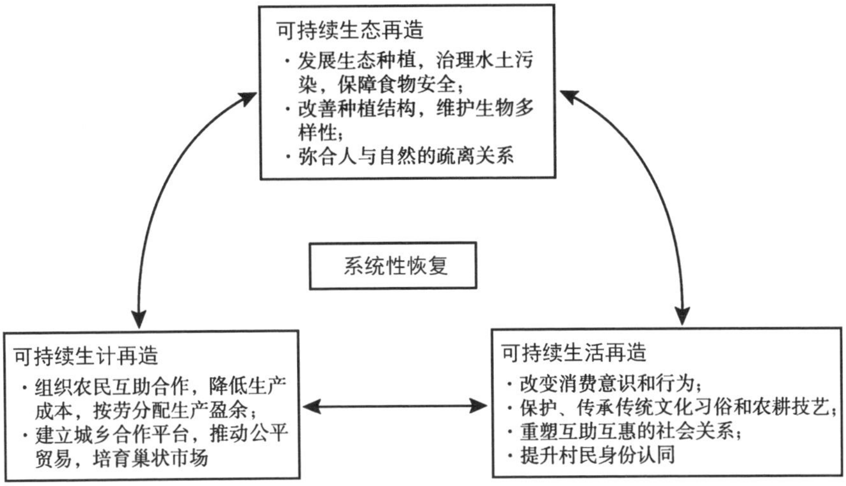

图 9－2　乡村社区“系统性恢复”循环

活的系统性恢复，再造可持续社区。为此，绿耕凭借志愿合作的组织力量将小农联合起来，借助“城乡合作、公平贸易，共创生态文明与可持续生计”的社区经济模式，推动乡村社区生态、生计和生活的整体性改善。但绿耕也清楚地意识到，在具体的实践过程中，社会工作者仍遭受困扰，如村民重视“收入＋消费”的经济效益，轻视生态环境保护；村民重视“家庭＋自我”的个体发展，忽视组织与合作，尤其是深受城市消费文化的影响，难以安心守护乡土。实现乡村可持续发展的目标任重道远。

第四节　结论与讨论

毋庸置疑，采用马克思主义生态视野分析当前中国的“三农”问题具有很强的历史脉络性和社会根源辨识效应，能够帮助我们厘清资本主导的生产方式、生活方式如何形塑乡村社区的生态、生计和生活。一方面，过去几十年，中国农业发生了实质性的资本化，单位土地的资本投入不断增加。①农产品价值的大部分被资本（尤其是大型工商资本）占有，农民不时陷入生产致贫和“谷贱伤农”的境地，化肥农药的大量施用造成土壤肥力衰竭、水质下降等诸多生态问题，随后破坏了农村的生计基础。另一方面，乡村的消费主义生活方式不仅制造了大量污染物，而且不断攀升的消费支出转化为生计压力，进一步破坏生态。

基于云南P村等村庄的实践经验，笔者不断探索契合马克思主义生态视野的，系统性恢复生态、生计和生活的道路。波兰尼（Polanyi）认为，一个“脱嵌”的经济体制会给社会和生态带来双重破坏。作为“虚拟商品”的劳动力和自然在自发调节的市场上被出售和购买，人的劳动力连同附着的生理、心理和道德层面被一同处置，导致社会关系被损坏、环境被污染、生产能力遭受破坏等。② 与此同时，现代社会也出现了意图将市场扩张控制在某种确定方向上，以保护人、自然和生产组织的反向运动。③ 因此，基于中国小农经济的现实条件，以志愿参与为原则，发展集体合作生产，建立城乡合作平台，推动公平贸易，从而破除资本主导的农业产业结构和商业销售模式，将经济重新嵌入社会和自然中，是实现生态、生计和生活“系统性恢复”的重要尝试。同时，发展生态种植、改善种植结构、弥合人与自然的疏离关系，以及改

① 黄宗智，高原，彭玉生．没有无产化的资本化：中国的农业发展[J]．开放时代，2012(3)：10－30．

② 波兰尼．大转型：我们时代的政治与经济起源[M]．冯钢，刘阳，译．杭州：浙江人民出版社，2007：16，59－63．

③ 同②59－63，112－114．

变消费意识和行为、保护和传承传统文化、重塑社会关系等行动，可以增强自然、社会、文化对经济的吸纳能力，推动生态、生计和生活的可持续发展。

经典马克思主义认为小农经济会被资本主义大农业生产或社会主义集体化生产取代，小农经济必然消亡。但基于过往的经验，这种情况未在中国发生，也未在第三世界的多数地方发生，小农经济至今仍存在于许多国家（包括欧美等发达国家）。以恰亚诺夫和舒尔茨（Schultz）为代表的当代小农经济理论的两大学派，都承认现代市场经济下小农经济可能持续的事实。[①] 即便如此，马克思关于小农经济和小农的部分论述，以及关于社会主义农业的设想仍不失理论价值。他认为“合理的农业”需要的是“自食其力的小农的手”或“联合起来的生产者的控制”。从历史来看，农民非常珍视土地，对土地形成了“情感联系”[②]，正是在此意义上，小农经济和志愿合作被视为通向生态农业的途径。在社会主义中国，可以在去阶层化分析的基础上研究小农经济。[③] 我国家庭主导的小农经济根基深厚，社会工作有可能借助传统乡土文化和现实需求将小农组织起来，培育互助合作社，联动家庭承包的土地、农具等生产资料，搭建“城乡合作、公平贸易”平台，以民主、公平的原则进行生产与分配，充分发挥小农经济在生态保护、生计改善、食品安全、文化传承、社区发展等方面的多元功能，助力实现生计发展、社区自治、文化认同、社会互助、环境友好“五位一体”乡村振兴的目标，走出不同于资本主导市场体系的中国特色社会主义乡村振兴与可持续发展之路。

---

① 黄宗智. 长江三角洲小农家庭与乡村发展[M]. 北京：中华书局，2000：4－5.
② 孟德拉斯. 农民的终结[M]. 李培林，译. 北京：社会科学文献出版社，2005：50.
③ 叶敬忠，张明皓. “小农户”与“小农”之辩：基于“小农户”的生产力振兴和“小农”的生产关系振兴[J]. 南京农业大学学报（社会科学版），2019，19(1)：1－12.

绿耕以社区为本的整合社会工作实践模式体现了社会主义—集体主义范式和马克思主义生态视野可能的实践途径，成为超越任务中心和心理动力模型的替代选择。在推进社区为本的整合实践的过程中，社会工作应将事件或问题置于更宏观的结构性脉络中进行分析，建构与创造更具解放性的行动策略，以实现结构/政策、社区、个体三个层面的改变。① 绿耕的实践立足社区，运用优势视角，充分尊重人的主体性和地方性知识，通过整合的社会工作方法进行社区资产建设和能力建设，搭建"城乡合作、公平贸易"平台，这是基于中国乡村文化处境和社会工作实务脉络的本土化行动，也是契合马克思主义生态视野的理论探索，更是迈向乡村可持续发展和生态社会主义的出路探寻。

① STEPNEY P, POPPLE K. Social work and the community: a critical context for practice[M]. New York: Palgrave Macmillan, 2008: 153 - 156.

参考文献

［1］ 谢若登. 资产与穷人：一项新的美国福利政策[M]. 高鉴国，译. 北京：商务印书馆，2005.

［2］ 杨团，孙炳耀. 资产社会政策与中国社会保障体系重构[J]. 江苏社会科学，2005(2)：206－211.

［3］ 赖特. 指南针：指向社会主义的替代性选择[J]. 闻翔，译. 开放时代，2012(6)：24－41.

［4］ WRIGHT E O. Socialism as social empowerment[EB/OL]. [2022－09－21]. https://www.researchgate.net/profile/Erik-Wright/publication/260402517_Socialism_as_Social_Empowerment/links/

549982c70cf22a831396205c/Socialism-as-Social-Empowerment. pdf.

[5] WRIGHT E O. Envisioning real utopias[M]. London: Verso, 2010.

[6] 陈美灵,王玉玲. 守护社会主义：欧林·赖特的社会主义观述评[J]. 理论视野,2018(1): 32-39.

[7] 孙海洋. 如何在21世纪反对资本主义?：埃里克·赖特的资本主义批判理论评析[J]. 教学与研究,2022(1): 97-108.

[8] 沈原. 社会转型与工人阶级的再形成[J]. 社会学研究,2006(2): 13-36.

[9] 何宇飞. 新乡村建设运动中的困境：另类商品化与合作劳动：基于华南某乡村旅馆项目的案例分析[J]. 中国农村观察,2017(6): 130-141.

[10] 马莲,付文忠. 埃里克·赖特的社会主义新规划探析[J]. 国外社会科学,2017(3): 12-22.

[11] 许宝强. 资本主义不是什么[M]. 上海：上海人民出版社,2007.

[12] 达舍,古戎. 团结经济：另辟蹊径的发展战略? [J]. 笪钰婕,译,国际社会科学杂志(中文版),2012,29(4): 112-121.

[13] 曹云. 社会经济：一种超越主流经济的另类实践[J]. 人文杂志,2014(6): 42-47.

[14] SI Z Z , SCOTT S. The convergence of alternative food networks within "rural development" initiatives: the case of the New Rural Reconstruction Movement in China[J]. Local environment, 2016,

21(9)：1082－1099.

[15] 何增科.社会创新的十大理论问题[J].马克思主义与现实，2010(5)：99－112.

[16] 潘家恩，杜洁.社会经济作为视野：以当代乡村建设实践为例[J].开放时代，2012(6)：55－68.

[17] 叶敬忠，贺聪志.基于小农户生产的扶贫实践与理论探索：以“巢状市场小农扶贫试验”为例[J].中国社会科学，2019(2)：137－158，207.

[18] 钟秀梅，古学斌，张和清，等.社会经济在中国：下[J].开放时代，2012(2)：5－35.

[19] 徐立成，周立.“农消对接”模式的兴起与食品安全信任共同体的重建[J].南京农业大学学报(社会科学版)，2016，16(1)：59－70.

[20] 杨嫚，王习孟.中国替代性食物体系发展与多元主体参与：一个文献综述[J].中国农业大学学报(社会科学版)，2017，34(2)：24－34.

[21] 周沐君，许怡.可持续农业持续了什么？我国“替代性食物网络”的实践图景与困境[J].社会发展研究，2020，7(1)：67－94.

[22] 何宇飞.发展性社会工作帮扶农户对接市场的策略与困境[J].华中农业大学学报(社会科学版)，2020(4)：149－157.

[23] 李小云.河边扶贫实验：发展主义的实践困惑[J].开放时代，2020(6)：28－44.

[24] 张慧鹏.集体经济与精准扶贫：兼论塘约道路的启示[J].马克思主义研究，2017(6)：63－71.

[25] 黄宗智.小农户与大商业资本的不平等交易：中国现代农业的特色

[J]. 开放时代,2012(3): 88 - 99.

[26] 张和清. 全球化背景下中国农村问题与农村社会工作[J]. 社会科学战线,2012(8): 175 - 185.

[27] 郭于华,史云桐. 马克思主义与社会: 布洛维"社会学马克思主义"的启示[J]. 开放时代,2008(3): 141 - 151.

[28] 邓锁. 前言[M] //邓锁,谢若登,邹莉,等. 资产建设: 亚洲的策略与创新. 北京: 北京大学出版社,2014.

[29] 王雄军. 我国居民财产性收入状况及其趋势判断[J]. 改革,2017(4): 14 - 26.

[30] WRIGHT E O. Transforming capitalism through real utopias[J]. Irish journal of sociology, 2013,21(2): 6 - 40.

[31] KRETZMANN J P, MCKNIGHT J L. Building communities from the inside out: a path toward finding and mobilizing a community's assets[M]. Chicago: ACTA Publications,1993.

[32] 广东绿耕社会工作发展中心. 绿耕年度报告 2018[EB/OL]. (2019 - 05 - 08)[2023 - 07 - 01]. http://www.lvgeng.org/wp-content/uploads/2019/05/2018%E5%B9%B4%E5%B9%B4%E5%BA%A6%E6%8A%A5%E5%91%8A.pdf.

[33] 张和清,尚静. 社会工作干预与中国乡村生态、生计和生活可持续发展的行动研究: 以绿耕项目为例[J]. 社会学研究,2021,36(6): 68 - 89.

[34] 潘毅,严海蓉,古学斌,等. 社会经济在中国: 超越资本主义的理论与

实践[M]. 北京：社会科学文献出版社，2014.
[35] 黄洪. 以资产为本推行社区经济发展：香港的经验与实践[J]. 江苏社会科学，2005(2)：227－231.
[36] 张和清. 扎根社区推动脱贫攻坚[J]. 人民论坛，2018(29)：50－51.
[37] 米勒. 团结经济：主要概念和问题[J]. 罗晓旭，刘亚，译. 开放时代，2012(6)：5－17.
[38] 张和清，廖其能. 发展型社会救助的中国社会工作实践探索：以广东"双百"为例[J]. 西北师大学报(社会科学版)，2021，58(6)：78－88.
[39] 徐勇. 中国农村村民自治[M]. 增订本. 北京：生活书店出版有限公司，2018.
[40] 费孝通. 乡土中国[M]. 修订本. 上海：上海人民出版社，2013.
[41] 周雪光. 权威体制与有效治理：当代中国国家治理的制度逻辑[J]. 开放时代，2011(10)：67－85.
[42] 言心哲. 现代社会事业[M]. 石家庄：河北教育出版社，2012.
[43] 王卫平. 论中国古代慈善事业的思想基础[J]. 江苏社会科学，1999(2)：116－121.
[44] 王卫平. 唐宋时期慈善事业概说[J]. 史学月刊，2000(3)：95－102.
[45] 郭文佳. 宋代的济贫与助困[J]. 江西社会科学，2003(6)：78－81.
[46] 王卫平. 明清时期江南地区的民间慈善事业[J]. 社会学研究，1998(1)：86－99.
[47] 徐道稳. 清代社会救济制度初探[J]. 长沙民政职业技术学院学报，2004(2)：13－15.

[48] 靳环宇. 中国民间慈善组织的历史嬗变[J]. 中州学刊,2006(2):111-114.

[49] 杜赞奇. 文化、权力与国家:1900—1942 年的华北农村[M]. 王福明,译. 南京:江苏人民出版社,2008.

[50] 贺雪峰. 论乡村治理内卷化:以河南省 K 镇调查为例[J]. 开放时代,2011(2):86-101.

[51] 晏阳初. 平民教育概论[M]. 北京:高等教育出版社,2010.

[52] 何建华. "社会"而非"政权":梁漱溟乡村建设运动的立场[J]. 社会主义研究,2007(1):80-82.

[53] 梁漱溟. 梁漱溟全集:第 2 卷[M]. 2 版. 济南:山东人民出版社,2005.

[54] 岳天明. 论李安宅的边疆社会工作思想:兼及中国社会工作的学术史意识[J]. 西藏大学学报(社会科学版),2017,32(1):22-30.

[55] 于式玉. 于式玉藏区考察文集[M]. 北京:中国藏学出版社,1990.

[56] 陈波. 李安宅与华西学派人类学[M]. 成都:巴蜀书社,2010.

[57] 李安宅. 边疆社会工作[M]. 石家庄:河北教育出版社,2012.

[58] 王建民. 中国民族学史:上卷:1903—1949[M]. 昆明:云南教育出版社,1997.

[59] 国家统计局. 中国统计摘要. 2005[M]. 北京:中国统计出版社,2005.

[60] 黄承伟. 中国扶贫开发道路研究:评述与展望[J]. 中国农业大学学报(社会科学版),2016,33(5):5-17.

[61] 新华社. 中共中央关于坚持和完善中国特色社会主义制度 推进国家

治理体系和治理能力现代化若干重大问题的决定[EB/OL].(2019-11-05)[2023-07-01]. https://www. gov. cn/zhengce/2019-11/05/content_5449023. htm.

[62] 侯雪静.我国首设国家乡村振兴局全面推进乡村振兴[EB/OL].(2021-02-26)[2023-07-01]. https://www. gov. cn/xinwen/2021-02/26/content_5588926. htm.

[63] 梁兰.社会工作在精准扶贫工作中的作用和局限性:基于民政部"三区计划"项目的反思[J].重庆工商大学学报(社会科学版),2018,35(5):69-73.

[64] 向荣.从社会主要矛盾变化看"三区"社会工作服务前景[J].中国社会工作,2017(34):30.

[65] 马晓晗,向德平,顾东辉,等.教育扶贫:贫困地区社会发展的智力支持之源[J].中国社会工作,2018(4):21-22.

[66] 崔宝琛.慈善组织参与农村精准扶贫事业研究:以"小母牛·中国"项目组织为例[J].未来与发展,2017,41(7):93-97.

[67] 陈太勇.体制限制与空间拓展:以国际小母牛组织在中国的本土化发展为例[J].中国非营利评论,2011,8(2):161-171.

[68] 王思斌.精准扶贫的社会工作参与:兼论实践型精准扶贫[J].社会工作,2016(3):3-9.

[69] 闫坤,孟艳.反贫困实践的国际比较及启示[J].国外社会科学,2016(4):87-96.

[70] 莫光辉,张玉雪.大数据背景下的精准扶贫模式创新路径:精准扶贫

绩效提升机制系列研究之十[J]. 理论与改革,2017(1):119-124.

[71] 郎特里. 贫乏研究[M]. 长泽弘毅,译. 东京:株式会社千城,1975.

[72] 刘易士. 贫穷文化:墨西哥五个家庭一日生活的实录[M]. 丘延亮,译. 台北:巨流图书公司,2004.

[73] 班纳吉,迪弗洛. 贫穷的本质:我们为什么摆脱不了贫穷[M]. 景芳,译. 北京:中信出版社,2013.

[74] 森. 贫困与饥荒:论权利与剥夺[M]. 王宇,王文玉,译. 北京:商务印书馆,2001.

[75] 森. 以自由看待发展[M]. 任赜,于真,译. 北京:中国人民大学出版社,2002.

[76] 《2000/2001 年世界发展报告》编写组. 2000/2001 年世界发展报告:与贫困作斗争[M] . 世界发展报告翻译组,译. 北京:中国财政经济出版社,2001.

[77] 董朝清,董桂兴,张杨. 我们的葬礼[M]//张和清,张杨,古学斌,等. 文化与发展的践行:平寨故事. 北京:民族出版社,2007.

[78] 古学斌. 平寨人都来讲村史[M]//张和清,张杨,古学斌,等. 文化与发展的践行:平寨故事. 北京:民族出版社,2007.

[79] 波普诺. 社会学:第 10 版[M]. 李强,等译. 北京:中国人民大学出版社,1999.

[80] 许莉娅. 个案工作[M]. 2 版. 北京:高等教育出版社,2013.

[81] 林胜义. 社区工作[M]. 台北:五南图书出版股份有限公司,2011.

[82] 李迎生. 西方社会工作发展历程及其对我国的启示[J]. 学习与实践,

2008(7)：120－127.

[83] 刘晓春，古学斌. 解放/被解放?：谈批判教育学与社会工作社区发展教育[Z]//王思斌. 中国社会工作研究：第5辑. 北京：社会科学文献出版社，2007.

[84] 孙兆霞. 脱嵌的产业扶贫：以贵州为案例[J]. 中共福建省委党校学报，2015(3)：14－21.

[85] 古学斌. 农村社会工作：理论与实践[M]. 北京：社会科学文献出版社，2018.

[86] 左停，齐顾波，唐丽霞. 新世纪我国农村贫困和反贫困的新特点[J]. 贵州社会科学，2009(7)：46－52.

[87] 张和清，杨锡聪，等. 社区为本的整合社会工作实践：理论、实务与绿耕经验[M]. 北京：社会科学文献出版社，2016.

[88] MIDGLEY J，LIVERMORE M. Social capital and local economic development：implications for community social work practice[J]. Journal of community practice，1998，5(1/2)：29－40.

[89] 陈涛，陈锋，王小兰. 震后社区生计项目实践与发展性社会工作的探索：绵竹青红社工服务站的经验及反思[J]社会工作(学术版)，2011(2)：14－18.

[90] 王小兰，陈涛. 发展性社会工作的理论与实践[J]. 中国社会工作研究，2017(2)：57－86.

[91] 陈涛，杨锡聪，陈锋. 发展性社会工作的本土化理论及实践[J]. 新视野，2018(4)：62－68.

[92] 刘亚. 社会经济：另类但并非不靠谱的社会运动[J]. 中国图书评论，2014(7)：63-68.

[93] 吴重庆，张慧鹏. 以农民组织化重建乡村主体性：新时代乡村振兴的基础[J]. 中国农业大学学报(社会科学版)，2018，35(3)：74-81.

[94] 李惠斌. 什么是社会资本[M]//李惠斌，杨雪冬. 社会资本与社会发展. 北京：社会科学文献出版社，2000.

[95] BOURDIEU P. The forms of capital[M]//RICHARDSON J. Handbook of theory and research for the sociology of education. Westport：Greenwood，1986.

[96] 林南. 社会资本：关于社会结构与行动的理论[M]. 张磊，译. 上海：上海人民出版社，2005.

[97] 梁漱溟. 中国文化要义[M]. 上海：上海人民出版社，2018.

[98] 费孝通. 乡土中国・生育制度[M]. 北京：北京大学出版社，1998.

[99] 周长城，陈云. 贫困：一种社会资本视野的解释[J]. 学海，2003(2)：110-114.

[100] 刘杰. 乡村社会"空心化"：成因、特质及社会风险：以J省延边朝鲜族自治州为例[J]. 人口学刊，2014，36(3)：85-94.

[101] 申恒胜，叶海波. 乡村社会资本与村民经济合作组织的融合发展研究[J]. 云南农业大学学报(社会科学)，2019，13(1)：62-68.

[102] 郎友兴，周文. 社会资本与农村社区建设的可持续性[J]. 浙江社会科学，2008(11)：68-74.

[103] 陈柏峰. 从乡村社会变迁反观熟人社会的性质[J]. 江海学刊，2014

(4)：99－102.

[104] 贺雪峰. 论熟人社会的人情[J]. 南京师大学报(社会科学版)，2011(4)：20－27.

[105] 乐章，向南. 熟人社会：村庄社会资本水平及其差异[J]. 农业经济问题，2020(5)：66－78.

[106] 徐戈，陆迁，姜雅莉. 社会资本、收入多样化与农户贫困脆弱性[J]. 中国人口·资源与环境，2019，29(2)：123－133.

[107] KAY A. Social capital, the social economy and community development[J]. Community development journal, 2006, 41(2): 160－173.

[108] GREEN G P, HAINES A. Asset building and community development[M]. 2nd ed. Los Angeles: Sage Publications, 2008.

[109] 李欢，周永康. 发展取向的资产建设：社会工作参与乡村扶贫实践研究：以P村"三区计划"项目为例[J]. 重庆工商大学学报(社会科学版)，2019，36(5)：59－68.

[110] 陈锋，陈涛. 社会工作的"社会性"探讨[J]. 社会工作，2017(3)：3－8.

[111] 陈立周. "找回社会"：中国社会工作转型的关键议题[J]. 思想战线，2017，43(1)：101－107.

[112] 徐震. 社区与社区发展[M]. 台北：正中书局，1980.

[113] 曲如晓，赵方荣. 公平贸易运动：全球化背景下更具社会经济责任的贸易潮流[J]. 国际经济合作，2009(1)：46－50.

[114] KRETZMANN J P, MCKNIGHT J L. Building communities from the inside out: a path toward finding and mobilizing a community's assets[M]. Chicago: ACTA Publications,1993.

[115] 许宝强. 前言: 发展、知识、权力[M] //许宝强,汪晖. 发展的幻象. 北京: 中央编译出版社,2001.

[116] SMITH. J. Imperialism in the twenty-first century: globalization, super-exploitation, and capitalism's final crisis[M]. New York: Monthly Review Press, 2016.

[117] ESCOBAR A. Encountering development: the marketing and unmaking of the Third World [M]. Princeton: Princeton University Press,2012.

[118] 谢区,哈吉斯. 文化与发展: 批判性导论[M]. 沈台训,译. 台北: 巨流图书公司,2003.

[119] 孟德拉斯. 农民的终结[M]. 李培林,译. 北京: 社会科学文献出版社,2005.

[120] 张和清. 国家、民族与中国农村基层政治: 蚌岚河槽 60 年[M]. 北京: 社会科学文献出版社, 2010.

[121] 埃斯科巴. 权力与能见性: 发展与第三世界的发明与管理[M]//许宝强,汪晖. 发展的幻象. 北京: 中央编译出版社,2001.

[122] 彭华民. 福利三角中的社会排斥: 对中国城市新贫穷社群的一个实证研究[M]. 上海: 上海人民出版社,2007.

[123] 巴克. 文化研究: 理论与实践[M]. 孔敏,译. 北京: 北京大学出版

社，2013.

[124] 丁惠芳. 四川省灾后资产建设与生计重建[M] //邓锁，谢若登，邹莉，等. 资产建设：亚洲的策略与创新. 北京：北京大学出版社，2014.

[125] 思罗斯比. 什么是文化资本？[J]. 潘飞，编译. 马克思主义与现实，2004(1)：50－55.

[126] 古学斌. 云南省少数民族村的文化资产建设[M] //邓锁，谢若登，邹莉，等. 资产建设：亚洲的策略与创新. 北京：北京大学出版社，2014.

[127] 张和清，杨锡聪，古学斌. 优势视角下的农村社会工作：以能力建设和资产建立为核心的农村社会工作实践模式[J]. 社会学研究，2008(6)：174－193.

[128] 塞林斯. 原初丰裕社会[M]//许宝强，汪晖. 发展的幻象. 北京：中央编译出版社，2001.

[129] 鲍金. 揭开消费主义的意识形态面纱[J]. 马克思主义研究，2013(11)：108－113.

[130] 崔健. 消费主义的资本逻辑、意识形态属性及其批判[J]. 马克思主义理论学科研究，2020，6(4)：146－153.

[131] 陈文胜. 论乡村振兴与产业扶贫[J]. 农村经济，2019(9)：1－8.

[132] 贺雪峰. 论农民收入断裂带[J]. 学术研究，2019(1)：49－55.

[133] 朱玲，何伟. 工业化城市化进程中的乡村减贫 40 年[J]. 劳动经济研究，2018，6(4)：3－31.

[134] 龚敏. 侗族鼓楼建筑艺术的美学认知[J]. 文艺争鸣，2016(8)：216-220.

[135] 范德普勒格. 小农与农业的艺术：恰亚诺夫主义宣言[M]. 潘璐，译. 北京：社会科学文献出版社，2020.

[136] 洪大用. 我国城乡二元控制体系与环境问题[J]. 中国人民大学学报，2000(1)：62-66.

[137] 马克思，恩格斯. 马克思恩格斯全集：第23卷[M]. 中共中央马克思恩格斯列宁斯大林著作编译局，译. 北京：人民出版社，1972.

[138] 李虹. 中国生态脆弱区的生态贫困与生态资本研究[D]. 成都：西南财经大学，2011.

[139] ARORA S, CASON T N. Do community characteristics influence environmental outcomes?：evidence from the toxics release inventory [J]. Journal of applied economics, 1998, 1(2)：413-453.

[140] DOMINELLI L. Green social work：from environmental crises to environmental justice[M]. Cambridge：Polity Press, 2012.

[141] 世界环境与发展委员会. 我们共同的未来[M]. 王之佳，柯金良，等译. 长春：吉林人民出版社，1997.

[142] SANDHU H, SANDHU S. Linking ecosystem services with the constituents of human well-being for poverty alleviation in eastern Himalayas[J]. Ecological economics, 2014(107)：65-75.

[143] 祁新华，林荣平，程煜，等. 贫困与生态环境相互关系研究述评[J]. 地理科学，2013，33(12)：1498-1505.

[144] 李小云,左停,靳乐山,等. 环境与贫困：中国实践与国际经验[M]. 北京：社会科学文献出版社,2005.

[145] NARLOCH U. BANGALORE M. The multifaceted relationship between environmental risks and poverty：new insights from Vietnam[J]. Environment and development economics，2018，23(3)：298－327.

[146] KUMAR R，HORWITZ P，MILTON G R，et al. Assessing wetland ecosystem services and poverty interlinkages：a general framework and case study[J]. Hydrological sciences journal,2011，56(8)：1602－1621.

[147] 文军,黄锐. 论资产为本的社区发展模式及其对中国的启示[J]. 湖南师范大学社会科学学报,2008,37(6)：74－78.

[148] 黄焯光. 解决砂糖桔黄化的方案[J]. 农业与技术,2015,35(7)：94－95.

[149] 白华菊,龙梦玲. 柑橘黄龙病研究进展[J]. 中国植保导刊,2009，29(3)：13－16.

[150] 岩佐茂. 环境的思想：环境保护与马克思主义的结合处[M]. 2 版. 韩立新,张桂权,刘荣华,等译. 北京：中央编译出版社,2006.

[151] LANE M. Community work，social work：green and postmodern? [J]. The British journal of social work，1997,27(3)：319－341.

[152] 张和清. 社会转型与社区为本的社会工作[J]. 思想战线,2011，37(4)：38－39.

[153] GRUNDMANN R. Marxism and ecology[M]. Oxford: Oxford University Press, 1991.

[154] 佩珀. 生态社会主义：从深生态学到社会正义[M]. 刘颖，译. 济南：山东大学出版社，2005.

[155] 叶敬忠. 乡村振兴战略：历史沿循、总体布局与路径省思[J]. 华南师范大学学报(社会科学版)，2018(2)：64-69.

[156] 贺雪峰. 关于实施乡村振兴战略的几个问题[J]. 南京农业大学学报(社会科学版)，2018，18(3)：19-26.

[157] 李文祥，吴征阳. 贫困治理的场域观与社会工作增权[J]. 江淮论坛，2018(3)：161-165.

[158] 甘信奎. 改革开放三十年中国乡村治理模式变迁回顾与展望[J]. 前沿，2008(10)：108-111.

[159] 陈佩洁. 城乡统筹背景下的农村社区自治研究[J]. 农业经济，2018(9)：35-36.

[160] 陈伟东. 社区自治：自组织网络与制度设置[M]. 北京：中国社会科学出版社，2004.

[161] 刘强，马光选. 基层民主治理单元的下沉：从村民自治到小社区自治[J]. 华中师范大学学报(人文社会科学版)，2017，56(1)：31-38.

[162] 严飞. 构建乡村基层自治与乡村振兴战略相结合的社会治理新格局[J]. 南京社会科学，2020(11)：55-61.

[163] 贺雪峰. 行政还是自治：村级治理向何处去[J]. 华中农业大学学报(社会科学版)，2019(6)：1-5.

[164] 张树旺，卢倩婷. 论治理有效的新时代乡村治理体系的塑造：基于广州南村治理创新模式的考察[J]. 华南理工大学学报(社会科学版)，2018,20(4)：78-86.

[165] 吴昊，郑永君，谷玉良. 快速城镇化背景下转型社区的发展陷阱及其治理困境[J]. 城市发展研究，2017,24(5)：85-90.

[166] 田鹏，陈绍军. "无主体半熟人社会"：新型城镇化进程中农民集中居住行为研究：以江苏省镇江市平昌新城为例[J]. 人口与经济，2016(4)：53-61.

[167] 万向东. 珠海红星村口述史：一个南海边陲工业化村庄的变迁[M]. 广州：中山大学出版社，2019.

[168] 柏兰芝. 集体的重构：珠江三角洲地区农村产权制度的演变：以"外嫁女"争议为例[J]. 开放时代，2013(3)：109-129.

[169] 王晓毅. 贫困治理机制转型[J]. 南京农业大学学报(社会科学版)，2020,20(4)：144-151.

[170] 金一虹. 妇女贫困的深层机制探讨[J]. 妇女研究论丛，2016(6)：10-12.

[171] 刘娜. 断裂型社会排斥：农民工社会福祉融入的制度、区域与阶层困境[J]. 山东社会科学，2019(4)：80-84.

[172] 倪志伟，马蕊佳. 改革中国家社会主义的市场转型与社会变迁[M]//边燕杰. 市场转型与社会分层：美国社会学者分析中国. 北京：生活·读书·新知三联书店，2002.

[173] 孙立平. 资源重新积聚背景下的底层社会形成[J]. 战略与管理，2002

(1)：18 - 26.

[174] 森.论社会排斥[J].王燕燕，摘译.经济社会体制比较，2005(3)：1 - 7.

[175] 滕尼斯.共同体与社会：纯粹社会学的基本概念[M].林荣远，译.北京：北京大学出版社，2010.

[176] 费孝通.乡土中国[M].北京：北京出版社，2005.

[177] 刘祖云，张诚.重构乡村共同体：乡村振兴的现实路径[J].甘肃社会科学，2018(4)：42 - 48.

[178] 卢晖临.村庄的未来：来自田野的观察和思考[J].学海，2019(1)：57 - 64.

[179] 鲍曼.全球化：人类的后果[M].郭国良，徐建华，译.北京：商务印书馆，2001.

[180] 任焰，张莎莎.儿童劳动与家庭再生产：一个粤西农村的经验研究[J].开放时代，2015(6)：159 - 177.

[181] 郝身永，刘志广.工业化进程的"中国道路"：土地制度与户籍制度协同作用的视角[J].上海行政学院学报，2019，20(2)：89 - 98.

[182] 闫红红，张和清.优势视角下农村妇女组织与社区参与的实践探索：以广东省M村妇女社会工作项目为例[J].妇女研究论丛，2019(2)：44 - 54.

[183] 徐震.社区与社区发展[M].台北：正中书局，1980.

[184] 冯国坚，朱昌熙.社区组织[M]//甘炳光，梁祖彬，陈丽云，等.社区工作：理论与实践.香港：香港中文大学出版社，1994.

[185] 张和清,古学斌. 重塑权威之下的善政格局：中国乡村治理困境分析[J]. 人民论坛·学术前沿,2012(10)：18－26.

[186] 王雨磊. 精准扶贫何以"瞄不准"?：扶贫政策落地的三重对焦[J]. 国家行政学院学报,2017(1)：88－93.

[187] 朱梦冰,李实. 精准扶贫重在精准识别贫困人口：农村低保政策的瞄准效果分析[J]. 中国社会科学,2017(9)：90－112.

[188] 梁淑平,张琴. 农村地区精准扶贫的困境及社会工作介入研究[J]. 农业经济,2019(2)：63－65.

[189] 周飞舟. 从汲取型政权到"悬浮型"政权：税费改革对国家与农民关系之影响[J]. 社会学研究,2006(3)：1－38.

[190] 朱健刚,胡明. 多元共治：对灾后社区重建中参与式发展理论的反思：以"5·12"地震灾后社区重建中的新家园计划为例[J]. 开放时代,2011(10)：5－25.

[191] 冯仕政. 社会治理与公共生活：从连结到团结[J]. 社会学研究,2021,36(1)：1－22.

[192] 派恩. 现代社会工作理论：第3版[M]. 冯亚丽,叶鹏飞,译. 北京：中国人民大学出版社,2008.

[193] 宋丽玉,曾华源,施教裕,等. 社会工作理论：处遇模式与案例分析[M]. 台北：洪叶文化事业公司,2002.

[194] 张和清,裴谕新,古学斌,等. 灾害社会工作：中国的实践与反思[M]. 北京：社会科学文献出版社,2011.

[195] 马克思,恩格斯. 马克思恩格斯选集：第2卷[M]. 中共中央马克思

恩格斯列宁斯大林著作编译局，编译. 北京：人民出版社，2012.

[196] 福斯特. 马克思的生态学：唯物主义与自然[M]. 刘仁胜，肖峰，译. 北京：高等教育出版社，2006.

[197] 陈学明. 马克思“新陈代谢”理论的生态意蕴：J B 福斯特对马克思生态世界观的阐述[J]. 中国社会科学，2010(2)：45 - 53.

[198] 马克思. 资本论：第 1 卷[M]. 中共中央马克思恩格斯列宁斯大林著作编译局，译. 北京：人民出版社，2004.

[199] 马克思. 资本论：第 3 卷[M]. 中共中央马克思恩格斯列宁斯大林著作编译局，译. 北京：人民出版社，2004.

[200] 福斯特. 历史视野中的马克思的生态学[J]. 刘仁胜，摘译. 国外理论动态，2004(2)：36 - 38.

[201] 阿格尔. 西方马克思主义概论[M]. 慎之，等译. 北京：中国人民大学出版社，1991.

[202] 奥康纳. 自然的理由：生态学马克思主义研究[M]. 唐正东，臧佩洪，译. 南京：南京大学出版社，2003.

[203] 郇庆治. 生态社会主义述评[J]. 马克思主义研究，2000(4)：74 - 81.

[204] 马尔库塞. 单向度的人：发达工业社会意识形态研究[M]. 刘继，译. 上海：译文出版社，2008.

[205] 黄宗智. 中国的新型小农经济：实践与理论[M]. 桂林：广西师范大学出版社，2020.

[206] 黄宗智，高原，彭玉生. 没有无产化的资本化：中国的农业发展[J]. 开放时代，2012(3)：10 - 30.

[207] 波兰尼. 大转型：我们时代的政治与经济起源[M]. 冯钢，刘阳，译. 杭州：浙江人民出版社，2007.

[208] 黄宗智. 长江三角洲小农家庭与乡村发展[M]. 北京：中华书局，2000.

[209] 叶敬忠，张明皓. “小农户”与“小农”之辩：基于“小农户”的生产力振兴和“小农”的生产关系振兴[J]. 南京农业大学学报(社会科学版)，2019，19(1)：1－12.

[210] STEPNEY P，POPPLE K. Social work and the community：a critical context for practice[M]. New York：Palgrave Macmillan，2008.

后　记

本书是国家社科基金重点项目“我国社会工作本土化实验的‘单项服务’模式研究”(编号：16AZD031)的阶段性研究成果，主要以绿耕项目实践为例。绿耕项目得到了广东省民政厅、广州市民政局、中国香港凯瑟克基金会、中国香港择善基金会、中国南都公益基金会等的经费支持，此外，还得到了教育部“新世纪优秀人才支持计划”、民政部社会工作人才队伍建设试点课题、中国香港特区政府大学研究资助委员会、香港理工大学应用社会科学系一般研究经费、中山大学“211”“985”专项研究基金和广东省妇女联合会的资助。香港理工大学的阮曾媛琪教授、古学斌教授、杨锡聪教授，中山大学的蔡禾教授、刘晓春教授，北京大学的王思斌教授等给予笔者很多支持和启发，一并致谢，文责自负。

本书得以出版，笔者要由衷感谢自2001年至今，仍坚守在一线的绿耕的所有驻村社会工作者！感谢莘莘学子将青春和热情奉献给中国边远贫困地区的村村寨寨、千家万户，以脚力、汗水和心血共同成就中国特色本土化农村/民族/灾害/反贫困社会工作和社区发展的篇章。

本书的撰写，得到了笔者的博士生陈曦、尚静、闫红红的鼎力相助，妻子王艺老师几乎协助修改每一章节的文字，硕士生廖勇随时加班校对。正是因为你们的倾情奉献，本书才终于得以出版。同时，笔者还要感谢出版社有关人士不离不弃，耐心等待、精心编辑、复校。

笔者最应该心怀感恩的是与绿耕社会工作者相遇、相识、长期相处的每一位村民！20多年来，如果没有村民们无条件地接纳、积极参与，尤其是他们坚守故土、不离不弃，绿耕社会工作者不可能获得专业成长，中国农村/民族/灾害/反贫困社会工作，乃至民政部启动的全国乡镇社工站全覆盖建设也会缺失一些鲜活的实务案例和理论反思。幸运的是，中国农村/民族/灾害/反贫困社会工作实务理论模式已经在华夏大地落地生根、开花结果、造福社群。未来可期！

本书2021年7月4日初稿于广州中山大学

2022年9月25日定稿于广州中山大学

内容提要

基于广东绿耕社会工作发展中心(以下简称“绿耕”)的农村社会工作经验,本书系统阐述了乡村振兴背景下,绿耕创造性地提出并践行社会赋权的乡村社区减贫发展实务理论、“五位一体”乡村可持续发展实务框架、深度理解与能力建设实务方法论和可持续发展减贫的具体实务方法,归纳总结了中国社会工作乡村减贫发展的目标是共创乡村社区生态、生计和生活的可持续发展,协助党和国家逐步实现乡村振兴的总体目标。